歩く醍醐味

九州一周浪漫ウオーク

井上 如 著

日外アソシエーツ

本書を
故　鈴木勲氏の
御霊に捧げる

歩くことで自分を創り
歩くことの喜びを全身にみなぎらせ
歩くことの大切さを
仕草で私に教えてくれた人
まるで内緒話のように

カバー、標題紙の絵と字は、宮崎県宮崎市出身の墨彩画家向原常美先生により、日本ウオーキング協会の
「九州一周浪漫ウオーク」隊の団旗のために特に描かれたものです

ま え が き

　平成14（2002）年10月2日から12月8日まで、日本ウオーキング協会（JWA）主催の第1回「九州一周浪漫ウオーク」に本部隊員の一人として参加した。
　出発の日、祇園太鼓と石垣のヒガンバナに送られて小倉城を出てから、一路西へ、南へ、東へ、北へ、福岡、佐賀、長崎、熊本、鹿児島、宮崎、大分の7県を廻って、12月8日、ジングル・ベルの鳴り止まぬ小倉へ帰ってきた。
　玄界灘、大村湾、八代海、有明海、東シナ海、鹿児島湾、日向灘、豊後水道、伊予灘、周防灘の、うち寄せる波と、沖に浮かぶ島々を眺めながら一廻りした。日焼けし、4キロ痩せ、赤い帽子は噴き出す塩で真っ白になった。
　これはその歩きの記録である。

　前日辿り着いた地点から翌朝また歩き始める、ということを何日も繰り返していって、結果としてそれなりに長い距離を歩き通す、そのことから得られる何かが有るのではないか。1年前にそんな疑問をふと思い、伊能ウオークの番外編「大隅半島一周ウオーク」に始まって、「空海の道ウオーク」、「塩の道」、「富士道行脚」、「道元さん慕古の道」ともっぱら長丁場を歩いてきて、「九州一周浪漫ウオーク」はいわば平成14年のその締めくくりでもあった。
　着替えや雨具などと一緒に、上記の疑問も荷物に加えて10月1日にわが家を後にし、みちみち書き留めたメモ、撮った写真、歩いたコースに赤線を描き込んだ地図を、くたびれたザックにずっしりと詰めて、12月9日、帰ってきた。
　帰宅後、改めてそのザックから浦島太郎が玉手箱を開けるような心境で、メモ、写真、地図を取りだして眺め、少し時間を掛けて今回のこの一周を振り返った。
　これはその経験の記録である。

　初めは記録を"まとめ"ようとない智恵をしぼった。しかし作業を進めれば進めるほど、また、時間が経てば経つほど、現地での手書きのメモ、失敗だらけの写真、汚した道路地図の方がよほど優れているように見え始め、何もかも放り出した。
　これはそのあきらめの記録である。

　何日も、何十日も歩き続けていると、「自分の今があるのは、実にたくさんの人々のおかげだ」ということを思い知らされる。一歩一歩に対して、道もそうだ、そうだ、そうだ、そうだと応える。それはタイヤからは伝わってこない。自分の左右の足でそれを聞こうとしない者にはけっして伝わってこない地の声である。かつて、おかげまいりの札は空から降った。今、おかげまいりの歌が地の底から聞こえてくる。
　これはその大地への賛歌、お陰様でを教えてくれた大地への感謝の記録である。

目　次

まえがき　　　　　　　　　　　　　　　　　　iii
目　次　　　　　　　　　　　　　　　　　　　iv
凡　例　　　　　　　　　　　　　　　　　　　vii

福岡県　　　　　　　　　　　　　　　　　　2〜31
福岡県　歩く浪漫　　　　　　　　　　　　4〜7
小倉城→→芦屋町役場　　　　　　（10月02日（水）初日）
芦屋町役場→→西鉄津屋崎駅　　　（10月03日（木）2日目）
西鉄津屋崎駅→→JR海の中道駅　　（10月04日（金）3日目）
JR海の中道駅→→福岡城跡　　　　（10月05日（土）4日目）
福岡県大会　　　　　　　　　　　（10月06日（日）5日目）
福岡城跡→→JR二日市駅　　　　　（10月07日（月）6日目）
JR二日市駅→→小郡市役所　　　　（10月08日（火）7日目）
小郡市役所→→JR久留米駅　　　　（10月09日（水）8日目）
休養日　　　　　　　　　　　　　（10月10日（木）9日目）
JR久留米駅→→JR佐賀駅　　　　　（10月11日（金）10日目）

佐賀県　　　　　　　　　　　　　　　　　　32〜53
佐賀県　歩く浪漫　　　　　　　　　　　　34〜37
佐賀県大会　　　　　　　　　　　（10月12日（土）11日目）
JR佐賀駅→→JR武雄温泉駅　　　　（10月13日（日）12日目）
JR武雄温泉駅→→JR有田駅　　　　（10月14日（月）13日目）
JR有田駅→→JR伊万里駅　　　　　（10月15日（火）14日目）
休養日　　　　　　　　　　　　　（10月16日（水）15日目）
JR伊万里駅→→JRハウステンボス駅（10月17日（木）16日目）

長崎県　　　　　　　　　　　　　　　　　　54〜73
長崎県　歩く浪漫　　　　　　　　　　　　56〜59
JRハウステンボス駅→→彼杵道の駅（10月18日（金）17日目）
彼杵道の駅→→JR大村駅　　　　　（10月19日（土）18日目）
長崎県大会　　　　　　　　　　　（10月20日（日）19日目）
JR大村駅→→JR諫早駅　　　　　　（10月21日（月）20日目）
JR諫早駅→→JR長崎駅　　　　　　（10月22日（火）21日目）
JR長崎駅→→長崎県茂木港　　　　（10月23日（水）22日目前半）

熊本県 　　　　　　　　　　　　　　　　　　　　　　74〜107
熊本県　歩く浪漫 　　　　　　　　　　　　　　　76〜79
熊本県富岡港→→熊本県五和町役場　　　（10月23日（水）22日目 後半）
本渡市役所→→倉岳町棚底港　　　　　　（10月24日（木）23日目）
倉岳町棚底港→→松島町バスターミナル　（10月25日（金）24日目）
JR三角駅→→熊本県不知火町役場　　　　（10月26日（土）25日目）
熊本県大会　　　　　　　　　　　　　　（10月27日（日）26日目）
休養日　　　　　　　　　　　　　　　　（10月28日（月）27日目）
JR熊本駅→→JR松橋駅　　　　　　　　　（10月29日（火）28日目）
JR松橋駅→→JR八代駅　　　　　　　　　（10月30日（水）29日目）
JR八代駅→→JR肥後田浦駅　　　　　　　（10月31日（木）30日目）
JR肥後田浦駅→→JR津奈木駅　　　　　　（11月01日（金）31日目）
JR津奈木駅→→JR出水駅　　　　　　　　（11月02日（土）32日目）

鹿児島県 　　　　　　　　　　　　　　　　　　　108〜147
鹿児島県　歩く浪漫 　　　　　　　　　　　　110〜113
休養日　　　　　　　　　　　　　　　　（11月03日（日）33日目）
JR出水駅→→JR阿久根駅　　　　　　　　（11月04日（月）34日目）
JR阿久根駅→→JR川内駅　　　　　　　　（11月05日（火）35日目）
JR川内駅→→JR串木野駅　　　　　　　　（11月06日（水）36日目）
JR串木野駅→→金峰町・道の駅きんぽう木花館　（11月07日（木）37日目）
金峰町・道の駅きんぽう木花館→→JR枕崎駅　（11月08日（金）38日目）
JR枕崎駅→→JR指宿駅　　　　　　　　　（11月09日（土）39日目）
鹿児島県大会　　　　　　　　　　　　　（11月10日（日）40日目）
JR指宿駅→→知覧町　　　　　　　　　　（11月11日（月）41日目）
知覧町→→JR鹿児島駅　　　　　　　　　（11月12日（火）42日目）
休養日　　　　　　　　　　　　　　　　（11月13日（水）43日目）
JR鹿児島駅→→JR加治木駅　　　　　　　（11月14日（木）44日目）
JR加治木駅→→霧島温泉　　　　　　　　（11月15日（金）45日目）
霧島温泉→→JR西都城駅　　　　　　　　（11月16日（土）46日目）

宮崎県 　　　　　　　　　　　　　　　　　　　　148〜175
宮崎県　歩く浪漫 　　　　　　　　　　　　　150〜153
JR西都城駅→→高城町四家　　　　　　　（11月17日（日）47日目）
高城町四家→→JR宮崎駅　　　　　　　　（11月18日（月）48日目）
JR宮崎駅→→JR高鍋駅　　　　　　　　　（11月19日（火）49日目）
JR高鍋駅→→JR都農駅　　　　　　　　　（11月20日（水）50日目）
JR都農駅→→JR日向市駅　　　　　　　　（11月21日（木）51日目）
JR日向市駅→→JR延岡駅　　　　　　　　（11月22日（金）52日目）
休養日　　　　　　　　　　　　　　　　（11月23日（土）53日目）
宮崎県大会　　　　　　　　　　　　　　（11月24日（日）54日目）
JR延岡駅→→JR宗太郎駅　　　　　　　　（11月25日（月）55日目）

大分県　　　　　　　　　　　　　　　　　　　176〜215
大分県　歩く浪漫　　　　　　　　　　　　　180〜183
　　JR宗太郎駅→JR佐伯駅　　　　　（11月26日（火）56日目）
　　JR佐伯駅→JR津久見駅　　　　　（11月27日（水）57日目）
　　JR津久見駅→JR臼杵駅　　　　　（11月28日（木）58日目）
　　JR臼杵駅→佐賀関　　　　　　　（11月29日（金）59日目）
　　佐賀関→JR大分駅　　　　　　　（11月30日（土）60日目）
　　大分県大会　　　　　　　　　　（12月01日（日）61日目）
　　休養日　　　　　　　　　　　　（12月02日（月）62日目）
　　JR大分駅→JR別府駅　　　　　　（12月03日（火）63日目）
　　JR別府駅→JR中山香駅　　　　　（12月04日（水）64日目）
　　JR中山香駅→JR宇佐駅　　　　　（12月05日（木）65日目）
　　JR宇佐駅→JR中津駅　　　　　　（12月06日（金）66日目）
　　JR中津駅→JR行橋駅　　　　　　（12月07日（土）67日目）
　　JR行橋駅→小倉城　　　　　　　（12月08日（日）68日目）

　　行　　程　　　　　　　　　　　　　　　218〜219
　　引用・参考文献　　　　　　　　　　　　220〜223
　　資　　料　　　　　　　　　　　　　　　224〜227
　　謝辞－あとがきにかえて－　　　　　　　228〜229

トピックス
　　その1　　道路地図　　　　　　　　　　16〜17
　　その2　　案内の案内　1　　　　　　　26〜27
　　その3　　長崎街道　1　　　　　　　　42〜43
　　その4　　JR九州の駅と線路　　　　　　52〜53
　　その5　　長崎街道　2　　　　　　　　68〜69
　　その6　　バス停　　　　　　　　　　　86〜87
　　その7　　九州の川とウオーク　　　　　96〜97
　　その8　　ジョニー・ウオーカー　　　　106〜107
　　その9　　薩摩街道　　　　　　　　　　122〜123
　　その10　　朝　食　　　　　　　　　　132〜133
　　その11　　夕　食　　　　　　　　　　142〜143
　　その12　　九州ウオークと川越え　　　158〜159
　　その13　　案内の案内　2　　　　　　168〜169
　　その14　　照葉樹林　　　　　　　　　186〜187
　　その15　　飛車と角　　　　　　　　　196〜197
　　その16　　ゼッケン　　　　　　　　　206〜207

凡　例

1. 目　的
   この記録は、備忘を第一の目的として作成した。
2. 材　料
   材料は道中メモ、写真、歩いたコースを描き込んだ道路地図の3つが主で、それに更に、各方面から頂戴したり蒐集したりした資料、九州各地の書店／古書店から購入した文献等を補助的に利用した。
3. 構　成
   1) 基本単位
      68日間のできごとに対して、一日あたり見開き2ページを費やして、その日「いつ、どこを」歩いたか、その日の「ハイライト」は何々かを記したものを基本の単位とした。
   2) コラム
      特定の日には限らないもろもろのできごとについて、トピックスとして16項目を選び、それぞれ見開き2ページ分の分量で記述した。
   3) 配　列
      西回りに歩いた順序に従って、各県毎に、それぞれある程度独立させて扱った。
      各県の冒頭の部分には、その県内を歩いているときは疑問のまま残った課題について、後で調べたことを、"歩く浪漫" という共通標題のもとに一括した。
4. 写　真
   基本単位の記述に当たっては、その日に撮った写真から選んで使った。コラムの場合は、その内容に関連の深い写真を、撮った写真全体の中から選んで適宜用いた。各県冒頭の記述については、写真より地図を優先して用いた。
5. 地　図
   行程途中で配布された地図、九州へ持参して歩いたコースを描き込んだ道路地図（メッシュ）、各種資料に用いられているテーマに特化した範囲の狭い地図、国土地理院の地形図等を、縮尺率を適宜変更して用いた。
6. スタイル
   備忘を主眼としつつ、エッセー風に記述した。従って、論文に必須の手続き（引用、クレジット、人物呼称／地名表記、年号表記や外国語補記の統一等）は遵守せず、慣用に従った場合が多い。

11月25日（55日目）、JR「宗太郎」駅で引継式の後の記念写真

九州一周浪漫ウオーク
── 歩く醍醐味 ──

（平成14年10月02日～12月08日）
日本ウオーキング協会主催
第1回「九州一周浪漫ウオーク」参加記録

平成15年4月作成

本部隊員　井上 如

福岡県

10月 2日（水）	初日	小倉城→→芦屋町役場
3日（木）	第2日目	芦屋町役場→→西鉄津屋崎駅
4日（金）	第3日目	西鉄津屋崎駅→→JR海の中道駅
5日（土）	第4日目	JR海の中道駅→→福岡城跡
6日（日）	第5日目	福岡県大会
7日（月）	第6日目	福岡城跡→→JR二日市駅
8日（火）	第7日目	JR二日市駅→→小郡市役所
9日（水）	第8日目	小郡市役所→→JR久留米駅
10日（木）	第9日目	休養日
11日（金）	第10日目	JR久留米駅→→JR佐賀駅

トピックス　その1　　道路地図
　　　　　　その2　　案内の案内　1

太田太さん　　　　　　　　　　　　　永渕誠さん

福岡ステージの完歩証を受け取る福島県の太田さんと福岡県の永渕さん。
太田さんはこの後も肥薩の県境まで歩き続けた。人格円満、泰然自若、一周の前半を盛り上げた。酒は徹底したビール党。永渕さんは健脚無類。しかも長崎街道、唐津街道など、知悉した上でまとめた「宿場めぐり一人旅」シリーズは、その優れたカメラの腕前もあってまさに絶品である。

《福岡県　歩く浪漫》

"月日は百代の過客にして、行きかふ年もまた旅人なり。舟の上に生涯を浮かべ、馬の口とらえて老いを迎ふる者は、日々旅にして旅をすみかとす"（芭蕉：奥の細道・序）
「九州一周浪漫ウオーク」（以下ウオークと略称）で、"かつて誰か歩いた道"にわれわれは出会い、横断し、分かれ、そしてわれわれの道を歩んだ。その出会い、横断、分かれを地図上で振り返りつつ、その"かつての誰か"が、実はいつの日かのわれわれ自身であるという想い、これ以上の歩く醍醐味があろうか。

■志賀島

第1回の九州一周は小倉城から出発した。一周だからまた小倉城へ帰ってきた。廻り終わってから考えるに、福岡県を歩く浪漫は海べりを歩くことに徹してくれたことがおおいに良かったと思う。そうでない歩き方はいくらもあったはずだ。長崎街道（筑前六宿）や、秋月街道など、著名な旧道を辿ることもとうぜん考えられるコースだろうし、筆者のようなへそ曲がりは、小倉城の外でさっそく一行と分かれて中津街道に向かい、鹿児島でお目に掛かりましょうということだって、自由歩行さえ認めてくれたらあったかもしれない。少なくとも西回りと東回りとコースが選べて、そのかわり各自の責任で一周するという試みもいずれ修学旅行的番外編で、などとまだ自宅にいる時から考えていたことであった。にもかかわらずそれらのどれでもなく、海べりを歩くことができた。そのおかげで海の彼方に思いを馳せることができ、それこそ歩く浪漫を満喫することができた。そのひとつのクライマックスは志賀島である。10月4日は、16時20分に海の中道駅にゴールしたあと、志賀島の金印公園と蒙古塚を見学した。宿が更にその先の志賀島休暇村志賀島だったことも好都合であった。

■金印（きんいん）

金印の碑は金印公園の入り口から少し登ったところにある①。金印の印面の写真は10月4日の紀行のところに載せたが、見たときちょっとオヤ？と思った。これが印面であるとすると、これを押印するとおかしなことになるのじゃないかということだ。もちろんそれは不注意で、これは押印した文字が刻印されているのだ。

この金印は発見されたときのことがよく分からないのが楽しい。福岡大学名誉教授の武野要子氏が「博多」（岩波新書）に示したその間の経緯によれば、すなわち、発見者の福岡藩の本百姓・甚兵衛は、志賀島の叶崎で二人の男を使って田んぼに水を引く溝の修理をしていて鍬先で掘り当てた。甚

①

4　福岡県

九州一周浪漫ウオーク

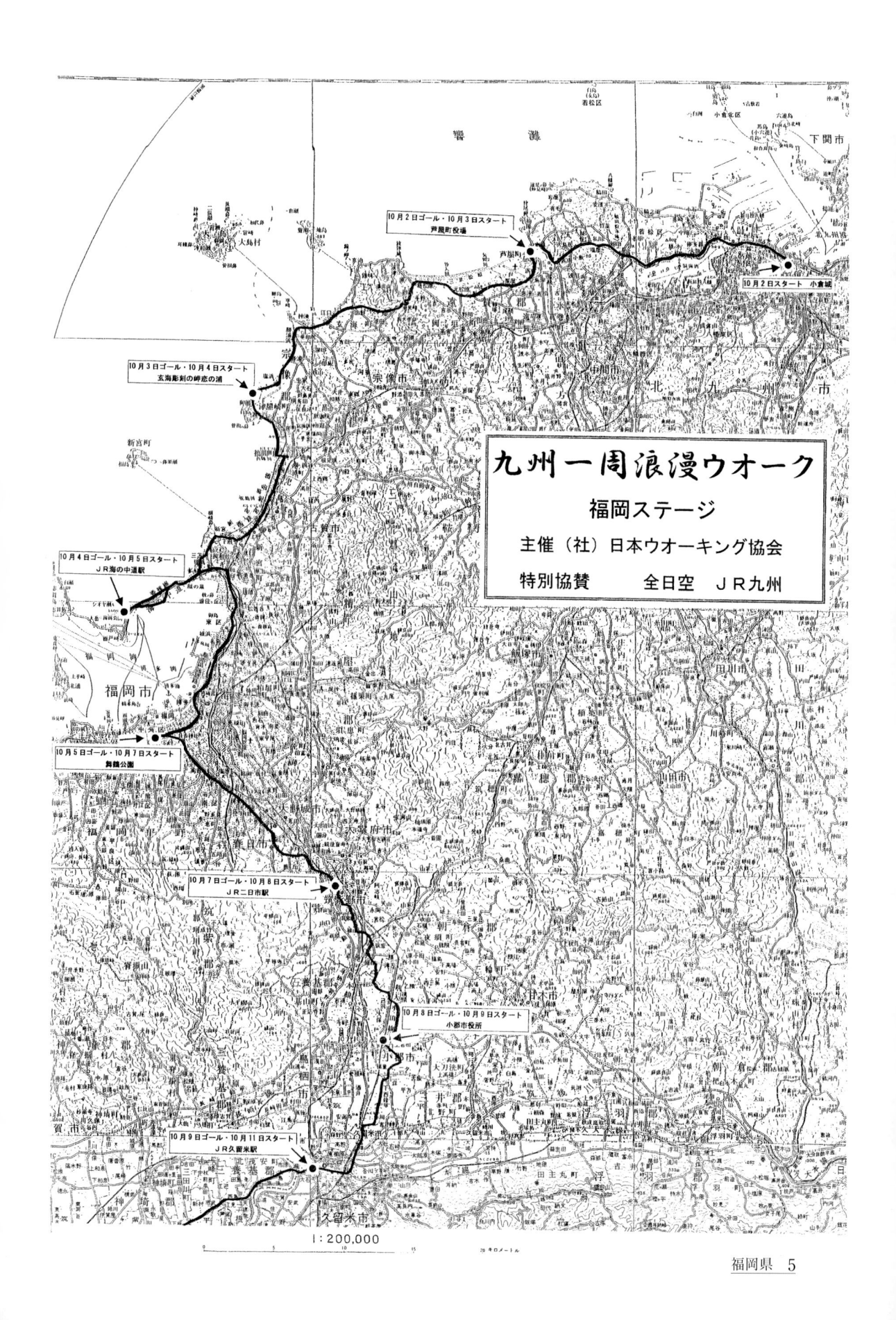

福岡ステージ

主催（社）日本ウオーキング協会

特別協賛　全日空　ＪＲ九州

- 10月2日ゴール・10月3日スタート　芦屋町役場
- 10月2日スタート　小倉城
- 10月3日ゴール・10月4日スタート　玄海彫刻の岬恋の浦
- 10月4日ゴール・10月5日スタート　ＪＲ海の中道駅
- 10月5日ゴール・10月7日スタート　舞鶴公園
- 10月7日ゴール・10月8日スタート　ＪＲ二日市駅
- 10月8日ゴール・10月9日スタート　小郡市役所
- 10月9日ゴール・10月11日スタート　ＪＲ久留米駅

1:200,000

福岡県　5

兵衛はその印章を庄屋に届け、庄屋は郡奉行に届け、事態の重大さを直観した福岡藩は、儒者・亀井南冥にその印章の研究調査を命じ、南冥はその調査の結果を「金印弁」に著し、そこで「印面は「漢倭奴国王」と読むこと、『五漢書』光武帝本紀にある記述から、貢ぎ物を奉献した倭奴国王の使者に対して光武帝が与えた印綬に間違いない」と断じたという。しかし問題は、なぜ金印が志賀島から出土したのかということで、これについて福岡県の歴史散歩は："古くから遺棄説・隠匿説・墳墓説から支石墓説・隔離説・磐座説・祭祀遺跡説まであって論争はこれからも続く"と述べている。金印公園の登り口には「金印発光之処」という石碑が立っている。しかしこの"竹取の翁"と"かぐや姫"みたいな表現は荒唐無稽もいいところだ。現地に行けば判るが、急な崖地で田んぼに水を引くどころではない。しかし出土した場所が分からないからこそ話が楽しくなることを旨く利用した観光施設ではある。

■蒙古襲来

金印公園の後、蒙古塚へ行った②。やはり福岡県の歴史散歩によれば：「この供養塔は文永の役（1274）のとき、この付近で難破して戦死した蒙古軍兵士の霊をなぐさめるために、昭和の初めに建設された。」とある。蒙古塚と称するものはいろいろあるらしくて、司馬遼太郎は街道をゆくの「蒙古塚・唐津」の中で、この志賀島の蒙古塚とは別のを捜し求めた時のことを書いている。推測として、「この今津あたりは、流れついた元兵の水死体で浜がうずまったという。当時の日本人は死霊をおそれたから、遺骸を捨てっぱなしにするよりも埋葬するというほうがより常識的であった。池氏によるとこの「蒙古塚」はむかし灰掻山と呼ばれていたというから火葬したのかもしれない。」と述べている。

蒙古襲来でいまでも判らないのは文永の役（文永十一年十一月→太陽暦）で、勝ちに勝っていた蒙古勢が、なぜ一夜にして急に姿をくらましてしまったのかという疑問である。神風説に食いついたのは気象学者の荒川秀俊で、当然ながら十一月に台風が来るわけがないという主張である。弘安の役は七月だし、沈んだ元の船の海底の位置の調査から台風を避けたらしいことが実証されている。

②

■海の中道

小倉出発以来、海辺を歩くことができてよかったというのは、その後かなり長い間、こうした海岸を見る機会がなかったことにも依る。後で調べたら、九州を代表する砂浜は、地質学者に依れば宮崎県の海岸、志布志湾岸、薩摩半島西岸の吹上浜、それとこの博多湾外の海の中道・新宮・福間海岸、芦屋海岸であるとのことで、志布志湾岸のそれを除けばあとはすべて直接この目で確かめることができたのも良かったし、やはりこの小倉出発以後の10月3日と4日に、記念植樹を含めて芦屋から海の中道に至る海を眺めながら歩いたことが貴重な経験であった。佐賀県では休養日に唐津へ歩き、長崎では上海航路の波止場を眺めるなどして常に海の有る方向を窺い、海の彼方へ思いを馳せつつ歩いたのは、出発早々のこの経験が影響を与え続けた結果であろう。

6　福岡県

九州一周縦横ウオーク　福岡県大会・福岡市　平成14年10月6日　10Km

主催　(社) 日本ウオーキング協会　特別協賛　全日空、JR九州

福岡県　7

平成14年10月02日(水)　初日
福岡県北九州市・小倉城→→福岡県芦屋町　23キロ　88名
宿泊先「国民宿舎ひびき」へはマイクロバスで移動

いつ、どこを

08時37分　北九州市小倉城出発 ①
(時刻不詳)　「城内」を南へ出て、すぐ西へ、すぐまた北へ。城を取り巻くように歩く。
　　　　　交差点「小倉城前」で城から離れ西へ
(時刻不詳)　三叉路を北へ
(時刻不詳)　交差点「大門1丁目」を左へ
08時50分　そのまま国道199号線を行きかけて間違いに気付き、途中の交差点まで戻る。
(時刻不詳)　横断歩道を渡ってJR日豊本線側の細道に入り、そのまま線路を渡る　三叉路
　　　　　を左折して国道199号線の下をくぐり、50mほどで鋭角に右へ戻り、短い坂
　　　　　を登り、登り終わった三叉路（国道199号線上）を左へ（北九州都市高速道
　　　　　路3号線上の）バス停「青葉車庫」通過　以後、国道199号線を行く
09時08分　山陽新幹線のガードをくぐる
09時17分　交差点「中井」直進
09時24分　本来の国道199号線は更に北を通っており、今歩いているのはその南の県道
　　　　　という説明あり
09時26分　上中原橋（境川）を渡って戸畑区に入る
09時40分　交差点「戸畑病院下」直進
09時46分　交差点「三六町（サンロクマチ）」直進
09時55分　交差点「新池2丁目」を左へ
(時刻不詳)　交差点「浅生」を右へ
(時刻不詳)　JR鹿児島本線戸畑駅、横断歩道橋、地下道をくぐり駅北口へ、県道38号線
　　　　　を北へ、戸畑渡船場――（北九州市営渡船乗船）②――若松渡船場（休憩）
10時40分　出発（主として国道199号線を西へ）
11時52分　奥洞海駅着　昼食休憩（12時40分出発）③
13時00分　二島駅着　トイレ休憩（10分出発）
13時17分　交差点「鴨生田」直進、ここから県道26号に入る
13時43分　交差点「払川」直進
13時54分　交差点「蜑住（アマズミ）」直進
14時30分　交差点「高須」を左折、スーパー「サンリブ」着　休憩（45分出発）
14時53分　ふたたび県道26号にもどって交差点「向田橋」右折
(時刻不詳)　山鹿後水（二股）左へ
(時刻不詳)　交差点「山鹿唐戸」左へ、芦屋橋（遠賀川）を渡る
15時25分　ゴール　芦屋町役場　（マイクロバスで「国民宿舎ひびき」へ）

ハイライト

■隊長挨拶

来賓の挨拶、役員の紹介等の後、団旗が授与され、それを受けて近藤米太郎隊長が挨拶をした（写真①）。右にお立ち台が見えるが、二人で立つわけにもゆかず、平場での挨拶となった。一通りの儀式の後、城の石垣下の芝生の所に陣取っていた小倉祇園太鼓が鳴り響く中を出発した。正確には覚えていないが、この若い衆は12月8日ゴールしたときも迎えてくれた祇園太鼓の若い衆とはまた違う面々のようであった。

①

■若戸大橋

戸畑の渡船場から若松の渡船場へ向けてワタシブネに乗った。写真は船から見上げる若戸大橋。さすが鉄鋼王国という声も聞いたが、見慣れているせいか、見上げて感嘆する人はほとんどいない。これを力強いと見るか、不格好と見るかはその人の世界観によるが、ウオーカーには意外と後者が多いのではないか。環境破壊だの大気汚染などに敏感で、心の奥底では、世の流れに棹を差す心情の持ち主が多いからである。借りにウオーカーを対象にした心理テストなどを試みるとき、この橋は"踏み絵"の一つとしてなかなか有効なのではないかと思った。ついでながら渡船賃は片道50円。始発は朝6時ちょうど、対岸までの所要時間は3分。時刻表によれば、昼間はだいたい7〜20分間隔で運行している。

②

■最初の昼食

写真を見て何か妙だなと気付くはずである。そう、食べるよりももっと重要なことがあってそれは日影である。場所はJR筑豊本線の奥洞海駅、時刻は10月2日正午ちょうど。一人くらい日向を厭わない者がいてもよさそうにも思うが実際はご覧の通り。昼飯よりも何よりも日影の冷風が美味しいというわけ。炎天下を汗だくになって歩いてきたから無理もないが。ところが、最終日12月8日は小倉南の総合農事センターでの昼食となったがその時はみんなすこしでも日の当たるところを探そうというので、受け取った弁当を片手にうろうろした。68日間も歩けば思いもよらないいろいろのことが有ろうという予告編である。

③

10月02日（水）初日　9

平成14年10月03日(木)　2日目
福岡県芦屋町→→福岡県津屋崎町　29キロ　30名
宿泊先「国民宿舎つやざき」へは徒歩で移動

いつ、どこを

07時25分	国民宿舎ひびきを出発
08時30分	芦屋町役場出発、国道495号線をゆく ①
(時刻不詳)	交差点「白浜町」左折、交差点「正門町」直進
(時刻不詳)	県道285号線を左へ分岐、続いて左から県道26号線が合流
09時14分	粟屋公民館着　休憩（09時30分出発）、二股の右側の道をゆく
09時40分	岡垣町に入る
09時44分	矢矧橋（矢矧川）渡る ③
10時07分	交差点「黒山」で国道495号線に合流
10時27分	野菜売りの露店街着　休憩（10時37分出発）②
10時49分	汐入橋（汐入川）渡る ④
11時10分	交差点「芦田」直進 ⑤
11時15分	内浦小学校体育館着　昼食休憩（12時00分出発）、ふたたび交差点「芦田」にもどって国道495号線をゆく
12時30分	垂見峠着　列詰め休憩
12時52分	イシハラ橋通過
12時58分	平信盛の笠塔婆通過
13時15分	交差点「瀬戸」直進
14時00分	交差点「江口」直進
14時07分	皐月橋（釣川）を渡る
14時14分	交差点「神湊（コウノミナト）」直進、そのまま国道495号線をゆく
14時20分	コンビニのポプラ着　休憩（14時35分出発）
14時46分	津屋崎町に入る
15時20分	交差点「練原」直進
16時06分	交差点「宮ノ元」直進
(時刻不詳)	ゴール　西鉄宮地岳線津屋崎駅

ハイライト

■遠賀川

福岡県の歴史散歩に"川筋気質（カタギ）"として次のようにある。
「川筋とは、...筑豊では遠賀川の本・支流のことで河口の芦屋に石炭を積み出した頃の名残といえよう。天保の頃から明治中期の最盛期には8000隻の川ヒラタ（平底の川舟）が石炭を積んで行き来し、ちょっとでも油断すると、すぐヒラタがふれあってしまうところから、きびきびした判断と、たくましい腕力と度胸にいっさいをまかせる気のあらい船頭気質が生まれた。石炭輸送が鉄道にかわると、炭鉱が急激に発達し、炭鉱の地理的社会的疎外意識から反発精神・拗者（スネモノ）根性や親分子分の人情、あるいはひとつの機会をつかむと、

どえらいことをなしとげ、たいへんな出世をするという、炭鉱気質が生まれ、．．．。貝島太吉は6歳から炭鉱で働き、ついに機会をものにして、その度胸で明治末には「筑豊太閤」といわれるようになった。貝島とともに「筑豊御三家」といわれた麻生太吉・安川敬一郎も典型的な川筋者だったといわれている。」惜しいことをした。これをもう少し早く知っていれば我が子を"太吉"と名付けるんだったが。写真①は芦屋町役場の庭に出ている町の市街図。要するに町の三分の一くらいは遠賀川なのだ。

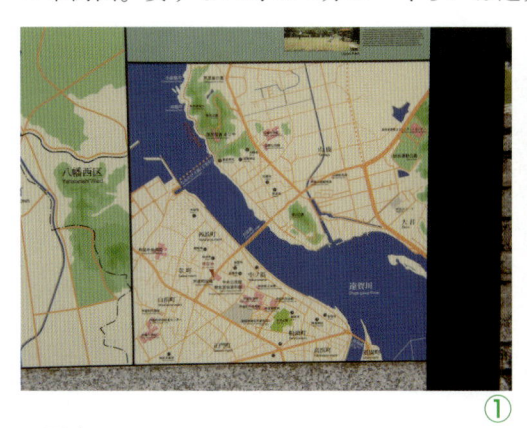

① ②

■露店
10時過ぎ、行く手右側に出ていた露店。車で行き交う人相手らしい。やはりこの日も暑いので、木陰に日傘を出して商いをしている。ここで10分間休憩した。いちじくが目玉らしいが500円、ほかにたまご13個400円、ぶどう1キロ1200円、肥前漬け（漬け物）200円、ユズ胡椒350円、いも（サツマイモ）200円、タマネギ4個100円といったところ。ぶどう1粒の接待を受けた。

■ズッコケ隊
出発前日の夜、結団式の時の隊員挨拶で、ズッコケて後ろから付いて行きますので宜しくと断った。春の「空海の道ウオーク」の時は参加者の半分はズッコケ隊だったが、それからすると今回は様変わりで、ズッコケ隊はわれ一人。しかしめげずに、アンカーの旗の前に出ないよう頑張った。
写真③は9時44分矢矧橋（矢矧川）を渡るところ、写真④は10時49分汐入橋（汐入川）を渡るところ。緑色の欄干。最後を行くのは隊員の鈴木勲さん。その日その日のアンカーに「後ろからくるのはありゃ落伍者だから構い付けないように」と伝えてくれて大いに助かった。写真⑤は、11時10分交差点「芦田」のすぐ手前。いましも最後のウオーカーが交差点を右へ曲がろうとしている。これを見落とすと置いていかれる。

③ ④ ⑤

10月03日（木）2日目 11

平成14年10月04日(金)　3日目
福岡県津屋崎町→→福岡県JR海の中道駅　27キロ　27名
宿泊先「休暇村志賀島」へはマイクロバスで移動

いつ、どこを

08時35分	玄海彫刻の岬恋の浦出発
09時10分	国民宿舎津屋崎荘前
09時19分	津屋崎駅前
09時30分	交差点「宮地浜」　右手奥に宮路岳神社
09時44分	今川橋（今川）通過
09時59分	西郷川に突き当たって橋がない。左折
10時03分	西鉄宮路岳線の線路を渡る
(時刻不詳)	旭橋の手前の橋（西郷川）を渡り、福間病院の脇を通って国道495号線に復帰
(時刻不詳)	古賀市に入る
10時24分	交差点「花見」手前150m、マイチェリー花見店着　休憩（40分出発）
10時54分	久保橋（中川）渡る
11時05分	交差点「古賀駅前」左折
11時09分	JR鹿児島本線古賀駅着　休憩（25分出発）、すぐ左に線路沿いを進んで、バス停「古賀新町」を通過して橋を渡って川沿いに、交差点「花鶴橋」のたもとでふたたび国道495号線へ
11時50分	バス停／交差点「上の府」直進
(時刻不詳)	交差点「(新宮町)役場入口」を右折、西鉄宮路岳線線路に突き当たる
12時13分	左折して線路添いに進み、西鉄新宮駅の手前の踏切を横断してまっすぐ進み、新宮神社前を通過
12時16分	松林の中を進んで記念植樹のサイトへ到着 ① ②
(時刻不詳)	海岸へ出て昼食休憩（13時41分出発）、元へ戻り、線路際（海側）を湊川方向へ
(時刻不詳)	県道537／8号線に合流、湊橋（湊川）を渡って県道538号線を南西方向へ
(時刻不詳)	交差点「三苫三叉路」を直進
14時30分	バス停「和白中学入口」を右折、中学着　休憩（14時45分出発）、校門を出て右へ海に向かう
15時02分	右手に志式神社
15時18分	JR香椎線（海の中道線）を横断、海の中道（県道59号）を行く ③
16時20分	ゴール　海の中道駅 （ゴールの後、宿へ向かうマイクロバスが金印公園と蒙古塚に立ち寄り、それぞれ見学した）④

12　福岡県

ハイライト

■記念植樹

西鉄宮地岳線の西鉄新宮駅の傍から海側に出て、新宮神社の先の松林に12時16分着、記念植樹をした。新宮町の坂下助役、自然を守る会の木島会長の挨拶の後、手袋を支給されて植え始めた。三年ポット松という苗木。バケツに土を入れて運んで、あらかじめ掘られた穴に入れ、苗木を植え、更に十分土を入れて固める。写真左は念入りに植える鈴木隊員。写真右は、一通り植え終わってから記念の杭を立てる。松は枯れてもこれだけは残ると誰かがヒドイことをいう。来年来たとき何本活着しているか楽しみ。

① ②

■海の中道と金印

まっすぐな道路といっても程度問題だ。人為的にカーブを付けるのは常識だが、今回その例外が二個所あった。その一つがこの海の中道。写真は、半ば飽きたというか、呆れたというか、とにかく歩いてきた方を振り返って撮った。距離か時間かどちらかをメモするべきであったのを怠った。なお、行程中のもう一個所の例外というのは、大分県宇佐市の県道629号線（和気佐野線）で、12月6日（行程66日目）の10時11分に駅舘大橋を渡ってから、11時43分双葉の里の方へ右折するまでの1時間32分の間、まっすぐに歩いた。距離は海の中道より短いと思うが、退屈さはこちらが上だ。写真右は、あまりにも有名な金印の石堀りシール。「漢委奴国王」と彫られている。

③ ④

平成14年10月05日(土)　4日目
福岡県JR海の中道駅→→福岡市中央区福岡城跡　25キロ　28名
宿泊先「アークホテル本館」へは徒歩で移動

いつ、どこを

08時32分	JR海の中道駅を出発、昨日来た県道59号線を折り返す
09時26分	JR雁ノ巣駅手前から右へ、昨日来た道のガードをくぐる
09時32分	雁ノ巣踏切でJR香椎線線路を渡る
09時45分	ローソン着　休憩（10時00分出発）
（時刻不詳）	交差点「塩浜三苫口」直進
10時12分	西鉄宮路岳線の線路を渡る
10時20分	交差点「和白」で国道495号線を右に
10時30分	JR香椎線（海の中道線）のガードをくぐる
10時42分	唐の原橋（唐の原川）渡る（九産大前駅手前100m）
10時53分	福岡都市高速1号線に沿い、その右手を行く
10時58分	西鉄宮路岳線線路の上を通る
11時10分	福岡都市高速から離れ、御島橋を渡り、国道3号線を行く　交差点「香椎」
11時12分	香椎橋（香椎川？）渡る
（時刻不詳）	横断歩道で右側に渡り、交差点「参道口」を左折
（時刻不詳）	西鉄宮路岳線線路、JR鹿児島本線線路を続いて渡り、更にJR香椎線線路を渡る
11時32分	香椎宮着　昼食休憩（12時15分出発）
12時32分	交差点「参道口」まで戻り国道3号線を左へ
12時50分	JR名島駅前通過
12時57分	名島橋（多々良川）を渡る
13時05分	JR臨港線線路をくぐる
13時08分	福岡都市高速4号線をくぐる
13時15分	貝塚公園着　休憩（13時25分出発）
13時28分	交差点「東警察署入口」直進
13時35分	交差点「九大前」直進
13時50分	交差点「箱崎宮入口」直進
（時刻不詳）	千鳥橋（御笠川）を渡る
（時刻不詳）	交差点「築港本町」直進
14時30分	那の津大橋（那珂川）を渡る
14時35分	県立美術館着　庭で休憩（50分出発）
15時20分	ゴール　福岡城跡 ① ②

ハイライト

■箱崎宮

筆者は生まれも育ちも鎌倉だから、神社仏閣に対して遊び場所（特に草野球）という以外

の認識が持ちにくい。鶴岡八幡宮も裏庭みたいなもので、小学生のころよく寒稽古に通ったり、学校の帰りに源平池の茂みに隠れて鯉を釣ったりした。その鶴岡八幡宮は、源頼朝が京都の石清水八幡宮から勧請したものだと聞いていたが、九州のこのあたりには、宇佐八幡やこの箱崎八幡があって、何となく親しみを感じていた。しかしただそれだけである。今回この鳥居を見たとき、その大きさもさることながら笠木の反り方が面白いし、第一、貫（ヌキ）の長さが笠木と同じなどという鳥居は見たことがない。それから向かって左脇にある常夜灯のどっしりしている様子も何か曰くありげだ。

写真を撮っていたら、永渕さんが当方の疑問を見透かしたかのように、"昔はこの鳥居のところまで海だった"と教えてくれた。なるほどそれでこの常夜灯（灯台を兼ねた？）の

① ②

下半分は上げ潮の時などは海面下になるのかも知れないと思ったりした。後で地図を見ると、ものの500メートルも行けば箱崎漁港で、二度納得した。

司馬遼太郎は、箱崎宮について、「.....第一次元寇のときにそのあたりに元軍が充満したことを想像する.....。当時、浜から楼門を仰ぐことができた箱崎宮も焼けた。長い海岸線をもつ博多湾のなかでも、船舶の着岸地としては東の箱崎と西の今津が最適地だったから、上陸軍の集中がおびただしかった.....1274（文永11）年10月19日朝のことである。」と述べている。ついでながら今回の旅の途中で出会ったもう一つの大鳥居（写真③）、霧島神宮のそれも掲げておく。これは鳥居の形式が八幡鳥居と違って笠木が反っていて、恐らく明神鳥居といわれる形式で、もっともよく普及している形式らしい。

■立花山

この日の朝、休憩が終わって歩き出す頃から右手前方に三つの山が並んでいる。道路地図には立花山（367.1m）とある。ところが翌朝NHKの6時のテレビでその立花山のクスノキの番組をやっていた。照葉樹林を眺めながら歩きたいと思って九州まで来たのだから、早速機会に恵まれて嬉しかった。ただし、福岡県の歴史散歩には「[立花山は]クスノキ原始林（国の特別天然記念物）がおい茂り、自生の北限を示すものとして貴重」とある。しかしこれはどうか。

③

10月05日（土）4日目 15

トピックス　その1

道路地図

これまで歩きに出掛けるときは国土地理院の地形図を持ち歩くことが多かったが、今回の九州一周ウオークでは、もっぱら道路地図を利用した。昭文社の県別マップルを九州の7県分スーツケースに入れてきた。自分の現在位置を時々刻々同定するのには、道路地図に記載されているデータが役に立つだろうと考えたからである。
実際に使ってみた結果、改めて確認した道路地図の長所短所を次にいくつか拾ってみる。
■沿道情報
道路地図は車両通行者のためのものだから、その立場に立った情報が充実している。具体的には、道路沿いの多種多様な各種施設の案内がたくさんあるということである。下の図は福岡県を例に取った道路地図の目次で、縮尺の大きい大都市の詳細図から、縮尺の小さい広域道路地図まで利用目的によって4種類の地図が掲載されていることがわかる。この区分の仕方や、区分には、県域の広狭などに依って県毎にそれぞれ違い一様ではない。にもかかわらず各沿線の情報は豊富である。具体的にはガソリンスタンド（12社＋その他）、コンビニエンスストア9社＋その他、ファーストフード（3社＋その他）が記号で掲載されており、そのほか、駐車場、インターチェンジ、サービスエリア、交差点、信号機、歩道橋、バス停等々が分かる。ウオークも同じ車道の脇を歩く以上、道路に沿ったこれらの記号は自分の現在位置を同定するのにはたいへん便利で、今回はそのうちのバス停をもっぱら用いた。
■多色刷りの施設・建造物
これは上記沿道情報と違って、縮尺の大小によって掲載の量も、掲載の仕方も違う。縮尺が大きいほど掲載の量が多く、色分けの対象となる施設・建造物の種類も豊富である。小倉城を歩き始めるときこの点を利用しようと思った。以前から、ウオークでは市街地に入るほど居場所の同定が困難になるという思いをしてきた。一方、道路地図の大縮尺の地図、具体的には、2万分の1程度までは、建物が4種類に色分けされている。その4種類の色を実際にどのような区分に当てはめるかは縮尺によってまちまちだが、いずれにしろ市街地の多色刷りの用途として、目標建物の発見にたいへん便利である。また建物の大きさ、敷地の形状なども地図の平面上に書き表してあるので、当該物件がお目当ての建造物かどうか、おおよその見当を付けるのにも役に立つ。
これは、道路地図の側にもそれなりの理由があって、市街地の建造物は豊富に記載し、そ

の識別にも力を入れている。おそらく上記沿道情報の豊富さに次ぐ特徴といっていいだろう。従って多色刷りも識別を容易ならしめるためにいわば必須なのだ。

■その他の長所

道路地図にはまだまだ長所がある。第一に、識別を容易にするもう一つの工夫として、建造物の固有名がスペースの許す限り記入してあることで、これも建造物の名称が変わらない間は、極めて有効な識別手段であることはいうまでもない。

第二に、道路地図にはいわゆる"所番地"も適当な間隔を置いて載っている。ウオーカーの立場からこれが有効なのは、バス停がない道路では、所番地以外に現在地を同定する手段がないことが多い。その場合には重宝する。ただしこれには問題もある。地図上で確かめたい所番地があっても、実際にその近所の住宅の表札にそれが記載されていることはほとんど期待できない。だいいち、近頃は、表札を掲げない家が大部分である。

第三に、道路地図は改訂の頻度が比較的高い。しかしカーナビの世の中でこれがどこまで有効か不明で、道路地図に新しさを求めること自体が今後無意味になるかも知れない。

■道路地図の欠点

車両通行上の欠点は知らない。ウオークに道路地図を流用する場合、道路を誤り無く通過すればそれでよいというのであればいいが、筆者のように通過したことを記録に残す手段として道路地図を利用するとなると、長所である多色刷りがそのまま欠点となる。すなわち、通過記録を道路地図上にそのままでは多色が邪魔になって記入できないからである。そこで複写を取って記入するが、もともと多色刷りで機能するように刷られた道路地図は、白黒になると見にくくなる。

しかしこのことは道路地図にとっては迷惑な話だろう。もともと記録を残すための手段として作られているものではないからだ。だから理想をいえば、複写を取った道路地図に記入すべきことは国土地理院の地形図に記入しておければそれが一番いい。後で生きてくるからだ。そこで改めて国土地理院の地形図の特徴を考えてみよう。そうすると逆に道路地図の特徴が一層明確になると思うからである。

■国土地理院の地形図

まず、上記に示した道路地図の長所はどれをとっても国土地理院の地形図に求めることはできない。乗り物であれ、歩きであれ、地形図は沿道沿いに通行するための情報を特に掲載するものではもともとないし、さまざまな記載事項を色分けして識別を便ならしめることはしていないし、建造物は著名な史跡などを除いて単に記号で記すのみで固有名は示していないし、所番地は記載されていないし、改訂は実にのんびりしたものだ。では国土地理院の地形図は何が特徴かというと、その上に何か合目的的な情報を付加することによって使用価値が生ずる地図に加工することができるという点にある。そのような加工に耐えるだけの基本的な地形図としての事実が正確に記載されているという、まさにそのことに価値がある。準拠価値といってもいいかも知れない。だから古い地形図はまさにその故に価値を持つということになる。道路地図は新しいほどいいというだけのものだから、この点が大きく違うところだ。ウオーカーの立場からすると道路地図の実用性、国土地理院の地形図の準拠性はどちらも大切な価値だから、それぞれ使い分けるべきものだというのが当面の結論といっていいだろう。

平成14年10月06日(日)　5日目
福岡県福岡市　福岡県大会　10キロ　139名
宿泊先「アークホテル本館」へは徒歩で移動

いつ、どこを
この日の福岡県大会は記録を取らなかった。

ハイライト
■福岡県大会
初めての県大会で要領が分からない。10キロ前後の距離だと聞いていたので、そこらへんのウオークの催し物と同じように歩けばいいのだろうと思った。後から考えて、他の県の大会は団体歩行が多かったが、福岡県のは要所要所に矢印が貼ってあって、自由歩行であった。コースをざっと振り返ってみる。
スタート／ゴールは、写真で見るとおり、福岡城跡と大濠公園に挟まれた地域、舞鶴公園北側の広い空き地である。ここを出発して西へ、大手門から南へ向かう信号のある通りを

①

②

③

南へ、「平和台競技場前」という信号の先を左折、平和台競技場の南側を東へ、元は野球場だった広場をかすめて南へ。鴻口館跡の西側を南へ。曲がりくねった細道を抜けて国道202号線へ出て東へ。警固町の交差点を北へ。それからは赤坂の交差点、法務局前の交差点、あいれふ前の交差点をすべて通り過ぎて、長浜の交差点で左折。以後、浜の町公園前、港一丁目、簀子小学校前、港町、西公園下の各交差点をすべて通過し、次の当仁小学校前の
交差点を右折。道なりに進んで交差点「福浜団地入口」を左折。よかトピア通りの横断歩道橋で通りの海側に出てそのまま福岡ドーム方向に。福岡ドームの東側を廻って福岡都市高速1号線の下の細道をくぐって海沿いの緑地を西へ。渚橋を渡ってシーサイドももち海

18　福岡県

浜公園を進む。福岡タワーのところで海から離れ、タワーの脇を通って南へ。市総合図書館と市博物館の間を通って交差点「博物館前」でふたたびよかトピア通りに出て、地下道で道路の反対側に出て、左手バス停「博物館前」の道を南へ。元寇防塁跡の脇を通って交差点「防塁」で左折。交差点「西新」で斜めに右に入り、城西１丁目、２丁目の各交差点を通過して、城西橋を渡り、鳥飼３丁目、２丁目、１丁目の各交差点を経て、大濠１丁目の交差点で左に入り大濠池に突き当たる。大濠池の中に南北に細い島が連なっていて、それぞれ皐月橋、茶村橋、松月橋、観月橋でつながっている。それらを次々に渡って池の北側に出て東へ進み、そのまま城内へ登る崖を駆け上がってゴールの空き地に到達した。
途中迷うようなことは無かったが、ただ一個所だけ、福岡タワーから広場を南へ進むところはあまりにも広い空間で、矢印が見つからない。後から道を知っている人がきたので後へ付いていって事なきを得た。また、大濠公園の中の島伝いは、島の中の細道が羊腸の如く分かれているのを思い思いに進むのが面白かった。途中矢印探しでウロウロしたことはあったが、休むことはなく所要時間は２時間10分だった。

■部族連合

九州七県、この日の福岡県大会だけが自由歩行で、あとはみんな団体歩行だったが、いずれにしろ集合場所は広場で、集合時間よりもかなり早くから参加者が集まってくる。いつも思うことだが県大会はインディアンなどの部族連合の集会に似ているような気がする。それぞれの部族が自分たちの誇りを象徴する旗を持って集まる。部族の酋長はその旗をしっかりと立てて護持し、部族のヤカラは老若男女もろともにこぞってその旗の元に集まる。時には、部族の結束を象徴するように、揃いの派手な首巻きを巻いたり、帽子をかぶったりする。県大会はそうした部族のいわば連合会だから、各部族ごとのデモンストレーションは控えているのだろうが、大した数じゃないのだから、少し時間を割いて、各部族ごとのデモをやる時間を設けてはどうか。オーストラリア原住民のウオー・クライのほうが、画一化しすぎている出発の際の"檄"などよりはるかに迫力があると思うが。

■福岡城跡

なお、福岡城跡に北側から入る交差点「平和台」のところに、史跡福岡城跡を案内する立て札があり、次のように記載されている。

「福岡城は、福岡藩初代藩主黒田長政によって、慶長六（1601）年から七年をかけて築かれました。前年に豊前国（大分県）中津から筑前に入国した当初は、小早川隆景の居城だった名島城に入りましたが、治政の都合からここ福崎の丘陵が新しい城を築く適地として選ばれました。城の名前は、黒田家再興の故地である備前国（岡山県）邑久郡福岡にちなみ、福岡と名付けられました。

この城は、東側を那珂川で画し備前堀・中堀を構え、西側の干潟地を深く掘って大掘とし、正面の北側は内堀を構えて海側に城下町を配し、搦手である南側は赤坂山を掘り切って四周を水堀に囲まれた平山城としています。城域は土塁や石垣によって三ノ丸・二ノ丸・本丸に区画され、石垣の上には四十七棟の櫓が設けられるなど、重厚な城構えとなっています。総面積は二十四万坪（約80万m²）で、全国でも有数の規模を誇っています。

昭和三十二年八月二十九日に国史跡の指定を受けました。城内には重要文化財の多聞櫓、市指定名島門、県指定の母里太兵衛邸長屋門、大手門、潮見櫓、祈念櫓が復元整備されています。また古代の迎賓館である鴻臚館跡も一部整備されています。

平成14年10月07日(月)　6日目
福岡市福岡城跡→→福岡県JR二日市駅　19キロ　27名
宿泊先「アークホテル本館」へはJR＋徒歩で移動

いつ、どこを

08時26分	福岡城跡出発、薬院大通り、県道31号線をゆく
(時刻不詳)	交差点「平尾1丁目」で薬院新川を渡り直進
09時06分	交差点「平尾北」直進
(時刻不詳)	交差点「西鉄平尾駅入口」左折
09時27分	平尾駅着　トイレ休憩
09時49分	交差点「学校下」直進
10時00分	交差点「大橋」直進
10時06分	交差点「三宅中学前」直進
(時刻不詳)	井尻橋(那珂川)を渡る
10時21分	井尻公園着　休憩
10時37分	交差点「井尻四つ角」直進
11時03分	県道56号線と交差
11時22分	県営春日公園着　昼食休憩(12時20分出発)　②
12時35分	交差点「春日5丁目」直進
12時58分	交差点「青葉台入口」直進
13時05分	太宰府市歴史スポーツ公園(左手)通過
13時37分	交差点「大佐野」直進
(時刻不詳)	交差点「杉塚」で左折、県道505号線へ
13時45分	九州自動車道をくぐる
13時56分	JR鹿児島本線踏切を渡って、県道112号線に合流
(時刻不詳)	ゴール　JR鹿児島本線二日市駅

ハイライト

■国博ウオーク in 太宰府2002 ①

太宰府市の歴史スポーツ公園の案内板にこのウオークの案内が貼り出されていた。九州国立博物館(仮称)の建築着工を記念して開かれる催しで、開催日は平成14年11月2日(土)、キャッチフレーズは"屋根のない博物館を歩こう"である。コースは三つある。

1) ゆめコース(10キロ)　政庁跡→→国博建設地→→天満宮→→観世音寺→→国分寺跡→→水城跡→→政庁跡　スタートは9：00　終了予定は14：00頃
2) 未来コース(5キロ)　政庁跡→→国博建設地→→天満宮→→観世音寺→→政庁跡　スタートは10：00　終了予定は13：00頃
3) 四王寺登山コース　標高約330メートル登山　スタート9：30　終了14：00頃

となっている。募集人員は1)と2)がそれぞれ1000名程度づつ、3)は100名程度までとなっている。参加費は大人500円、小中学生200円、小学生未満は無料で、当日徴収する

ので釣り銭の無いように。なお※印をつけて、「参加費には九州国立博物館（仮称）への支援金及び傷害保険料が含まれています」とある。応募方法としてははがき、FAX、e-mailのいずれかとなっており、案内チラシがそのまま申込用紙だったりFAX用紙だった

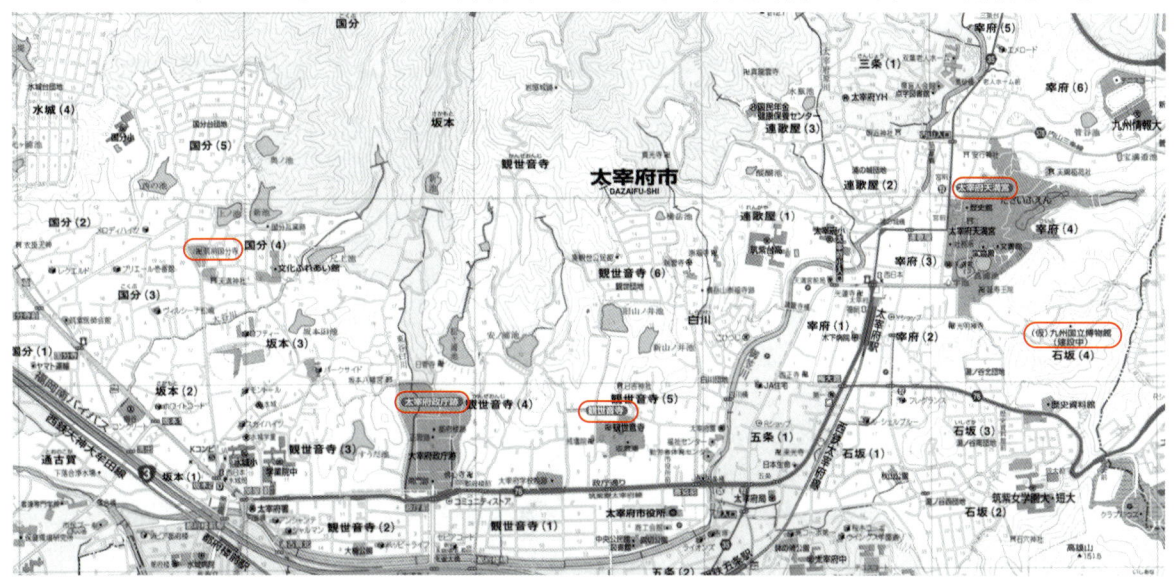

地図使用承認©昭文社第04E003号

りするのに比べ、やや不便か。このウオークの特徴は、開催趣旨に照らしてまことに妥当だと思われることだが、"主な史跡地において、説明(解説)を行いますが..."となっていることで、ただし"混雑が予想されますので、あらかじめご了承下さい"とある。ウオークの主宰団体はどこもこれをやりたいのだろうが、混雑して実施できない現状ではないか。成功を祈りたい。
地図はウオークコースの内容として紹介されている史跡等で、ただし水城跡は西に外れるのでここには掲載できない。

■昼食風景その２

写真右は、春日公園野外音楽堂でのこの日の昼食風景。小倉を出発した初日の奥洞海駅の正午の風景に比べると、この日は六日目、だいぶ趣が異なってきた。秋の穏やかな陽射しを浴びながらという雰囲気。この野外音楽堂は客席が摺り鉢状で、そこで電線に雀がとまるように天井桟敷にズラッと並んだが、ステージにあがっても雀全部を撮ることは不可能であった。人の仕草を眺めるのは嫌いじゃないが、自分が眺められるのはマッピラごめんという"目立ちたがらない"屋ばかり。ステージに置いた水を誰も飲みに行かない。

①

②

10月07日(月) 6日目　21

平成14年10月08日(火)　7日目
福岡県JR二日市駅→→福岡県小郡市　17キロ　56＋3名
宿泊先「スパリゾートホテル」へはマイクロバスで移動

いつ、どこを

08時30分	JR二日市駅出発、駅前の交差点「天神」を右へ、すぐの交差点「旭町」を右折、線路を渡る
08時53分	交差点「上古賀」を左折、県道31号線へ
(時刻不詳)	築紫野市立明寺546番地の角を右折
(時刻不詳)	橋を渡る　左手の厳嶋神社の向かい側、立明寺新道に合流、住宅地の方へ登りかける
(時刻不詳)	「むさしヶ丘」という住宅地に入り、すぐ左へ曲がって坂を下る
(時刻不詳)	築紫野市長岡129番地の信号のある交差点を右折、南下　右手に「ダイゴ」という名前の工場　鳥栖築紫野道路に沿う
09時25分	道ばたで休憩
09時44分	JR鹿児島本線の線路に沿うが、すぐに階段を下りて県道582号線に合流、左折　JR鹿児島本線、及びJR筑豊本線のガードをくぐる
(時刻不詳)	交差点「原田局前」の一つ手前の交差点「築紫神社」(？)を右折
10時00分	原田駅着　休憩（20分出発）、参道を出て右へ
10時25分	宝珠橋（宝珠川）を渡り、国道3号線の下をくぐる
10時30分	交差点「美しヶ丘南」直進、住宅街の中を通過
(時刻不詳)	岡を下る前、筑後平野と耳納連山を初めて見る
10時56分	埋蔵文化財調査センター着　昼食休憩、食後に埋蔵文化財センター見学②
(時刻不詳)	右手の三国中学から左の小郡高校まで一本道を行く
(時刻不詳)	県道88号線を横断し、みくに野東団地（住宅地）の中を通って、清影山如意輪寺門前で休憩
(時刻不詳)	如意輪寺から100メートル、明願寺向かい側に横隈宿の案内、県道132号線横断
12時58分	神田島橋（川の名不詳）を渡る
(時刻不詳)	御勢大霊石神社わきを通過
(時刻不詳)	あらこ橋（高原川）を渡り、南下
13時22分	大分自動車道路、天木鉄道の大板井駅東側線路を渡る
(時刻不詳)	国道500号線に出て左折
(時刻不詳)	木島橋（築地川）を渡る
13時37分	ゴール　小郡市役所東側、東町公園

ハイライト

■参加申込と受付①

これは何もこの日の**ハイライト**というわけではないが、いずれどこかで触れねばならない。ゴール／出発の地点はJRの駅前広場を拝借することがかなり多い。拝借するのは広場ば

かりでなく、参加受付用の机が足りない場合、駅から借りる場合がある。出発準備はけっこう忙しい。荻野隊長補佐は参加者へのアナウンスメントでマイクを握りっぱなし。そこで受付のルティーンはそのほかの者がやる。岩古荷物奉行は、受け付け道具一式がマイクロバスに積んであるのを降ろして運び、用が済めばまた運び入れる力仕事だ。隊員は受付のルティーンを手伝う。参加申込書の処理、金銭の授受、参加者へ渡す品一式を取りそろえて渡す。受付用の机の折り畳みなどは慣れた隊員が一番上手だろう。写真①は10月29日朝熊本駅前動輪広場での受け付け風景である。また、参加申込書（本来はピンク色）の雛形を添える。本部隊員は別としてそのほかの参加者は毎朝これに記入しなければならない。

①

■移動式シングル・ルーム

長崎街道は原田宿を出るとすぐに真南へ向かい、肥前の国にはいるが、われわれは東へ向かって小郡市の埋蔵文化財調査センターに到着した。そこで昼食の後、センターを見学したら写真のような駕籠があった②。シングル・ルームである。折り畳み式の机も、テレビも、鏡も、電話も、ファックスも、ミニバーもない。でも気の利いた窓が両側にあるから案外退屈はしなかったかも知れない。しかし身体が窮屈でもノビをすることもできないのはこたえたのではないか。歩いているとそういうことを考える。写真③は八代グランドホテル（10月29〜30両日宿泊）の個室。まあ、似たようなものか。

②  ③

10月08日（火）7日目　23

平成14年10月09日(水)　8日目
福岡県小郡市→→福岡県JR久留米駅　16キロ　53＋3名
宿泊先「スパリゾートホテル」へはマイクロバスで移動

いつ、どこを

09時06分	小郡市役所出発、前の交差点「市役所前」、国道500号線を横断して直進
09時20分	後川橋（築地川）を渡る
（時刻不詳）	七夕神社（地図では「媛社神社」）横を通過
（時刻不詳）	稲吉橋（宝満川）を渡り、右へ
（時刻不詳）	右から宝満川を渡ってくるアマノガワ橋に入って左（南）へ
（時刻不詳）	14号線に合流、右へ川沿いに
（時刻不詳）	交差点「二森」で再度宝満川からの橋が架かっているが渡らず、交差点「二森」から川沿い（左岸）に細道を南下、コスモス畠を撮る（以後、味坂駅まで宝満川添いに進む）①
（時刻不詳）	タカシマ橋（川の名前不詳）
（時刻不詳）	今朝丸橋（宝満川）通過
10時38分	西鉄天神大牟田線味坂駅着　休憩
（時刻不詳）	県道88号線伝いに南下、思案橋川に添い、九州自動車道をくぐる
11時12分	小郡市と久留米市との境を通過
（時刻不詳）	新思案橋（思案橋川）を渡る
11時30分	西鉄甘木線のガードをくぐり宮の陣駅着
（時刻不詳）	宮の陣橋（筑後川）を渡り百年公園着　昼食休憩（12時30分出発）②③
（時刻不詳）	筑後川河川敷を下流へ進み、宮の陣橋、西鉄鉄橋、久留米大橋、二千年橋、小森野橋の下をくぐり、ブリジストン工場の前を通って駅方向へ
13時20分	ゴール　JR鹿児島本線久留米駅 ④

ハイライト

■筑後川とコスモス

昨日、10時30分、小郡市埋蔵文化財調査センターの方へ向けて坂を下っているとき、見晴らしのいい小高い丘から筑後平野、そして耳納連山が見えたとき、"来たな"という衝撃が全身に走り、暫し立ちつくした。九州へ来たのはこの風景を眺めるためだったと思ったとたんに、それまでのことがみんな頭の中から吹っ飛んだ。それはどこそこへ到着したという「来た」ではない。ただ"来たな"という直観である。そこでこの日は酒も飲まぬに朝から酔って歩いた。

水郷のコスモスが気に入ったので写真に撮った。地図を見て、筑後川が近くを流れている筈だと思うと、何かそれらしい気配がないか、そればかりが気になった。写真②はその筑後川に架かる宮の陣橋を渡ってゆくウオークの一行。撮り終わってから懸命に走って追いつき、今度は渡り終わってすぐ河川敷を下りて、渡ったばかりの橋の下をくぐろうとする一行③。旗持ちグループの中に、インドネシアのリドワン君の姿も見える。

■蜷局の跡
           トグロ

この日は朝から気分爽快だった。今までとはまったく別天地へ来たんだなという実感でうきうきしていた。久留米駅にゴールしたのが13時20分、歩行距離は16キロ。宿へのバスの出発時刻が15時ちょうど。それまでどうするなんて考えるだけヤボというもの。さっそく駅前の岩田屋の二階へ駆け上がって一杯やった。おつまみセット。焼酎で最初は米とそば。つまみはモロ胡と納豆小鉢。これで950円。まだ時間があるので芋焼酎に塩サバ。それにしても今回の本部隊員はカタブツが多すぎる。朝から飲もうよという者は皆無。昼飯に缶ビールは常識だと思うがそれも皆無。そこでこの日は一人で羽化登仙を満喫したという次第。もちろん集合時間に遅れた。それも当然常識のうちだ。

おつまみセット　950円

以下の中からお飲み物二点、おつまみ二点がお選びいただけます。

お飲み物

生ビール・酒・焼酎（芋・米・そば・麦）

おつまみ

- フライドポテト
- 納豆小鉢
- 切干大根
- キムチ
- ひじき
- めざし
- 魚の荒焚
- モロ胡
- わかさぎ南蛮
- 焼なす
- 肉ごぼう
- 玉子焼
- ポテトサラダ
- 冷奴
- 枝豆

お一人様1セットまでとさせて頂きます。

10月09日(水) 8日目

トピックス　その２

案内の案内　1

犬も歩けば棒に当たるように、人が歩くと「案内」に当たる。68日間も歩き続けていればなおさらである。そこで今回のウオークで出くわした「案内」を、それが案内しているオブジェクツを手がかりに、二回に分けて順不同で紹介する。

■考古遺跡
考古学的発掘に対する地元教育委員会などの建てた案内板である。これは多くはたいへん詳しいものでたまたまそこが休憩場所ででもない限り、歩いている最中に全部読むというわけにはゆかない。それから発掘現場が道路から離れていたり、「古墳群」といったように地域的な拡がりを伴う場合は地図で案内することが多い。

①

■神社・仏閣
神社・仏閣は案内の対象として、種類も多く量的にも厖大である。神社・仏閣の側も積極的に案内しようとするインセンティブが働いていることは、境内のさまざまなモニュメントの一つ一つに案内板を設置することでわかる。神社・仏閣はまたモッタイナイ話だが用足し場所に利用されることが多く、従って滞在時間が長いので案内もよく読むことになる。

②

■街道
長崎街道のように由緒正しい街道の場合は、ウオークそのものがそこを辿ろうとするから、頻繁に出くわすことになる。歴史記述から説き起こすから、案内は詳細なものが多い。普段歩く国道・県道が旧街道に沿って付設されている場合が多い。そこで街道はまた旧道という名称で呼ばれ、国道・県道との間で出入りを繰り返すことが多い。

③

■街道──スポット
街道は、関所、宿場、一里塚のようなスポットを伴っており、そうしたスポットに案内がなされていることが多い。ただし、街道そのものとの違いは、街道はとぎれとぎれながらも現役であるのに対して、スポットは「...跡」として案内される。一本の棒から、きわめて詳細なものまで案内の精粗に差があるのもこのカテゴリーである。

④

■石仏
道ばたにござらっしゃるすべての石仏が案内されているわけではない。むしろ案内がある尊像は特殊である。地蔵菩薩や観音菩薩などの菩薩、仁王などの明王、恵比寿天や大黒天などの諸天が普通で、如来は磨崖仏などには彫られるが、道ばたにはござらっしゃらない。ご近所に信心深い方がをられて、花などを活けてあることが多い。

■人物
かつて実在した高名な人物について、その人の出生地が地元出身の偉人を顕彰するという意味で案内をするとか、旅程の途次立ち寄ったことを記念する意味で案内をする場合である。実在した人物であるため、その姿を再現しようとして、像、レリーフなど具体的なイメージを見る者に与えようとする案内が多い。諸九尼、伊能忠敬など。写真は福沢諭吉。

■船出・上陸
天草四郎時貞、二十六聖人、天正遣欧少年使節などのように、上記の実在の人物のうち、ある港（湊）から船出した、上陸したということが案内の対象となる。天草富岡港の「五足の靴」のように、案内に懲りすぎたため、少々勉強しないとかえって何のことか分からないものもある。人間魚雷、特攻隊の出撃基地もこのカテゴリーに入るか。

■広域観光案内
地元自治体の意向もあって夥しい量が存在する。例外なく地図が中心になるので、その善し悪しと、広域をいかにカバーするかの工夫が案内の成否を決するようだ。地図を主に、文章、写真、各種記号、カラー、等を多用する。親しみやすくするためか、漫画入りも多く見かける。詳しすぎるものは写真に撮って置いて後で見る分には情報量が多くて助かる。

■建築物（群）
個人の住宅が案内の対象となる。これにはその家に住んだ住人を顕彰するときと、住宅が由緒ある建造物であるためと両方がある。木賃宿「織屋」は前者だし、久留米市草野地区の上野邸は後者である。また薩摩藩の麓のように、武家屋敷が群として案内の対象となる場合は、案内も詳細を極める。現在も住居として使われている場合も多い。

トピックス　27

平成14年10月10日(木)　9日目
休養日
宿泊先「スパリゾートホテル」へは徒歩で移動

いつ、どこを

08時30分	宿を出発、福岡県森林林業技術センター前を左へ	
(時刻不詳)	県道151号線を左へ	
(時刻不詳)	コンビニ「RIC」のそば、大谷川を渡る	
(時刻不詳)	バス停「中泉」　中泉自治区公民館　左に県道720号線を分岐	
(時刻不詳)	交差点「山本」直通	
(時刻不詳)	バス停「矢作」手前で旧道に入り、猿田彦神社で再度県道151号線へ ①	
(時刻不詳)	草野歴史資料館に寄る ②	
(時刻不詳)	交差点「三明寺」を左折、県道746号線に入り、北上	
11時50分	JR久大本線の踏切横断	
12時05分	江田橋（巨瀬川）を渡る ③	
(時刻不詳)	交差点「川合小学校前」直進　俳人湖白庵諸九尼生誕地の碑通過、県道745号へ左折	
(時刻不詳)	クボタ農機歴史館着　昼食（13時00分出発）県道745号線をゆく	
13時25分	筑後川に行き当たり、橋は渡らず川沿いに県道81号線をゆく	
(時刻不詳)	宮路嶽神社前通過	
14時16分	鎮西橋（巨瀬川）を渡り、県道740号線をゆく	
(時刻不詳)	交差点「善導寺駅」で国道210号線に合流、右へゆく	
(時刻不詳)	スーパーsunnyで休憩	
15時20分	ゴール　スパリゾートホテル（宿舎）	

ハイライト

■旧豊後街道

決められたコースでなく、好きな方向へ歩いていっていい休養日には、できるだけコースから逸れて見たい、反対の方向へ行ってみたいと、漠然とそんな気持ちでいた。そこで、この日は宿のすぐ南を東西に走っている県道151号線を東に歩いて行った。それが旧豊後

①　　②

街道というものであることは、歩き始めてから案内を見て知った。県道151号線はおよそその街道に沿ってはいるが、旧道は頻繁に県道から逸れる。写真①はその一つ。

■久留米市草野町

草野は旧豊後街道の宿の一つである。現在でも往時を偲ぶ神社・仏閣、銀行、病院、個人の住宅、古い町並みなど文化財の数々が残っている。写真②は山辺道文化館で、以前は病院だった建物だが、現在は"草野に残る大正時代の歴史的建造物を保存し、伝統文化や町並みに関する資料の収集、地域の人々の交流拠点を目的として"オープンした。いっぽうそのすぐ近くにある久留米市立草野歴史資料館は、明治44年に草野銀行本店として建立された木造建築物で、久留米市が取得し、昭和59年に開館した。こちらは平安時代から安土桃山時代にかけての約425年間、草野氏の勢力を背景に筑後国の拠点として栄えた草野に中心を置いている。立派な収蔵品目録（197点収録）も刊行しているし、平成14年の春には「耳納北麓文化財回顧展2」を開催し、その時にも展示資料目録（30点収録）を刊行している。

■恐竜出現③

草野にはもっと時間を割きたかったが、また来る機会を作ろうと、あてにならない気休めをして、先を急ぎ、交差点「三明寺」で左折し、県道746号線を北へ、筑後川の方へ向かった。写真の"緑の怪獣"は、巨瀬川を渡る少し手前左側にいた。このウオークも南九州では"緑の回廊"というキーワードに頻繁にお目に掛かることになるが、"緑の怪獣"はここだけである。この辺り一帯は植木屋が多いらしく、商品に買い手が付くまで置いてあるというだけのことだろうが、思わぬジュラシック・パークに迷い込んで楽しかった。このあと、地図に出ていたので寄ってみたのだが、福岡クボタ農業機械歴史館に入った。ちょうど昼時だったので、館長とおぼしき人と話ながら弁当を遣わせて貰った。

二枚組の写真は宿へ帰ってそばの空き地から見た耳納山地を撮ったものである。　④

平成14年10月11日(金)　10日目
福岡県JR久留米駅→→佐賀県JR佐賀駅　30キロ　参加者数不定
宿泊先「第一栄城ホテル」へは徒歩で移動

いつ、どこを

08時00分	駅前広場のカラクリ時計のディスプレイを見る ①
(時刻不詳)	ディスプレイの後、JR久留米駅を出発、駅前すぐ南の縄手橋のガードをくぐり、裏駅に出てまっすぐ、霊妙寺に突き当たり右折
(時刻不詳)	京町小学校の角を左へ、更に突き当たって左へ
(時刻不詳)	水天宮に入り、境内を抜けて筑後川から離れる方向へ
(時刻不詳)	150メートルで右折、交差点「大石町」直進、梅満町(ウメミツマチ)へ（途中から道幅が広くなる）
08時52分	上ツル橋を渡り、カナマル川を渡ってすぐ左折
(時刻不詳)	八反田橋（安武川）
(時刻不詳)	筑邦西中学前を通る
(時刻不詳)	史跡権現塚古墳着　休憩
(時刻不詳)	西鉄天神大牟田線に並行し、公民館のある広場（玉垂公園）を通過し、寺の境内を抜け、広川の土手に出る
(時刻不詳)	若宮橋（広川）を（渡らず）通過し、広川の河川敷（右岸をゆく）②
(時刻不詳)	大善寺橋（広川）のたもとを右折、県道146号線を筑後川に向かう
(時刻不詳)	天建寺橋（筑後川）を渡り、川に沿って左へゆき、川から離れ、坂口方向へ
10時35分	芦納橋（開平江川）を渡り、下田小学校脇を通過（下田小学校で7名追加参加、43名となる）、三城橋を渡る
11時18分	松枝公民館前通過、新中郷橋、中郷橋、厳島神社前、中壺橋を通過
11時29分	千代田町に入り、すぐ北の出口橋
11時35分	柳島橋
11時40分	鯰江橋（鯰江川）を通り次郎の森公園着 ③　福岡県から佐賀県への引継式／表彰式　昼食休憩（12時45分出発）7名減り8名新参加、都合44名
12時48分	上神代橋を渡る
(時刻不詳)	アニーというスーパーで休憩（13時45分出発）46名いる
(時刻不詳)	交差点「地蔵橋」
13時55分	イヌドウ橋（川の名不詳）（クリークのため橋の名前だけで川の名のない場合が多い）
(時刻不詳)	ヒノデ橋
15時01分	ゴール　JR佐賀駅

ハイライト

■からくり時計

久留米駅前広場に、文字通りデーンと立っている。久留米が生んだ発明家田中久重の生誕

200年を祝って設置したもの。この時計は田中久重が製作した太鼓時計をモチーフにしたもので、定時になると前面の時計盤が回転し、からくり儀右衛門（田中久重）が現れ、無尽灯・万年回転独楽・弓ひき童子・童子盃台・万年時計（万年自鳴鐘）・蒸気車雛形など、田中久重が手掛けた作品について語る仕掛けになっている。下に出してある解説に実演時間が載っている、それによると、「このからくり時計は、午前8時から午後7時までの毎正時に約5分間、からくり人形の実演があります。また、実演時には、久留米市出身やゆかりの方々の音楽が流れます。」とあって、"1）上を向いて歩こう作曲家＝中村八大（実演時間）8：00　12：00　16：00"など4件が紹介されている。
この立体展示が今回のウオークの途中で見た、駅前シンボルの中ではもっとも優れたものかも知れないということはトピックスその13「案内の案内」でも触れた。

■たんぼ
今回のウオークでは、大げさにいえば一刻たりとも自分の現在位置を見失なわないことを、さまざまな理由から第一義的に重要であると考え、道路地図と首っ引きで歩いているのだが、この日のコースのようにタンボの中を歩くことになると、それも思い通りには行かない。そのうちまだ刈り取っていないたんぼに出くわし、とたんに筆者の大好きな小話を思い出した。それは：北アメリカ大陸横断の定期郵便飛行は1920年5月にニューヨーク←→サンフランシスコ間にはじめられたが、ある日のこと一機の飛行機が中西部の農村のハタケのなかに不時着をした。まだ飛行機というものが珍しかった時代のことで、村人たちがかけよって行くと、パイロットが飛行機から出て、
「ここはドコだ？」と、どなった。
「しらねえのかよ。ジョンのムギ畠のなかだ」と村人がこたえた。
ウオーカーが現在位置を確認するに際して心すべきこれ以上のたとえ話はない。

■次郎の森公園
この公園で福岡県から佐賀県への引継式が行われた。次郎は下村湖人が少年時代を描いた「次郎物語」から。近所に下村湖人の旧宅がある。

10月11日（金）10日目

佐 賀 県

10月12日(土)　第11日目　佐賀県大会
　　13日(日)　第12日目　JR佐賀駅→→JR武雄温泉駅
　　14日(月)　第13日目　JR武雄温泉駅→→JR有田駅
　　15日(火)　第14日目　JR有田駅→→JR伊万里駅
　　16日(水)　第15日目　休養日（ホテル→→JR唐津駅）
　　17日(木)　第16日目　JR伊万里駅→→JRハウステンボス駅

トピックス　その1　　長崎街道　1
　　　　　　その4　　JR九州の駅と路線

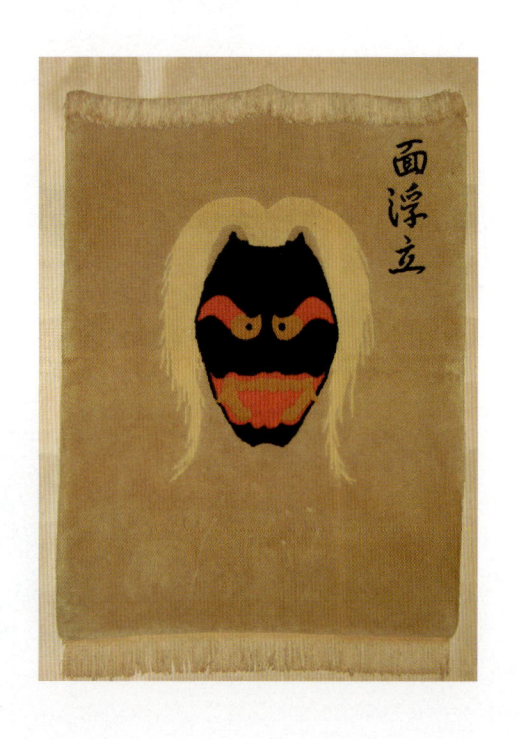

『佐賀新聞』2002年10月13日

佐賀の文化 歩いて満喫

九州一周浪漫ウオーク
全国の90人、佐賀城周辺で

17日まで 県内は96キロ踏破へ

【佐賀市】「第一回九州一周浪漫ウオーク」大会の「佐賀ステージ」が十二日、佐賀市であった。健康的なライフスタイルを身につけ地元の歴史・文化との触れ合いを深めるのが目的で、全国から約九十人が参加。どんどんどんの森をスタートして市内の約十キロのコースを歩き、秋空の下、さわやかな汗を流した。

日本ウオーキング協会や九州各県などが初めて主催。同ウオーク大会では、六十八日間をかけ、千三百七十七キロの九州一周コースに挑む。今月二日、北九州市の小倉城を出発し、福岡県西海岸の約百八十キロを歩いてきた。参加者の最高齢者は七十八歳、インドネシア出身の留学生もまじっている。十五人は最初から最後まで歩き通す。

佐賀ステージの第一日となるこの日は約二時間半かけ、佐賀城や長崎街道、佐嘉神社などをめぐった。

佐賀ステージは、十七日までで、佐賀市のほか、武雄市や伊万里市、有田町、西有田町までの約九十六キロを歩く予定。

この日参加した吉田加代子さん（五三）＝北九州市＝は「健康のために歩くには、涼しくて最適な天気」と顔をほころばせていた。

（クランドール）

第1回九州一周浪漫ウオーク・佐賀ステージを出発した参加者＝佐賀市のどんどんどんの森

（佐賀新聞社提供）

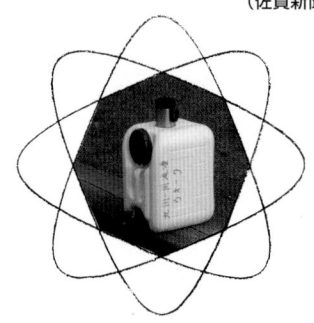

《佐賀県　歩く浪漫》

"月日は百代の過客にして、行きかふ年もまた旅人なり。舟の上に生涯を浮かべ、馬の口とらえて老いを迎ふる者は、日々旅にして旅を住みかとす"（芭蕉：奥の細道・序）
「九州一周浪漫ウオーク」（以下ウオークと略称）で、"かつて誰か歩いた道"にわれわれは出会い、横断し、分かれ、そしてわれわれの道を歩んだ。その出会い、横断、分かれを地図上で振り返りつつ、その"かつての誰か"が、実はいつの日かのわれわれ自身であるという想い、これ以上の歩く醍醐味があろうか。

■福岡県から佐賀県へ入る一日前、小郡市埋蔵文化財調査センターへの坂を下り始めた時、〈見晴らしのいい小高い丘から筑後平野、そして耳納連山が見えたとき、"来たな"という衝撃が全身に走った〉と書いた。そのセンターの前庭には、植え込みの中に境石が建っていて、そばの案内に次のようにある。
「．．．．乙隈の地は、松崎の往還が参勤交代の街道であったので、北側筑前の国（筑紫野市馬市）と南側筑後の国（小郡市乙隈）の境に境石を建てて両国の境界とした。初めは境杭であったが後に筑後の国が境石を建てかえた。この境石が現在ここにある境石であり．．．．文字は「従是南筑後領」と書かれている。有馬藩では文政年間に現在乙隈に建っている境石に建てかえられた。従ってこの境石は不用となり、．．．．」
国境といえばたいがい峠や大きな河川だが、このあたりは国境らしいところがどこにもなく、地名辞典で乙隈の歴史を見ても、所属が筑後だったり筑前だったりで、中原に鹿を追った跡もないようだ。平原のおおらかさの賜と思いたい。そうでないと、上記の文章は理解できない。
■10月13日14時10分、JR佐世保線の大町駅の先、右手の西福寺門前を過ぎて間もなく、隣を歩いていた人が、"大町は昔は炭鉱町だったんですよ"と突然筆者にいった。周囲の風景を見廻したがそれらしい様子がないので、"そのまま通り過ぎてきて"しまったが、どっちの方角なのかだけは気になったので聞いたことをメモはしておいた。あとでそのメモを整理していて改めてその言葉が気になって少し調べた。
まずウオークの道中に、稗田朴三氏からいただいた「北方郷往還筋長崎街道通路年表」（トピックス　その3　長崎街道参照）に記載されている炭鉱関係の記述を探してみた結果、次の5項目が見つかった。
　・1748（寛延元）年8月19日　御用油石（石炭）船積に相成、海路積場所見分のため二一日役人二人を派遣すると達

九州一周浪漫ウオーク

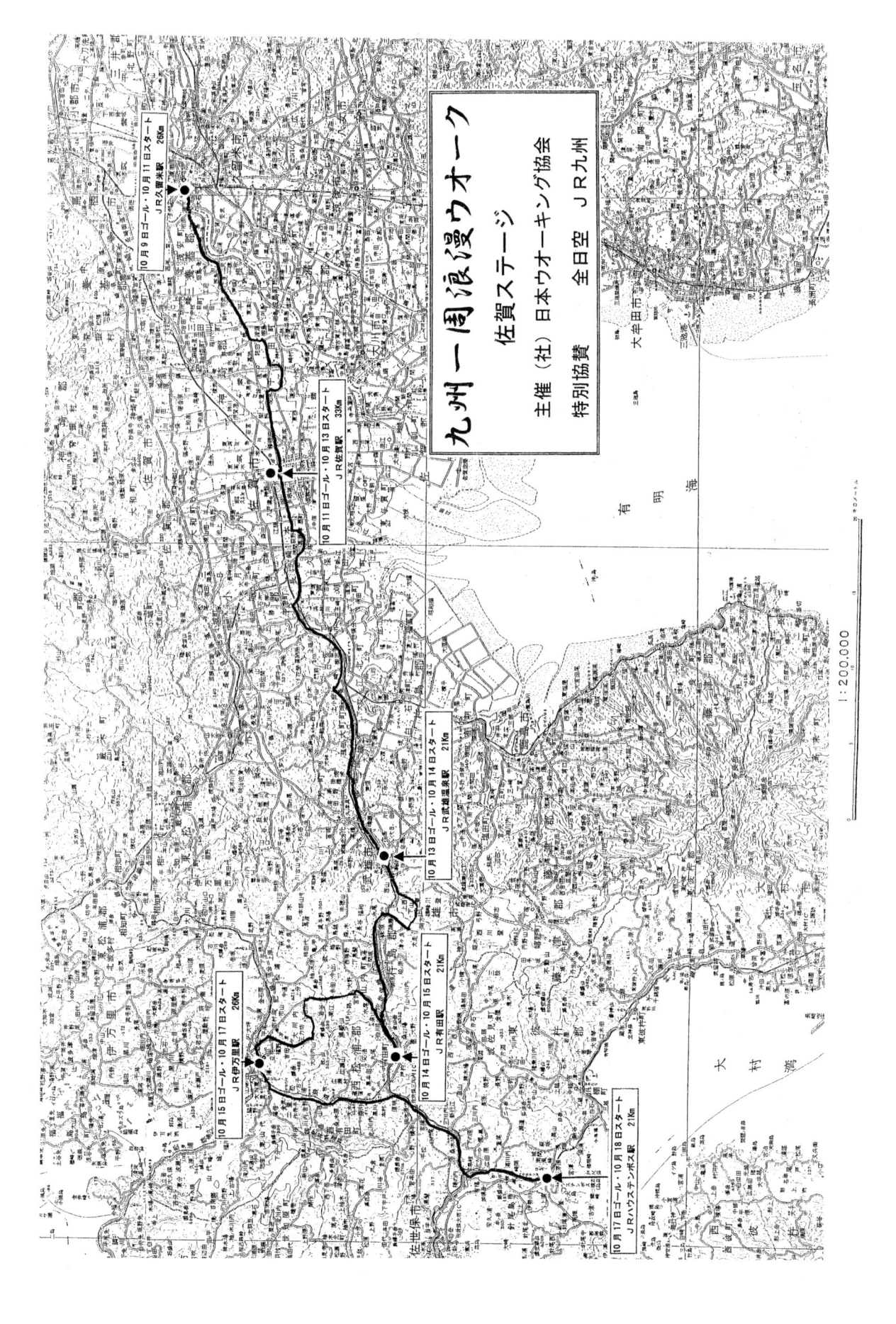

佐賀ステージ

主催　(社)日本ウオーキング協会
特別協賛　全日空　JR九州

1:200,000

- 10月9日ゴール・10月11日スタート 26km　JR久留米駅
- 10月11日ゴール・10月13日スタート 33km　JR佐賀駅
- 10月13日ゴール・10月14日スタート 21km　JR武雄温泉駅
- 10月14日ゴール・10月15日スタート 21km　JR有田駅
- 10月15日ゴール・10月17日スタート 26km　JR伊万里駅
- 10月17日ゴール・10月18日スタート 21km　JRハウステンボス駅

- 1751（宝暦元）年10月23日　大崎村之内大副山に油石（石炭）があるので福母村の源太郎と云う者掘出したいと願出る
- 同12月17日　大副山の右石炭焼立願は願の通り差免される
- 1850（嘉永3）年9月3日　吉田松陰、この日、小田から馬で北方に来て、路にある石炭運搬車の秀れた造りを見る（吉田松陰西遊日記）
- 1857（安政4）年5月14日、下向の勘定奉行水野筑後の守様が北方小休場で国々の産物を調べられる予定に付、北方の石炭も調べられる哉も知れないので石炭に混じる小石などを取除くように御用人筋より達あり。（多久役所日記）

更にまた、川上茂治著の「佐賀の街道」を見ると、杵島郡大島町の中島、大里町、恵比寿町、上大町、畑田の各地区を取り上げて、14ページに亘って炭鉱町を踏査したときのことを書いている。そして大島町の西隣の北方町も含めた手書きの地図③を載せている。そこには、大島町の杵島三坑と福母坑、北方町の赤坂坑、追分坑、杵島二坑（地図中の三坑は間違い？）の合計5坑が記されている。このうち福母坑についてジーボルトが炭鉱内に降りたときのことをジーボルト自身の言葉を交えながら紹介している。ところで冒頭の、隣を歩いていた人の"大町は昔は…."という昔とはいつ頃のことか。いつまでのことか。それがまた気になって少し古い国土地理院の地図を見た。地図④は明治33年測図の5万分の1地図掲載の当該個所である。そこには5個所の炭鉱がまだちゃんと載っている。

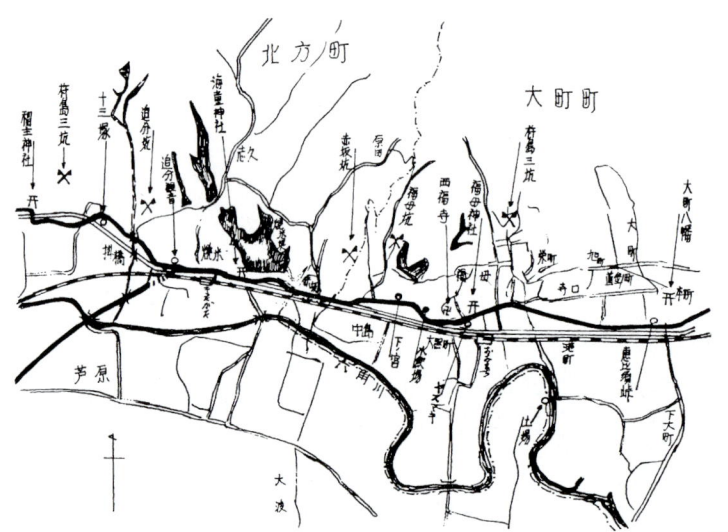

もっと良い資料もあろうが、今の自分にはこれで十分だ。こんど北方へ行く機会があればうろうろする必要はない。"そのまま通り過ぎてきてしまう"ことによって失うことのいかに多いかを思ったことであった。

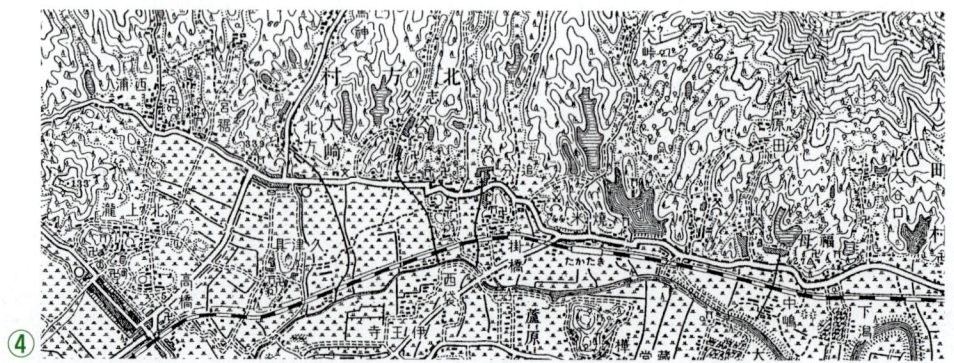

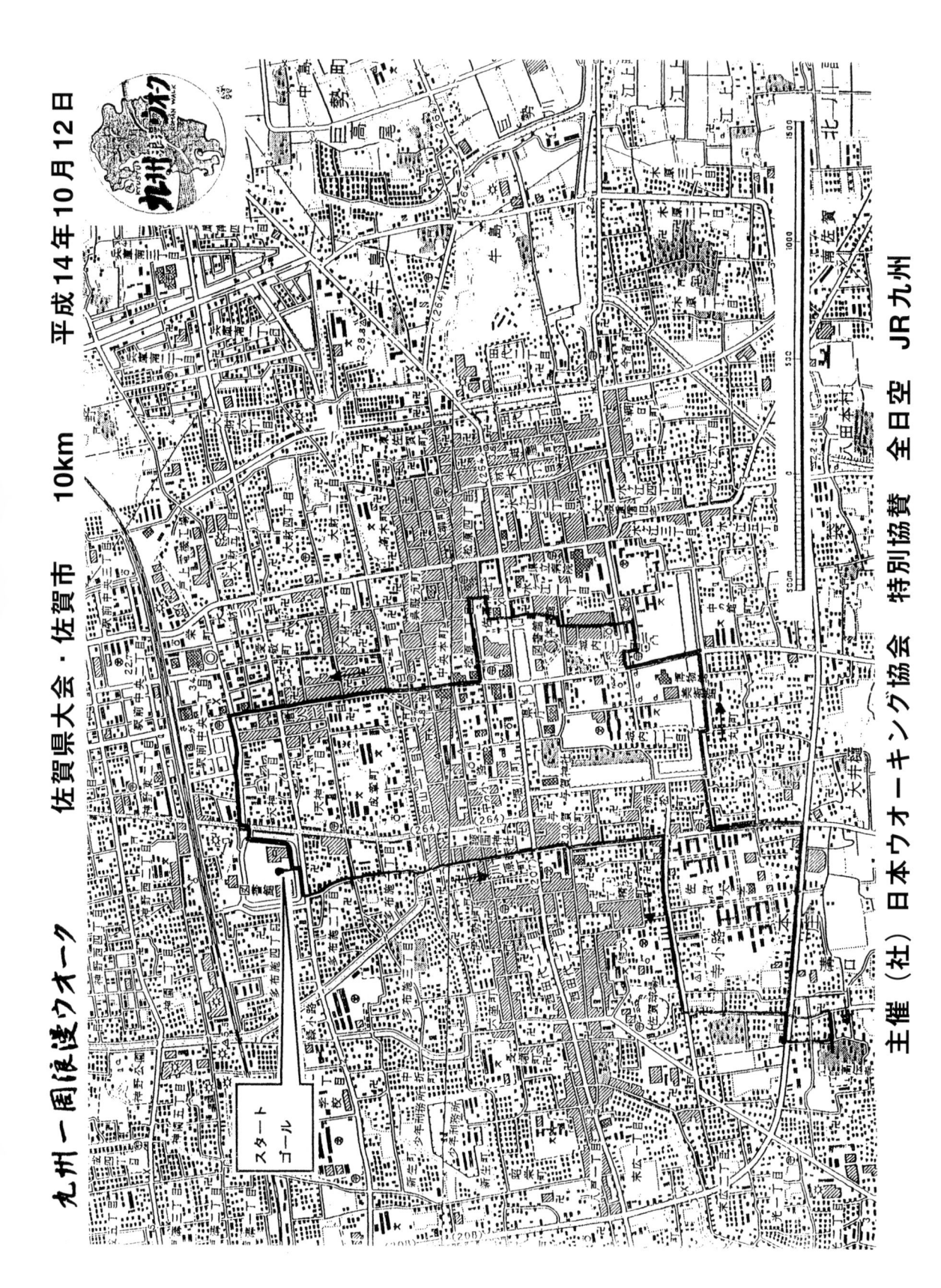

九州一周後援ウオーク　佐賀県大会・佐賀市　平成14年10月12日　10km

主催　(社) 日本ウオーキング協会　特別協賛　全日空　JR九州

佐賀県　37

平成14年10月12日(土)　11日目
佐賀県大会　10キロ　88名
宿泊先「第一栄城ホテル」へは徒歩で移動

いつ、どこを

(この日は県大会で大会向けの地図が参加者に配られた（前頁参照）。「どんどんどんの森」を出発して、途中高伝寺（地図の左下）まで、地図にあるのとは一部異なる道を歩いたように思われるが、手元の道路地図では後からの正確な同定は不可能となった。高伝寺から先は地図の通り歩いた)

10時00分	出発、どんどんどんの森 ①の南側を西へ、森の外れの道を南へ、しばらく多布施川に沿う
(時刻不詳)	天理教分教会の脇、永原学園を通過、国道207号線を横断
(時刻不詳)	佐賀清和高校、清風館（体育館）を通過
(時刻不詳)	バス停「佐賀大前」を右折、県道54号線へ
(時刻不詳)	佐賀球場先を左折、寺小路公民館前を通過
(時刻不詳)	国道208号線を横断、高伝寺方面へ
(時刻不詳)	高伝寺入り口着 ②、出発後は国道208号線を東に進み交差点「佐賀大南」を左折、更に大学脇を右折、佐賀城の掘割りに沿って進み、本丸通りを通って城内に入る
(時刻不詳)	鯱の門 ③で大名行列祭り ④に遭遇、ウオーク中断
(時刻不詳)	再出発の後、佐賀神社を抜け、中央通り（県道29号線）を北上
(時刻不詳)	バス停「駅前南口」を左折、県道267号線を進んでゴール

ハイライト

■どんどんどんの森（県大会会場）

「九州・地図で読む100年」には"1987年に閉業した大和紡績工場跡地におけるアバンセ（県立女性センター・生涯教育センター）、市立図書館（1996年）などの公共施設を開設して「どんどんどんの森」を整備した"とある。佐賀新聞社、朝日新聞社佐賀シティビジョンが、北側線路沿いに並んでいる。写っているのは市立図書館の建物。

①

■高伝寺の大木

寺の前の立て札曰く："当山は旧藩主鍋島家菩提寺で、山号を恵日山といい曹洞宗、開基は鍋島駿河守清房公（藩祖直茂の父君・剛意善金大居士）天文21年（1552）の創建、境内総地積一万余坪。本尊は、薬師如来・仏殿の西裏約六反歩にわたる竜造寺・鍋島両家の、御墓所に立ち並ぶ数百基に上る石灯籠、雄大な構築規模と結構な諸堂宇のたたずまいは、

往時の藩政時代の雄図をしのばせるに十分。中世戦国時代から幕末期における精神性は「武士道」に代表されるものであるが、当山に象徴される竜造寺鍋島両家の伝統に支えられた「葉隠」は武士道思想の白眉として知られている。陽春四月に公開される「釈迦堂御開扉法要」はこのような肥前佐賀の歴史を彷彿とさせるものである。同時に公開される、本邦最大を誇る大涅槃像（縦八間・15.4m、横三間半・8m）は三代綱茂公御寄進"とのこと。

この高伝寺には大きな楠がある。九州はどこにも神社、仏閣に老木、古木がある。寺と老大木とどっちが古いの？と聞きたくなるから面白い。

■佐賀城

「佐賀城本丸跡発掘調査・現地説明資料」曰く："... 鯱もいったん屋根から降ろし、観察をおこなった結果、北方のものが高さ1.70m、重量190kg、南方のものが高さ1.75m、重量210kg　制作者「冶工　谷口清左衛門」（刻銘）とあった。

この谷口家は、佐賀藩の御用鋳物師であり、幕末にはわが国で最初の「反射炉」建設及び運営に活躍した。"とのこと。写真に写っているのはおそらくこの説明資料でいうところの"南方のもの"と思われる。

写真③はその鯱の門が開かれて大名行列が出てくるのを待っているところ。県大会の一行は、会場案内の係員に、〈一年に一度の貴重な機会だからぜひ見てゆけ〉というのでつかまった。左手に赤い帽子やゼッケンが見える。写真④は、行列のほどよいところを進む青い目のオツボネ様。

この日、10月12日は、"鍋島36万石大名行列祭り"で、出くわした時刻がまたちょうどその出発ということであった。

10月12日（土）11日目　39

平成14年10月13日(日)　12日目
佐賀県JR佐賀駅→→佐賀県JR武雄温泉駅　34キロ　36＋2名
宿泊先「御船山観光ホテル」へはマイクロバスで移動

いつ、どこを　(朝方雨降り)

08時03分	JR佐賀駅出発、駅前を左（西）へ、すぐの三叉路を左へ、交差点「天神2丁目」を右へ、県道267号をゆく　（時刻不詳）　昨日の大会会場脇を通る
(時刻不詳)	左手、佐賀工業高校前を通過、右手、県立佐賀北高校前を通過
(時刻不詳)	バス停／交差点「新栄小前」を通過、直進
08時45分	左、GSイデミツ、バス停「鍋島駅南」、交差点「流通センター前」直進
08時57分	左、北島公民館前通過
09時06分	左へ直角に曲がる
09時22分	森林公園着　休憩（35分出発）　37名となる
(時刻不詳)	クボタミドリ橋（嘉瀬川）を渡り、以後、久保田町、芦刈町の田畑の中の畦道をゆく　方向はほぼ真西、やがて真北だが、足取り再現は不可能　③
(時刻不詳)	右手前方に王子製紙の工場が見える　おそらく境川に沿って北上している
(時刻不詳)	国道207号に合流し左へ
(時刻不詳)	バス停「芦刈町分」、左へ分岐する県道43号に入り、交差点「天満町」通過
(時刻不詳)	牛津高校入り口の三叉路、玉屋発祥の地／建物　①
(時刻不詳)	牛津駅前着　休憩（10時50分出発）、駅前を左へ、六ケン橋（牛津江川）を渡る
(時刻不詳)	砥川大橋（牛津川）渡る
(時刻不詳)	駅前の県道284号線から国道34号線に出る
(時刻不詳)	交差点「砥川小学校前」のすぐ先上砥川横断歩道橋を渡る　歩道橋の上から永福寺が見える　（時刻不詳）　介護老人保健施設「シャクナゲ」の先を右方向へ
(時刻不詳)	JR長崎本線肥前山口駅前を過ぎて左にローソン
11時58分	江北町役場着　昼食休憩（12時40分出発）、西へ200メートルで右に入る
12時56分	古賀小児科内科、小田宿広場通過　すぐの四つ角を左へ
(時刻不詳)	左手に古賀病院、県立杵島商業高校校門前通過　13時19分　正善寺前通過　13時22分　代官所跡通過、土居家住宅前通過　②
13時31分	大町町立大町小学校前通過　13時36分　正安寺前通過
13時46分	大町駅着、駅前からまた旧街道に入る　14時08分　西福寺前通過
14時19分	北方町に入る　14時31分　北方駅着　休憩（14時44分出発）
(時刻不詳)	交差点「追分」を左、塩田の方へ、JR佐世保線の線路を渡る
(時刻不詳)	新橋（六角川）きわ、橋を渡らず、「鳴瀬分点」まで左岸河川敷をゆく
(時刻不詳)	長崎自動車道をくぐり、武雄川沿いに進み、鳴瀬分点で国道498号線に乗る
(時刻不詳)	二股大橋（武雄川）を渡り、二股の交差点を右へ
(時刻不詳)	交差点「広田」を直進、交差点「白岩公園入口」を右折し、交差点「武雄温泉駅前」を直進　16時10分　ゴール　JR佐世保線武雄温泉駅

ハイライト

■牛津赤れんが館

「牛津・歴史発見の散歩道第8号」曰く：
"この建造物は、れんが造り2階建ての構造で、面積は合わせて約170m²。長崎街道の宿場町として古くから栄え、明治時代から昭和初期にかけては「牛津、津でもち駅でもち、町の栄えは店でもつ」とうたわれたほど、商人の町として活況を呈したこの町の代表的な商家で、玉屋デパートの前身田中丸商店の倉庫として建てられたもの。築造時期は明確ではないが、専門家の調査によると明治中期～後期の間の建造と考えられている。"

①

■恵比寿様の石仏

「佐賀県の歴史散歩」曰く："佐賀市内を歩くと、恵比寿の石像が路傍や町角、または店先に祀られているのが目を引く。... 恵比寿像の姿勢としては、半跏像すなわち右足を下ろし、左足を曲げる。または左足を下ろし右足を曲げる形と、あぐらを組んで座る安座形が最も多く、いずれもタイをわきに抱えている。.... 佐賀市内の恵比寿像は新市内地区には少なく、旧市内地区、とくに商家が並び、宿場があった長崎街道の道筋や、... かつての津（船つき場）があった地区に多い。商売繁盛を願う人々によってつくられたからである。"とある。

②

■ほていあおい

「平凡社百科辞典」曰く："南アメリカの原産で、現在世界の暖地に雑草として生育する水草。ときに観賞用に栽培される。ミズアオイ科。枝を横にだしてふえる多年草で葉は多数ついて円形または扁円形で光沢があり、その柄は下半分がいちじるしくふくれて、〈うき〉の用をするので、布袋葵（ホテイアオイ）の和名がある。夏期に... 径3cmほどの淡青紫色の美花を開く。"とある。その花をたまたま見たので、写真③に撮った。クリークの佐賀にはふさわしいだろうが、とにかくはびこりすぎている。

③

10月13日（日）12日目

トピックス　その３

長崎街道　1

　今回の九州一周ウオークは、北九州市小倉城を出発するときに、まさに長崎街道の出立地と重なっていたのだが、その後は、10月8日（7日目）午前10時ちょうどに筑前六宿の6番目、原田宿で出会うまでは主として海沿いの道を歩き続けた。
　ウオークでは、その原田宿へは西側から入り、築紫神社参道の西側の道を南下し原田駅前に出た。駅前の広場には、駅前周辺の航空写真に往時の諸施設を描き込んだ図と解説文、更にその右に旅姿の伊能忠敬の座像が置かれていた（写真①）。

①

　その後ウオークは、主に佐賀県内を行く鹿児島本線添いの長崎街道から離れ、西鉄大牟田線添いに南下して小郡市から久留米に達した。一方長崎街道は、鳥栖で鹿児島本線から分かれた長崎本線添いに主に山裾を西へ向かうのに対してウオークが西鉄大牟田線から離れて一路西へ向かうのは、大牟田線の大善寺駅手前までまっすぐ南下してからである。そこから筑後川に出て、天建寺橋で筑後川を渡り、一路西へ向かい、次

②

郎の森公園で福岡県から佐賀県への引継／表彰（写真②）を経て、国道264号線の南側の道を西へ進み、交差点「地蔵橋」で北から下ってきて境原宿へ入る長崎街道と交差する。
10月12日、佐賀市で県大会が行われたが、コースはどんどんどんの森を出発／ゴールとして、鍋島宗家菩提寺の高伝寺に寄った後、佐賀城鯱の門を出る大名行列を見物して、市内を南北に長い長方形で一周し、長崎街道は往路／復路に横断しただけであった。
　佐賀市から西へ向かって歩き出すと、それまでとは打って変わって、コースは長崎街道とつかず離れず行くことになる。長崎街道は、森林公園（写真③）をかすめてほぼ現在の国道207号線添いに進むが、ウオークコースも森林公園を出て西へ（写真④）、境川に接すると北上して長崎街道と出会い、以後牛津宿までは同じ道を進む。牛津宿は伊能ウオークの時にも休憩して写真を撮ったと聞いた（写真⑤）。

③

④　　　　　　　　　　　　　　　　　　　　　　　　　⑤

牛津から後はいっそう忠実に長崎街道を辿り、小田宿を経て、北方宿手前の追分けに達する。一個所だけ外れたのは砥川小学校前の所だけであろう（写真⑥）。この追分けは、長崎街道それ自体が塚崎道と塩田道とに分かれる重要な分岐であるが、ウオークはこの追分けから先、そのどちらの道も行かず、六角川の河川敷を進んで、塚崎宿（武雄）に、長崎街道が北側から来るのに対して、南側から到達する。

翌10月14日、有田へ向かう日の朝、ウオークは武雄温泉駅の北側に出て、長崎街道を拾い歩きした後国道35号線を進む。一方長崎街道は、ウオークよりもやや忠実に旧道を辿ったあげく、やはり国道35号線に出るが、ウオークよりも一足早く左折して淵の尾峠を越えて南下し、嬉野へ向かう。ウオークは一歩遅れて武雄川に沿うようにやはり左折し、下山の公民館の所から分水界を越えて山内町の方へ向かう。両方とも相前後して左折するのだが、その間の距離はせ

⑥

いぜい300メートル、時間にして3～5分だ。以後、ウオーク・コースは、10月18日午後、大村湾添いに南下して、東の山の中から出てきた長崎街道と東彼杵町で出会うまで全く異なるコースを進むことになる。二本の道の織りなすこのダイナミックな展開は、歩く浪漫を感ずるに十分である。

なお、ひとこと触れておきたいのは、北方町郷土研究会の稗田朴三氏の労作、「長崎街道通路年表」のことである。これは氏が、「北方町史年表」から抜粋して編んだもので、「元和8年（1622）3月27日、鍋島勝茂、室岡部氏と共に江戸参勤に出発、この晩、北方村に一宿し、二八日伊万里へ着く」という項から始まって、明治2年（1869）4月8日付けの項まで、28ページ立ての謄写印刷した冊子で、巻末に興味深い古地図が添えてある。北方宿における定点観測の記録として極めて意義深い仕事である。なお、稗田氏は、九州文化図録撰書「長崎街道2肥前佐賀路」で、北方宿についての執筆者のお一人でもある。

トピックス　43

平成14年10月14日(月)　13日目
佐賀県JR武雄温泉駅→→佐賀県JR有田駅　21キロ　35＋2名
宿泊先「御船山観光ホテル」へはマイクロバスで移動

いつ、どこを

08時35分　　JR武雄温泉駅出発、駅前を左へ、右折して線路をくぐり、交差点「西浦」を直進
(時刻不詳)　商工会議所前通過、200メートル先を左折、県道53号線に乗り、左手、明宗寺前通過、長崎街道札の辻通過
(時刻不詳)　三叉路を左へ（右は武雄温泉入口の門）、更に右折し裁判所前通過
08時58分　　円満寺わきでふたたびJR佐世保線線路ぎわに出て、線路を斜めに横断して国道35号線に出る
(時刻不詳)　バス停「若葉台入口」、バス停「上西山」
(時刻不詳)　バス停／交差点「下山入口」で左に入る
(時刻不詳)　公民館「下山多目的生活共同集会所」着　休憩 ④ ⑤
(時刻不詳)　分水界を越えて鳥海川沿いに、天満宮の所で県道45号線に合流、北へ
(時刻不詳)　JR佐世保線線路を越えて国道35号線を西へ
10時30分　　JR佐世保線永尾駅着　休憩（10時42分出発）、駅前を直角に直進、永尾公民館の方へ、鳥海川沿いに進み、県道38号線に合流、左折
11時30分　　JR佐世保線線路ぎわを進み、三間坂駅手前で県道26号線に合流、三間坂駅前通過
11時33分　　山ノ内町役場着　昼食休憩（12時45分出発）
12時30分　　（昼食会場で）長崎放送（ラジオ）の取材
(時刻不詳)　出発後、JR佐世保線と一定の距離を保ちつつ地道を行く
(時刻不詳)　バス停／交差点「山内町狩立」で県道45号線に戻る
(時刻不詳)　交差点「有田泉山」（山内町と有田町の町境の峠の頂上）で右に入る
(時刻不詳)　JR佐世保線線路を渡り、三叉路を右折して道なりに北上、未舗装道路を通ってバス通りへ出て左折、石場神社へ ① ② ③
(時刻不詳)　交差点「上有田駅入口」直進、県道281号線を進み、有田町役場先でJR佐世保線線路を横断、有田駅前方向へ
14時30分　　ゴール　JR佐世保線有田駅

①　②　③

ハイライト

■泉山磁石場／石場神社

そばの立て札日く："この泉山に磁器の原料となる陶石が発見されたのは17世紀の始めでした。陶石とは石英粗面岩の一種で、石英やセリサイト（絹ウンモ）を主成分とし、鉄分の少ない所は白い色をしています。この陶石の発見によって、有田で日本初の磁器が焼かれました。

この磁石場は江戸時代「土場」と呼ばれ、皿山代官所が厳しく管理しました。明治30（1897）年ごろは一年間に1,600斤（約10,024トン）もの陶石が掘られていました。当時の採掘方法は、ツルハシなどを使うもっぱら人力によるものでした。

約400年の間に山を一つ削り取ってしまい、更に掘り下げた結果、まだ蔵量はあるといわれながらも、排水の不備や熊本県の天草陶石の使用が多くなって、今日ではほとんど採掘されなくなりました。（昭和55年3月24日　国史跡指定）"とある。

石場神社そばの立て札日く："... 毎年11月になると石場神社の山の神への奉納相撲が行われます。昔は町じゅうの工場や商店は仕事を休み、町民こぞって相撲見物に出掛けました。大正時代は出場する力士も九州素人相撲の「給金定め」、つまり石場相撲の成績によって力士の格付けがなされるという権威のあるものでした..."とある。

■公民館「下山多目的生活共同集会所」／分水界

この辺り一帯は分水界となっている。公民館そばを流れる武雄川は東方に下って武雄市内を流れ、やがて六角川に合流し、有明海に注ぐ。一方そこから小さな峠を西北方に越えた犬走地区は、鳥海川が県道45号線とともに北に流れ、やがて松浦川に合流しついには唐津湾に注ぐ。

④　⑤

つまりこの辺り一帯は、武雄川と鳥海川というふたつの川の源流が細い尾根を挟んでいる地帯であり、それがそのまま有明湾と玄界灘の分水界となっているという、とてもダイナミックな所なのである。

公民館の館長さんは、渡邊泰邦さんというお名前で、もとは武雄市の学校長まで勤められた方だがご出身はこの土地の人だとのこと。"向かい側の竹藪をご覧なさい、下に石垣が見えるでしょう。あそこにはもと家が建っていたのです。"と聞いて絶句した。走って行って写真を撮るのが精一杯だった。

10月14日（月）13日目　45

平成14年10月15日(火)　14日目
佐賀県JR有田駅→→佐賀県JR伊万里駅　21キロ　27＋2名
宿泊先「ウエルサンピア伊万里」へはマイクロバスで移動

いつ、どこを

08時30分	有田駅出発
09時00分	バス停「(上有田)駅入り口」
09時08分	泉山公民館の裏手、弁財天社の樹齢1,000年の大銀杏前通過
(時刻不詳)	消防団施設の所でトイレ休憩
(時刻不詳)	交差点「馬乗り場峠」(三叉路になっている)で左へ
09時26分	バス停「馬乗場」
(時刻不詳)	途中から県道257号線を外れ、右の旧道に入る　バス停「宮野」で県道26号線に合流
09時50分	黒髪神社（休憩：10時05分出発）④
(時刻不詳)	九州自然歩道を横切る③
10時32分	小さな峠の頂上で伊万里市に入る
11時50分頃	大川内山着（昼食休憩：13時00分出発予定）②
(時刻不詳)	伊万里駅ゴール

ハイライト

■面浮立
　　メン ブリュウ

写真①の面浮立は、10月13日，14日宿泊した武雄温泉の御船山観光ホテルのロビーに飾られているもの。さる民俗芸能関係の事典によれば："面浮立とは、風流の一種で、鬼面をつけたカケウチとよばれる踊り手が勇壮に集団群舞する浮立で、佐賀県の代表的な民俗芸能。佐賀平野の西部から長崎県の東南部にかけて有明海沿いの地域に分布する。"とある。今回歩いたコースに縁のある例としては、10月14日の午前中、下山の公民館から分水界を越えて歩いた犬走部落に「猪浮立」というものがある。上記事典によれば"この村には江戸時代の初めから、鎮守明神社の祭日に奉納される「猪浮立」があり笛・太鼓・小鼓・鉦の伴奏を加え、猪・鹿・犬などの面をつけた踊り子が踊るもので、猪を取り逃がすというユーモラスな浮立である。台詞はすべて方言が使われ、現在も伝えられている。"とある。また、「佐賀県の歴史散歩」は、国の有形文化財に指定されている面浮立絵馬が武雄温泉の富岡天満宮に奉納されている、と紹介している。
ところでわが畏友、焼酎博士の河島正光氏によれば、「面浮立」という銘柄の焼酎があるとのこと。原料はコメで、30度。佐賀県佐賀郡久保田町にある窓之梅酒造（株）の製品だそうである。残念ながらまだイタダク機会に恵まれない。

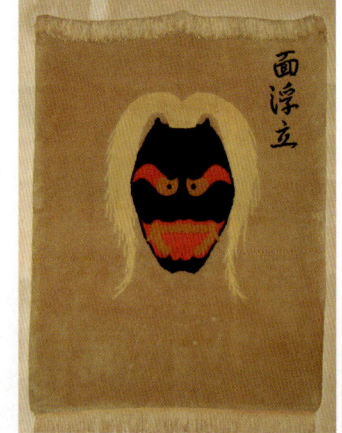

①

46　佐賀県

■大川内山

「山雨来たらんと欲して風楼に満つ」という句を筆者は大好きで、われわれの用語で言えば、"一天にわかにかき曇り....."に当たるだろう。「中国古典名言事典」によれば、唐の詩人許渾という人の「咸陽城東楼」という題の七言律詩にあることばだそうである。"山家に雨が来るときには、それに先だって風が部屋にいっぱいに満ちる。（もと自然の景色を述べた句であるが、のち、一大変革の起こる前にはらむ一種の風雲の気を指す）"と解説されている。筆者の好みは、後半のような物騒な解釈ではなく、句本来の意味である。

昼食のさなか、この写真②を撮った後、この辺り一帯は盆を返したような土砂降りに見舞われ、その日のウオークはここであわや打ち切りかという事態になった。その顛末は項を改めていずれまた。

■九州自然歩道

山を歩いていて、突然の鹿の足音に驚かされることがある。音のした方をみてももう鹿はそこにはいない。2、30メートル先の急な崖を石を蹴落としながら逃げて行く。九州一周ウオークで、九州自然歩道に出会うたびにそのことを思い出す。このあたりは東に黒岳、西に黒髪山、その間を南北に通ずる県道26号線で、それを北に向かって歩いて、10月15日午前10時頃、突然"黒と黒"を繋ぐ自然歩道が県道を横切ったというわけだ。

■黒髪山／黒髪神社

黒髪神社の由緒書きの方はともかく、山の方は植物の宝庫で、その一帯は黒髪山自然公園となっており、カネコシダ自生地（国の天然記念物）がある。「九州自然歩道ガイドブック」によると"明治38年8月わが国で初めて、この山でカネコシダが発見され、昭和2年に天然記念物に指定された。.....発見者は佐世保成徳高等女学校の教諭をしていた金子保平という人で、発見者の名前をとってわが国植物学の父牧野富太郎博士が命名した。"とある。

10月15日(火) 14日目

平成14年10月16日(水)　15日目
佐賀県休養日　ホテルからJR唐津駅へ　単独歩行
宿泊先「ウエルサンピア伊万里」へは徒歩で移動

いつ、どこを

07時54分　ホテルを出発 ①県道334号を北へ　08時10分　交差点「新田橋」を右折、国道202号を東へ

08時22分　交差点「六仙寺」直進　08時28分　交差点「上伊万里」直進

08時50分　交差点「伊万里市十三塚」直進　08時59分　峠「池の峠」頂上、左にコンビニdaily store 有り ② ③

09時24分　交差点「南波多町小麦原」直進　09時30分頃　「道の駅伊万里」④

11時22分　唐津市に入る　バス停「竹有」、バス停「畑島」

11時43分　バス停「千々賀」

12時00分　唐津市養母田（ヤブタ）字河原屋の三叉路を左へ（福岡まで56キロと有り）

12時16分　JR唐津線鬼塚駅前通過

(時刻不詳)　交差点「和多田本村」右折、JR筑肥線和多田駅そばのコンビニで道を聞く。"JRの高架の下を行くのが一番近い"との言に従って、以後、高架の下を唐津駅へ向かう

13時06分　唐津駅着　14時05分発　伊万里行きに乗り帰る

ハイライト

■朝食

写真①は、泊まっていたホテル「ウエルサンピア伊万里」の朝食。これはこれで何か面白いことになりゃしないかと思って、小倉城出発以来、三度三度の食事の写真を撮ろうとしているのだが（そしてそれを完全に実行すると、この浪漫ウオークを通して200食以上の"データ"が得られる勘定なのだが）空腹感が先で、食べてしまってから撮るのを忘れたと気が付くことが多い。まして器にまではとても眼が届くはずもないが、伊万里のホテルだからそれなりの、ということもあるかもしれない。また、食前／食後の両方を撮るべきだということに気が付くのも遅すぎた。

■車道を歩く

この日は休養日なので唐津まで歩いてみた。
写真②は、午前9時24分、交差点「南波多町小麦原」でのもので、この交差点で、右に県道32号線を分岐する地点である。福岡や唐津へ行く車は、このまままっすぐ国道202号線を行きなさい、厳木（キュウラギ）や大川野へ行く車は右折しなさいということを示すことはいうまでも

48　佐賀県

ない。そして写真③は、時間も距離も特定できないが、その後間もなく出くわす案内で、202号線を進んでいる車に、福岡と唐津までの残り距離を示している。その際、唐津を下に、福岡を上に書いてあるのは、左側の矢印が示すように、唐津が先、福岡は更にその先という、残り距離の順序に従って、記載してある。

②

③

ところが、一つ前の写真左を同じように眺めると間違う。県道32号線を示す矢印に従って厳木が手前、大川野は更にその先ではなくて、実際は、(東松浦郡)厳木町は(伊万里市)大川野から更に県道32号線を10キロばかり東に行ったところだ。

ということは道路地図を見たからいえることで、車道を"歩く"時も道路地図は必須だ。とにかく、車道を車で走らず足で歩くといろんなことを考える。

■白山神社④

この白山神社は、道の駅伊万里の筋向かいにある。ご神体は後方の秀麗な山かと思って撮ったら間違いだった。最近この地へ移ってきた神社だそうだ。

④

⑤

唐津でどうしても触れておかねばならないものに永渕氏の労作「唐津街道宿場めぐり一人旅」⑤がある。サブタイトルに"伝説と万葉との遭遇"とある。唐津から大里へ(つまり西から東へ)向かって歩き継いで、ご自宅からすべて日帰りで踏破した。

平成14年4月10日から15日まで、6日間で135キロ歩いている。出発前日の4月9日は唐津に宿泊して、翌日の朝の歩行に備える一方、唐津市内を踏査している。氏の「長崎街道宿場めぐり一人旅」同様、写真が素晴らしい。

10月16日(水) 15日目 49

平成14年10月17日(木)　16日目
佐賀県JR伊万里駅→→長崎県JRハウステンボス駅　　27キロ　30＋2名
宿泊先「九十九観光ホテル」へはマイクロバスで移動

いつ、どこを

08時52分　JR伊万里駅出発　駅前を左、国道204号線へ
（時刻不詳）　交差点「蓮池」を左へ　松浦鉄道の線路を横断　新田川を渡る
（時刻不詳）　西部バイパスをくぐり、松浦鉄道沿い
（時刻不詳）　松浦鉄道「川東駅」
（時刻不詳）　国道202号線と松浦鉄道を渡って有田川添いに行く（詳細省略）
09時37分　松浦鉄道「金武駅」着　休憩
（時刻不詳）　長井手橋（有田川）で国道202号線に出て、バス停／交差点「二の瀬」で有田川を渡る
（時刻不詳）　松浦鉄道「三谷」の先で右折、坂を登り、左折し、南下
10時40分　西有田町役場着　休憩（10時55分出発）　国道202号線を南下
（時刻不詳）　バス停／交差点「舞原団地入り口」右折
（時刻不詳）　チャイナオンザパーク着　昼食休憩（12時30分出発）②
12時44分　長崎県佐世保市に入る
13時27分　三川内支所脇着　佐賀県→→長崎県引継式（13時50分出発）③（以下、詳細省略）
14時50分　広田公園着　休憩（出発15時00分）（以下、詳細省略）
（時刻不詳）　公園を出て県道222号線を西へ　県道248号線との三叉路交差点を左へ　バス停「石浜」
15時20分　バス停「崎岡」、JR大村線線路沿いにまっすぐ南下、バス停「大手原」
（時刻不詳）　右手に長崎国際大学
（時刻不詳）　右手に近付いてきた国道205号線に合流
15時50分　ゴール　ハウステンボス駅④
16時55分　マイクロバスで弓張岳に登り、佐世保港と佐世保市を俯瞰

ハイライト
■朝食

またまた「ウエルサンピア伊万里」の朝食。鍋の中身も、右手にある小さな赤い器も何だったか、分からなくなってしまった。朝食の写真は他の宿のもいっぱい撮ったのだが、朝食にしては重厚な感じを与えるのはやはり器か。食べ終わってから撮れば器がもっと引き立ったかも知れない。この写真①の後、もちろん頂戴したのだが「ものは

50　佐賀県

器で喰わせる」というのは本当であった。
■真昼の決闘
場所は西（部）有田のチャイナ・オン・ザ・パーク。遠景は黒髪山。向こうから黒づくめのガンマンがまっすぐこちらへやってくる。ゆっくりした足取り。黒手袋をはめた両手を、腰の両脇にだらりと下げたままだ。人々は屋根の下に隠れて固唾を呑んで成り行きを見守っている。距離は約100メートル。こっちの男は？　ゲイリー・クーパーはどこへ行った？　ゲイリー・クーパーは抹茶ソフトクリームを舐めている。とにかくこの日は、10月17日にしてはやたら暑かったのだ。

右側の建物は有田焼の展示即売所の「瓷器蔵」、レストランの「究林登」、深川忠次氏のコレクションを展示した「ギャラリー忠次館」などが並んでいる。昼食を終えて、出発の合図を待つ、陶磁器ウエスタンのひとときである。

②

■サポート隊隊長
ステージ隊の隊員の中には女性が多い。おおきな袋を背負って参加する。休憩や昼食の時間になると、その袋から果物や、漬け物や、お菓子やが続々と出てくる。袋を持って配り終わるとすぐさま、蜜柑の皮や、菓子の袋などゴミを回収して廻る。翌日もまた大きなザックを背負って参加する。今度は本部隊員も中身が分かっているから、「重いでしょう、せめて持つだけでもこっちで」というが持たせない。「重いけれども自分で持つ」という。

③

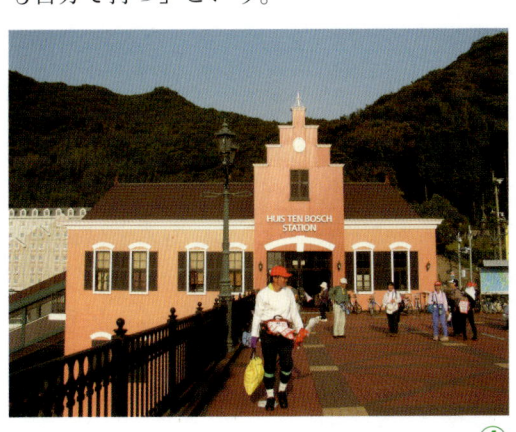

■ハウス・テン・ボス
HUIS TEN BOSCH をカタカナでハウス・テンボスと表記する。木造の家という意味である。station という"オランダ語"がおもしろい。左手に駅のホームへ降りて行く通路が見える。手前の橋は、早岐の瀬戸に架かる橋で、この橋を渡ってハウス・テン・ボスへ行く。次郎の森公園から6日間、一緒に歩いて下さった佐賀県のウオーカーたちともいよいよここでお別れとなった。なんとなく茫然とした雰囲気が漂う。

④

10月17日（木）16日目　51

トピックス　その4

JR九州の駅と線路

今回の九州一周でJR九州の果たした役割はとても大きい。なによりもまずゴール／出発がJRの駅だから予定通りことが運んだということがある。本部隊員はともかくとして、大多数の参加者はウオークが進行しているまさにその地域の人たちだから最寄りの駅がゴール、そして翌朝またそこからスタートだからこそ参加できる。ゴールしたらすぐ自宅に帰って、翌朝、また自宅から出てくることができる。これは他に置き換えることの不可能な利便さであろう。

①

たまたま何かの都合で、予定したJRの駅以外が臨時のゴールになることがある。たとえば46日目、JR都城駅ゴールの筈が、都合で西都城駅に変更になった。その場合ですら、隣のやはりJRの駅がゴールとなるのだ。また、九州一周に忠実たらんとすればJRの通っていないところも歩かねばならない。残念ながら、その日の参加者数がガタンと減ることを見れば、また別の角度からこのことが証明される。熊本県天草の時は、出発が10時になった。朝7時熊本駅集合で、会長さん以下バスに鈴なりになって参加して下さった。そのご尽力に胸の中で手を合わせたことはもちろんだが、このこともまたいかにJR九州が行程の遂行に貢献したかを示す更にもう一つの証明である。

それは何もJRに限らないじゃないかというかも知れないが、そうではない。鹿児島県はじめ南九州での行程に、週末、福岡から前夜発の特急ではせ参じて、参加して下さる人々がいるのである。車ではこうはいかない。JRだからこそ可能になる。

毎朝、駅で拝借した机で受付をして、適当な場所を借りて横断幕を張って、出発式をする。写真①は出発後4日目の海の中道駅の場合だが、適当な時刻に到着する電車には必ず何人かの参加者が乗っている。拍手で迎える時の和やかな雰囲気はまた格別だ。時にはお忙しい中を待機していて下さった駅長さんがご挨拶をなさる。写真②は長崎駅の駅長さんである。

JR自身もウオーク・イベントに熱心で、駅構内でよく広告を見かけることがある。写真④は熊本駅の場合だが、この年の秋のプログラムを一度に掲載していて、実際的で分かりやすい。

②

52　トピックス

写真③の臼杵駅のおでかけ情報12月号には、クリスマスや温泉無料開放の広告とともに、わが九州一周浪漫ウオークも右上に載っている：
第1回九州一周浪漫ウオーク（大分会場）12月1日、午前9時受付、10時スタート
　（ところ）大分市弁天橋河川敷
　（参加方法）当日受付で誰でも参加できる。10キロコースの団体歩行である。参加費は大人300円、子供200円で、地図、記念品を含む
　（アクセス）JR大分駅→徒歩20分（バス10分）
　（お問合せ）九州一周浪漫ウオーク実行委員会、TEL 092-483-3886
などと書いてある。

九州を歩いていて、道が高速道路に沿うとたんにどっと疲れが出る。反対に、鉄道の線路に沿うと、拍子抜けしたように心が和む。となりに鉄道廃線跡が並行することがある。時にはそれがサイクリング道路になっている。行程37日目、串木野から金峰へ向かっていた日、（「鉄道廃線跡を歩く」によれば）"昭和59年3月18日廃止になった鹿児島交通の伊集院←→枕崎線の日置から永吉の間"のサイクリング道路／廃線跡を歩いた。舗装道路の両側から竹の根が潜って侵入してきてせっかくの道路がボコボコになっていた。しかし廃線にならず、現役で頑張ってくれているとなおうれしい。線路沿いを歩いていると、2両ほど連結した列車とすれ違うことがある。乗客はまばらだが、こちらが手を振ると、乗客も手を振る。運転手も汽笛を鳴らす。あんな場合に汽笛を鳴らすのは規則違反ではないかなどといいながら歩く。それが何となく愉快だ。こちらが行ってみたいという方へ、線路も通じているように思われる。写真⑤は、宮崎／大分県境の宗太郎へ向かう国道10号線とJR日豊本線だが、浪漫を感じさせるのは鉄道線路の方である。

長　崎　県

10月18日（金）　　第17日目　　JRハウステンボス駅→→彼杵道の駅
　　19日（土）　　第18日目　　彼杵道の駅→→JR大村駅
　　20日（日）　　第19日目　　長崎県大会
　　21日（月）　　第20日目　　JR大村駅→→JR諫早駅
　　22日（火）　　第21日目　　JR諫早駅→→JR長崎駅
　　23日（水）　　第22日目　　JR長崎駅→→長崎県茂木港

トピックス　その5　　長崎街道　2

『長崎新聞』2002年10月19日

参加しませんか！
九州一周浪漫ウオーク あす大村で県大会

【大村】九州全県を歩く隊と一般参加者が一緒に歩く、本県の県大会は、ウオーキング協会など主催、長崎新聞社など後援の一環として、大村市内を歩く県大会が二十日、同市東本町の天正夢広場を発着点に開かれる。当日の参加者を募集している。

本部隊は十七日に佐賀県から本県入りし、十八日には東彼東彼杵町に到着。同町―大村市―諫早市―長崎市と移動し、二十三日に熊本県に入る。期間中、任意の区間だけの参加もできる（一日につき大人三百円、子どもそれぞれの県大会の一日を、それぞれの県大会として本部二百円の参加費が必要）。

同ウオークは、メーンとなる八人の本部隊が二日、北九州市をスタート。六十八日間かけ九州全県（約千四百キロ）を踏破する計画。ゴールは十二月八日（北九州市）。

九州全県を歩いて回る「第一回九州一周浪漫ウオーク」（日本ウオーキング協会など主催）の一環として、大村市内大村公園（玖島一丁目）を回って戻る十キロのコース。一般参加の受け付けは同九時から同広場で。参加費は大人五百円、子ども二百円。

問い合わせは本部隊の荻野さん（電090・5025・5575）。

大村湾を望む国道沿いを歩く九州一周浪漫ウオークの一行＝東彼東彼杵町

長崎新聞 2002年（平成14年）10月21日 月曜日

九州一周浪漫ウオーク県大会
名所巡り秋の大村満喫
通過中の本部隊と一緒に
80―一般参加者 10キロ、2時間

【大村】愛好家が九州全県を歩く「第一回九州一周浪漫ウオーク」（日本ウオーキング協会など主催、長崎新聞社など後援）の大会が二十日、大村市内で開かれ、約八十人の参加者が約十キロのウオーキングを楽しんだ。

同ウオークは、関東や九州の愛好家八人でつくる本部隊が、十月初めから二カ月間で九州をぐるり一周している。各県で本部隊通過の一日を県大会としており、本県では同日、本部隊と一般参加者が一緒に歩いた。

七十代までの参加者は、スタート地点の天正夢広場（同市東本町）で「エイエイオー」と元気に声を上げて出発。大村公園（同市玖島一丁目）など市内の名所を巡る約二時間のコースを回った。

本部隊はこの後、本県を南下し二十三日に熊本県へ、十二月八日にゴールの北九州市に到着予定。

本部隊の近藤米太郎隊長（六五）＝千葉県在住＝は「九州は田園風景や秋祭りなど風景が素晴らしい。長崎は今回行程が短いが、ほかの場所もぜひ歩いてみたい」と話した。

県民を含む二十代から七十代までの参加者……

旗を先頭に出発するウオーキング参加者＝大村市東本町、天正夢広場

（長崎新聞社提供）

長崎県　55

《長崎県　歩く浪漫》

"月日は百代の過客にして、行きかふ年もまた旅人なり。舟の上に生涯を浮かべ、馬の口とらえて老いを迎ふる者は、日々旅にして、旅を住みかとす"（芭蕉：奥の細道・序）
「九州一周浪漫ウオーク」（以下ウオークと略称）で、"かつて誰か歩いた道"にわれわれは出会い、横断し、分かれ、そしてわれわれの道を歩んだ。その出会い、横断、分かれを地図で振り返りつつ、その"かつての誰か"が、実はいつの日かのわれわれ自身であるという想い、これ以上の歩く醍醐味があろうか。

■上海航路

10月22日16時、長崎駅にゴールして21日目のウオークが終わり、駅長さんの歓迎のことばをいただき、モニターを仰せつかった靴のレインカバーについて、求められるままに感想を申し上げ、さて自由の身になって、宿である「ホテルサンルート長崎」方向へ歩いた。大波止通りの騒音を避けて一つ海寄りを行くホテルへの裏道は、通路の真ん中に植木が植わっていて、気分がいい。聞いたらそこは長崎駅から長崎港へ行く旧国鉄の廃線跡で、港から出る上海航路に通じていたとのこと。

上海航路と聞いて何かロマンチックな気分になったとたんにハッと気が付いた。小倉城を出るときは祇園太鼓の若い衆に送り出されたこともあって、夜のカラオケといえば、"無法松"一点張りだったが、佐賀県にはいるとそうもいかず、沈滞していた。それが上海航路と聞くや否や、「上海の花売り娘」が口をついて出た。次いで「上海の街角で」、「上海帰りのリル」と続く。ホテルにチェックインして、シングルルームに荷を解いて、歌い続ける。「支那の夜」から「満州娘」、「早春再来」とレパートリーが"大陸メロディー"へ広がる。"なんでこうなるの"か後で調べたら、これらの唄は、ほとんどすべて昭和13，4年に作られた。筆者が小学校に上がる前に流行った唄で自然によく覚えたからだ。

そしてもちろん焼酎が入り、唄は戦後の長崎に飛び火する。「長崎物語」、「長崎エレジー」、筆者の最愛の持ち唄「夜霧のブルース」から「雨のオランダ坂」、「長崎のザボン売り」、「長崎の鐘」、そして筆者のいう新しいところで「長崎は今日も雨だった」...。晩飯を食べに駅前の長崎アミュ・プラザの皇上皇に行ったが、さいわい客は2，3人だったので、小声で歌い続けて、けっきょく海鮮チャンポンと焼酎で

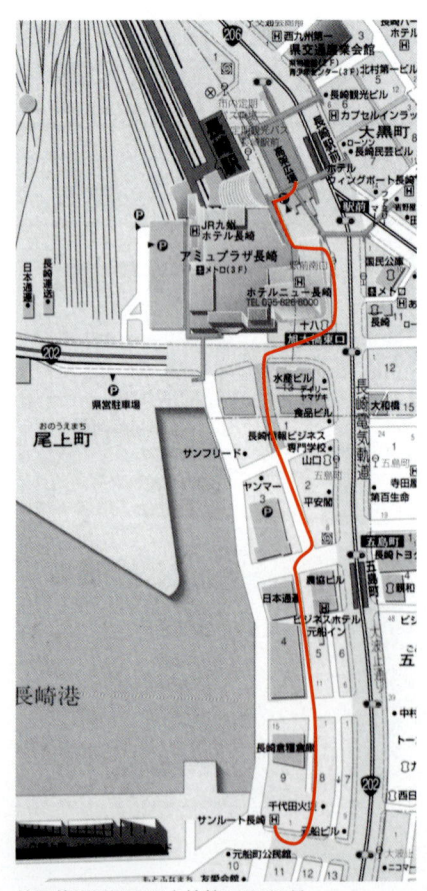

地図使用承認©昭文社第04E003号

1:200,000

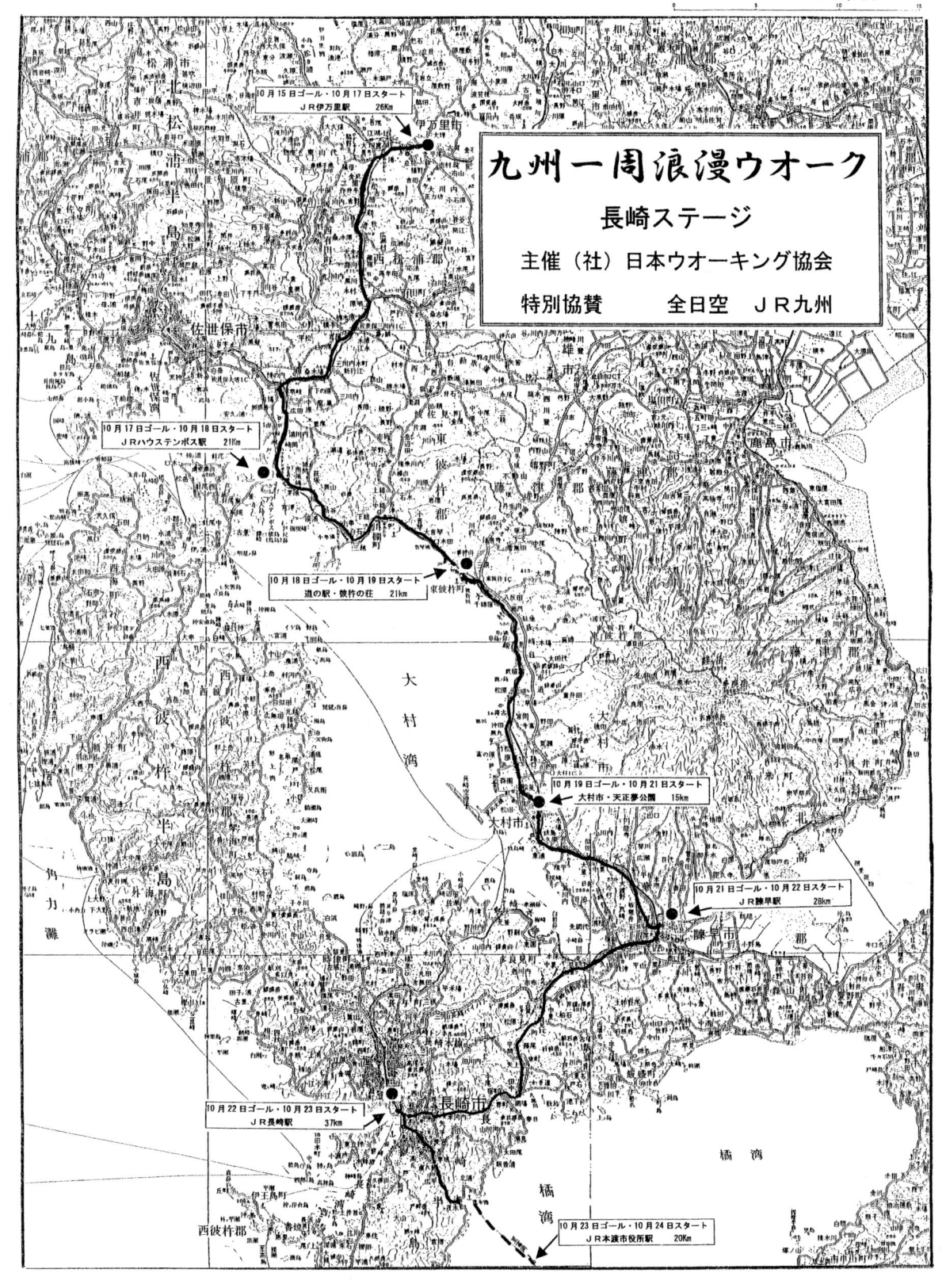

九州一周浪漫ウオーク

長崎ステージ

主催（社）日本ウオーキング協会

特別協賛　全日空　ＪＲ九州

- 10月15日ゴール・10月17日スタート　ＪＲ伊万里駅　26km
- 10月17日ゴール・10月18日スタート　ＪＲハウステンボス駅　21km
- 10月18日ゴール・10月19日スタート　道の駅・彼杵の荘　21km
- 10月19日ゴール・10月21日スタート　大村市・天正夢公園　15km
- 10月21日ゴール・10月22日スタート　ＪＲ諫早駅　28km
- 10月22日ゴール・10月23日スタート　ＪＲ長崎駅　37km
- 10月23日ゴール・10月24日スタート　ＪＲ本渡市役所駅　20Km

長崎県　57

¥1,800と安上がり。部屋へ戻って、何がそんなに嬉しかったのか、あれこれ考えた。答えはおそらく道が長崎で終わらず、船に乗って上海へ続いているという、その一点であろう。長崎と上海といえば、東シナ海という水たまりを挟んでその両側ではないか。そしてどちらも港町。そして九州一周浪漫ウオークは、明日からは上海へ行く航路と分かれて南へ向かう。そのセンチメンタリズムが作用したのだろう、そこへ焼酎が悪乗りしただろうということにして、もういちど「長崎物語」を口ずさんで寝た。

■往還

日見峠を過ぎ、螢茶屋を過ぎ、中川を過ぎ、ジーボルト通りに入って間もなく左側に"長崎街道ここに始まる"の碑がある。もとよりこれはデタラメで、どこをもって長崎街道の終・始点とするかは時代と、史家の立場によって現在もなお異なるようだ。そしてそれが筆者の関心なのではなく、問題は"始まる"の方であって、これを見てまたしてもハッと気がついたことがある。そもそも街道とか往還とかは、一方向なのか、双方向なのかということである。そんなこと双方向に決まっているじゃないか、といわれるかも分からないが、なかなかそう単純でない。筑前六宿の最後、六番目の原田宿で出会って以来、この日まで長崎街道は、長崎へ向かう一方向と思いこんでいたが、それは自分たちがその方向へ向いて歩いているからに過ぎない。長崎から小倉へ、江戸へという方向は考えても見なかったのが、この"長崎街道ここに始まる"を見て改めて双方向として捉えるのでなければおかしいのじゃないかと思ったというわけだ。長崎街道のガイドブックとか解説書は美しい写真入りで売るほど有る。その多くは、小倉あるいは大里から長崎へという一方向として記述してあって、往還という視点は疎かになっている。筑前六宿といういい方、あるいは東海道五十三次といういい方は、一方向性の根強さを示している。もちろんこれには理由があるのであって、そもそも街道とは、すくなくとも天下の公道は、政治の中心地から地方へ拡散するようにデザインされたものだ。古くは京都から日本国中の各地へ、太宰府から九州各地へ、近世では江戸から地方へという一方向性を強調している。エライ役人が地方へ赴任するための街道であり、駅であり、宿場である（参勤交代はその虚をついたうまい制度であった）。

　これらのことを考えたとき、自分たちは九州一周で良かったと思った。また、歴史にこだわる見方もほどほどにした方が良いと思った。われわれはウオーカーだから歴史学者たちが罹っている暗示に掛かる必要はないのだ。いつか時間を見つけて小倉から歩いてきたコースを逆に辿ることを試みる必要はあるが、一方で、長崎ステージが終わって、熊本県に入ることで、気分一新が可能となることが有り難く思えてきたことであった。

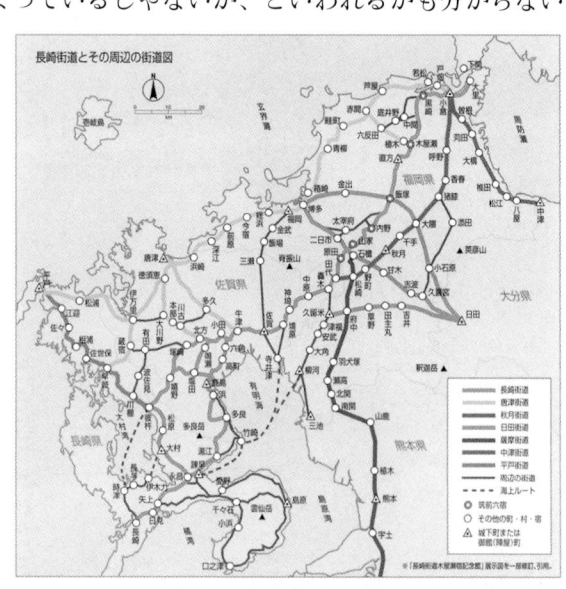

『長崎街道』（図書出版のぶ工房）より

九州一周浪漫ウオーク

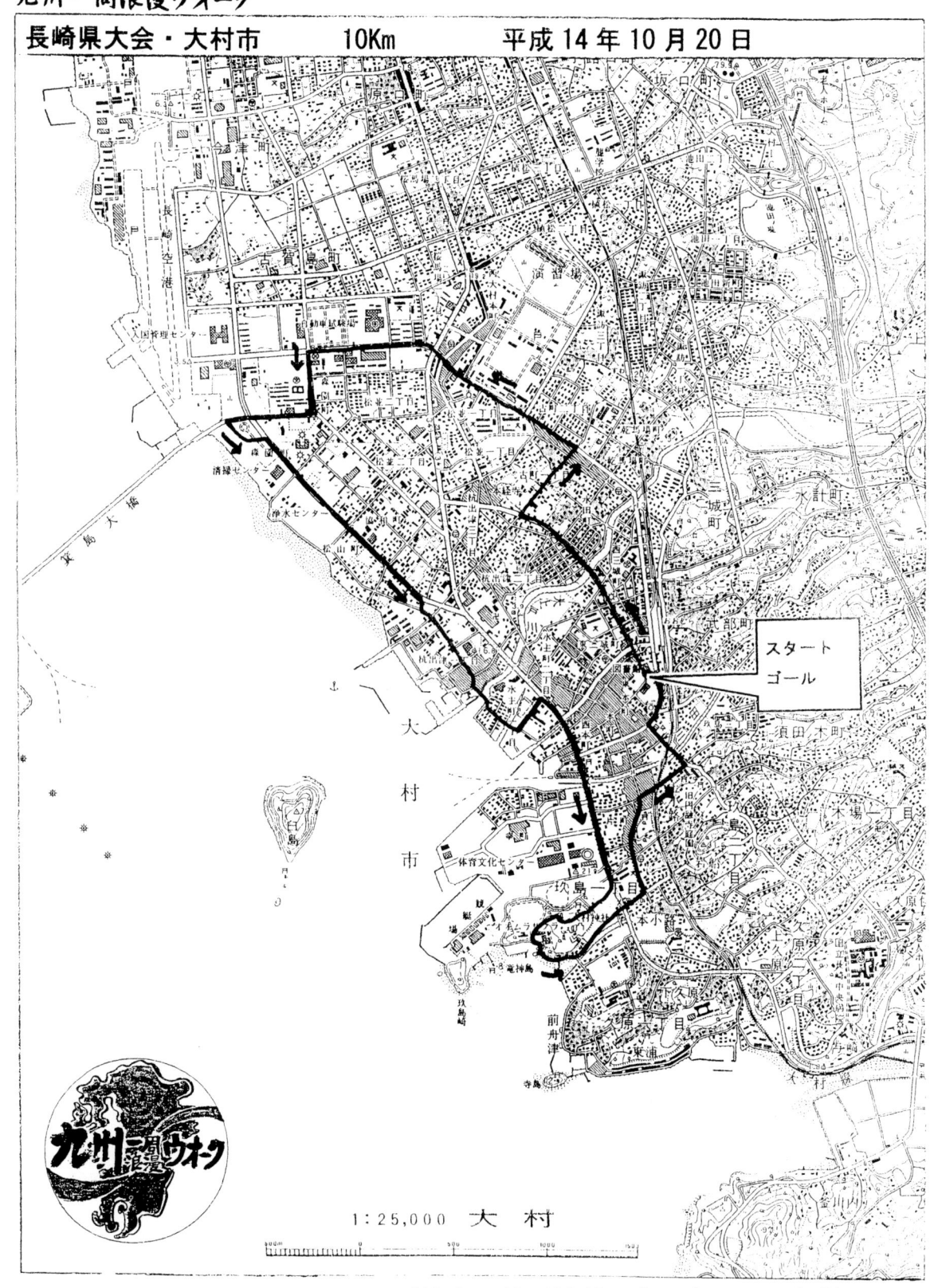

長崎県大会・大村市　10Km　平成14年10月20日

1:25,000　大村

主催（社）日本ウオーキング協会　特別協賛　全日空　ＪＲ九州

平成14年10月18日(金)　17日目
長崎県JRハウステンボス駅→→長崎県JR彼杵駅　21キロ　32＋2名
宿泊先「九十九観光ホテル」へはマイクロバスで移動

いつ、どこを

(時刻不詳)	JRハウステンボス駅西側駅を出発、早岐の瀬戸添いに南下
(時刻不詳)	宮村川に突き当たって左折、南風崎駅を左に見て通過
(時刻不詳)	宮村川を茅原橋で渡って登りに掛かり、大村純忠の墓通過
(時刻不詳)	小さな峠を越える
(時刻不詳)	宮津浦に出て、三叉路を左、宮津公民館の方へ
(時刻不詳)	宮津町968番地のところを右折して南下
(時刻不詳)	宮津児童公園で休憩
09時30分	ごく小さな峠越えで川棚町に入り、海べりを進む
(時刻不詳)	深浦奥の入り江に出る
09時50分	川棚町新谷郷(シンガエゴウ)の「特攻殉国の碑」で休憩 ①
10時18分	坂を登って小串郷駅前通過　駅の先でJR大村線線路を渡る
10時29分	国道205号線（平戸街道）に合流
(時刻不詳)	バス停「大崎公園入口」で右から県道234号線が合流　バス停「白石」
(時刻不詳)	虚空蔵山（608.5メートル）を正面に見る
10時57分	川棚大橋（川棚川）を渡る
(時刻不詳)	川棚駅前を過ぎて左に入る　坂を登る
11時10分	城山公園駅着　昼食休憩（12時00分出発）
12時20分	東彼杵町に入り、海べりを進む
12時27分	バス停「小音琴(コネゴト)」
12時37分	交差点「大音琴郷」で右に入り、JR大村線の線路をまたぎ、港になっている海縁を行く　トイレ休憩、すぐ国道205号線に戻る
13時09分	バス停「口木田」
13時15分	JR大村線が彼杵トンネルに入るところでトンネルの上の橋を渡る
13時27分	バス停「島田」
13時42分	彼杵大橋（彼杵川）を渡る
13時45分	ゴール　彼杵道の駅

ハイライト

■特攻殉国の碑

写真の碑文には次のようにある。曰く："昭和19年、日々悪化する太平洋戦争の戦局を挽回するため日本海軍は、臨時魚雷艇訓練所を横須賀からこの地長崎県川棚町小串郷に移し、魚雷艇隊の訓練を行った。魚雷艇は魚雷攻撃を主とする高速艇で、ペリリュー島の攻撃硫黄島最後の撤収作戦など太平洋印度洋において活躍した。更にこの訓練所は窮迫した戦局に処して全国から自ら志願して集まった数万の若人を訓練して震洋特別攻撃隊伏竜特別攻

撃隊を編成し、また回天咬竜などの特攻隊員の編成を行った....。"更に"ここに戦跡地コレヒドールと沖縄の石を併せて特攻殉国の碑を建立し...."とあるが、上部に積んである小さい石がそれであろうか。脇には「旧海軍・川棚臨時魚雷艇訓練所要図」というものが立っていて、そこに震洋艇の絵があり、"ベニヤ板製の小型高速モーターボートの艇首に250キロ爆装"と添えてある。

■彼杵（ソノギ）

長崎県の歴史散歩曰く："東彼杵町の中心街がかつての長崎街道の彼杵宿である。彼杵宿は、佐賀県側の嬉野宿から来ると、現在の国道34号線沿いに俵坂峠を越え、彼杵川の谷を下り、長崎県最初の宿にあたる。本陣跡をまっすぐ進むと港（堀川）があり、ここから大村湾を時津へ渡り、長崎へ向かう海路をとる旅人が多かった。殉教で知られる二十六聖人も、このルートを通って長崎へ連れていかれた。五島近海でとれる鯨の集散地でもあり、港両岸には鯨問屋があった。現在も町内には、問屋や鯨肉加工業が立地している。
港横の十字路を、北西へ向かうと平戸街道、南東へ向かうのが長崎街道で、ここは海陸交通の要地・接点であった...。"

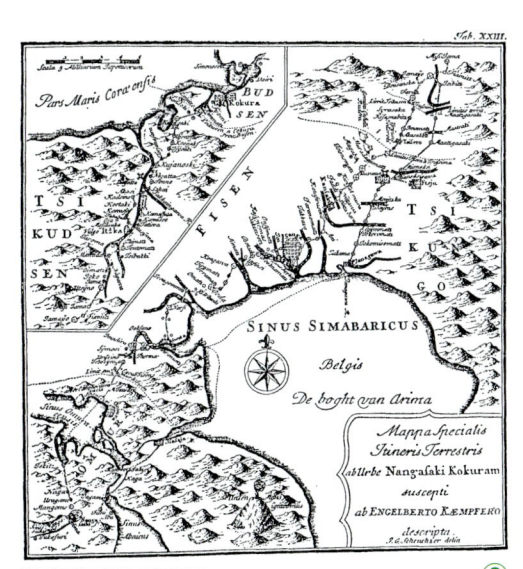

①

『江戸参府旅行日記』
（東洋文庫303 平凡社）より

②

長崎との往復に、彼杵と時津間を海路で、という旅についてケンペルの曰く：（往路初日、江戸参府）"時津港の反対側にあって、ここから日本の七海里半離れている彼杵の村へ渡るため.... われわれは午後二時半に船に乗り込み、夜の七時前に向こうに着いた。われわれは今日、十里の道を旅して来た。もし港を右手に見て陸路を回って行けば十五里は歩くことになったであろう。"（復路、長崎への帰り旅）".... 村というよりは数戸の家が点在している所を近くに見ながら、なお幾つかの小さい村を通り過ぎ、それから広々とした豊饒な谷間を抜けてシノンギに、もっと正しくいえば彼杵に着いた。われわれがあまりに早く時津に着き、少しばかりの旅の残りを今日のうちにすっかり済ませてしまうと、日本の友人たちには慣例になっている再会やら出迎えやらの儀礼を明日まで待たず、先を越して妨げることにもなりかねないので、われわれはここでしばらくの間、船に乗るのを控えていた。"

平成14年10月19日(土)　　18日目
長崎県・彼杵道の駅→→長崎県JR大村駅　21キロ　27＋2名
宿泊先「大村セントラルホテル」へは徒歩で移動

いつ、どこを

06時56分　九十九観光ホテル出発
08時45分　出発、海沿いの長崎街道を行く
（時刻不詳）JR大村線線路を渡り、国道34号線に出る
（時刻不詳）バス停「彼杵名切」
（時刻不詳）無名の川のほとり、龍頭泉道という石碑　昔は渡しだった（川はおそらく千綿川、道は県道190号線か）
09時25分　六地蔵の石碑
（時刻不詳）右、千綿駅へ曲がるすぐ手前、左折、坂を登る
09時30分　東彼杵農村環境改善センター着　休憩
（時刻不詳）出発後、旧道（長崎街道）を行く　千綿中学前通過
（時刻不詳）ウドン坂を下り、国道34号線へ　出たところがバス停「江の串」、江の串橋（江の串川）を渡る　左、やすらぎの里公園
（時刻不詳）橋を渡って左、旧道にはいるが3分でまた国道へ
10時22分　左、山道（幅員1.5メートル）に入る　突然の雨、5，6分で止む
（時刻不詳）国道に出る。バス停「才貫田」で大村市に入り、国道よりも海側を行く
（時刻不詳）松原宿の立て札
11時22分　松原小学校着　昼食休憩（12時10分出発）、出発後国道に出て、すぐにバス停「大村発電所前」を左、旧道に入る
（時刻不詳）すぐまた国道に出てバス停「福重」通過
12時37分　バス停「立花」、宮小路の市街地に入る
12時44分　昊天宮前通過、境内で相撲大会をやっている
12時50分頃　竹松小学校着　休憩
13時28分　交差点「桜馬場町」、バス停「桜馬場」の先の三叉路を左、旧街道へ　雨模様になる
（時刻不詳）松並公園着　トイレ休憩
（以下、降雨のためメモ取り不可能）
（ゴール後、歩いてホテルへ）

ハイライト

■日本二十六聖人乗船場跡

東彼杵町で建てた案内板は次の如し（誤字は修正した）：
日本二十六聖人、それは西暦1597年（慶長2年）2月、長崎の西坂でキリシタン宣教師、信徒であるという理由で処刑された、日本最初の殉教者である。
スペイン人のフランシスコ会司祭ペトロ・バウチスタはマニラで布教ののち、フィリピン

総督の使節として1593年来日、肥前名護屋の朝鮮陣本営で豊臣秀吉と会見するなど日比通商条約締結に努力したが、サン・フェリペ号入港事件を契機とする、豊臣秀吉のキリスト教禁教令の強化により、京都、大阪のキリシタンとともに捕らえられた。
豊臣秀吉は、殉教者たちを厳しく罰することで人々へのみせしめにしようと陸路を徒歩で、或は馬で1日約7～8里とゆっくり歩かせた。

1月9日、堺を発った24人のキリスト教信者たちは、堺、姫路、岡山、広島を通り、1月31日博多に到着、翌日、肥前名護屋近くの村、山本で捕われ人は26人となり長崎へと進んだ。やがて苦しい登りの道を越えて大村領の俵坂峠にたどり着くと、足もとに湖のような静かな大村湾の素晴らしい景色が広がっていた。
そこで休息したペトロ・バウチスタは、岩の上に腰をおろして、黙想した。今.....死地へ向かって進んでいる。しかし自分が全身全霊を傾けた布教は始めたばかりなのに、それを継ぐべき同僚までも共に死んでゆく。ペトロ・バウチスタがすべてを捧げた仕事は、がらがらと崩壊していくかに思われ、とめどもなく涙が落ちた。
昼を少し過ぎたころ、殉教者達は彼杵に入った。
やがて、殉教者のうちフランシスコ会士以外は皆手を縛られ、彼杵の浜辺に降りると、そこには三艘の船が繋いであった。それぞれの船に乗船させられた殉教者達は、水路時津へと向かった。空には残月が光り始め、岸のあちこちに漁村の灯火がまたたき、舟は、単調な櫓の音を響かせながら、静かに水面を分けていった。翌2月5日、26人の殉教者達は、長崎西坂の地で処刑された。
1862年6月7日、荘厳な祭典のうちに教皇ピオ九世は、西坂の26人の殉教者達を聖者の列に入れた。
(この日本二十六聖人乗船場跡祈念碑は、この殉教者の残した足跡を祈念するため、1986年、多くの人々の協力で建設されたものです。)

■追分け石
道標曰く："由来　江戸時代小倉、長崎間に通じていた長崎街道の道しるべで「これよりそのぎ道」とあり、大村城下宿から彼杵宿へ行く道筋の角に当る"とある。
道標の向こう側の薄汚れた背の低い石がその道標で、そのそばにこの由来書きを立ててくれたので気が付いた。
一般に由緒ある石の塔ほど"寄る年波"で表面が読みにくく、第一、存在そのものが気付きにくい。
左側の道は、杭出津通りで、旧長崎街道である。

平成14年10月20日(日)　19日目
長崎県大会　10キロ　79＋2名
宿泊先「大村セントラルホテル」へは徒歩で移動

いつ、どこを

10時00分	出発
(時刻不詳)	バスターミナルを右折
10時15分	上杭出津（クイデツ）の四つ角を右へ、本経寺前通過
10時21分	古町1丁目四つ角を左へ、右手に陸上自衛隊大村駐屯地
10時30分	バス停「松並公園前」
10時33分	交差点「松並町」直進
10時42分	無名の交差点を大村工高の方へ左折
10時52分	三叉路を右へ
(時刻不詳)	長崎空港へ通ずる箕島大橋のたもとから、森園公園へ入り休憩 ② ③
11時25分	交差点「杭出津町」の手前の信号を右折、以下、海沿いの道を行く
(時刻不詳)	新城橋（大上戸川）、諸藤橋（人工の掘割）を渡り三叉路を左折、国道34号線へ
11時46分	琴之浦橋（内田川）を渡る
(時刻不詳)	大村公園の中を一巡後、交差点「大村公園前」を直進、バス停「本小路」手前を左折、片町を通って、護国神社の角を左折、草場橋（内田川）を渡って出発地点へ戻る

ハイライト

■玖島場跡／玖島崎樹叢

玖島稲荷神社の前の立て札曰く：この樹叢は、玖島城の本丸を取り囲むように茂る自然林で、この斜面から教育センターの手前まで広がっています。

この樹叢の中には、クスノキ、シイノキ、ナナメノキ、ヤマモガシ、ヤマモモ、バクチノキなど主に暖地性の樹木があり、また、大陸性のコバノチョウセンノキも見られます。樹下には、クシマザサ、イワガネ、シロヤマシタ、ホウチャクソウ、ムサシアブミなど珍しい植物が生えています。特に注目されることは、諫早が北限とされていたヒゼンマユミが樹叢内でいくつか発見されたことです。

玖島城の林は、江戸時代に既に大きな樹木があったようで、大村を来訪した文人の日記にもお城の建物が見えないというエピソードが出てきます。廃城となった後、人の手が入らず、林が次第に自然の状態へと戻っていき、現在のような大木を含む樹叢となったようです。

この樹叢は、自然保護の上からも、学術的にも、極めて貴重なものであり、昭和49年県の天然記念物に指定されました。　平成9年3月　大村市教育委員会

■黒丸踊り

民俗芸能辞典曰く："長崎県大村市黒丸郷で不定期に行なう太鼓踊り。四年に一度くらい

豊年祈願、または祝賀行事等に催される。太鼓踊の風流の一種。
芸能構成は総勢約六十人で、まず、武家若衆姿の少年八人の踊子、花カライとも呼ばれる大きな花輪を背負う大花籠四人、それに大旗持二人、鉦叩き四、囃子方十四、小鼓二、笛八、地太鼓二、三味線二、歌方三と世話役約三十人がつく。
芸能次第は、まず、「入羽」で、大花籠と大旗持が歌って踊る。次いで「小踊」となり、紺の手甲脚絆・鉢巻、大小の刀を腰にした武家若衆八人が、歌い踊り、引き続いて最後の「三味線踊」に移る。
踊りの起源については諸説あって、有馬貴純に敗北した大村領主純伊（コレスミ）が、流浪七年の末、文明十三（1481）年有馬勢を討って大村に帰郷、その戦勝祝賀の宴に、黒丸郷にいた中国浪人法養が郷民に伝授したという云い伝えが一般的に流布する"とのこと。写真はその花カライかと思われる。場所は森園町交差点の角。

■天正遣欧少年使節／長崎空港

少年達の顔が真っ黒に写ってしまったが、この少年たちは長崎空港を向いて立っている。手を挙げて空港の方を指しているのは、おそらく四人の中の正使、伊東マンショの像だろう。他の三人は、副使の千々石（チジワ）ミゲル、中浦ジュリアン、原マルチノであろう。四人は実際は、長崎の、現在云うところの「南蛮船来航の波止場」から出航して、8年半後にまたそこへ帰ってきたのであって、長崎空港から往復したのではないが、413年を隔てたその時空間の対比が面白い。一般に少年たちは、日本史上、東西の文化交流に貢献した偉人という文脈で引き合いに出されることが多く、日本のことを欧州に伝え、日本への伝導熱を醸しだし、かつ、印刷術を初めとする欧州の文物をわが国に将来した業績をもって高く評価されるが、帰国後、聖職者としては弾圧・迫害のもとにそれぞれ悲劇的な生涯を遂げた。「長崎県歴史散歩」によればこの像は、長崎から欧州へ向けて出帆した400周年記念に建てられたとのこと。

平成14年10月21日(月)　20日目
長崎県JR大村駅→→長崎県JR諫早駅　15キロ　36＋2名
宿泊先「ヘルシーパル諫早」へは徒歩で移動

いつ、どこを

　　08時30分　　JR大村駅出発、駅前左手のアーケード中を行き、やはりアーケードの中の四つ角を左折
　　（時刻不詳）　大村宿本陣跡通過
　　（時刻不詳）　JR大村線線路を渡り、次いで草場橋（内田川）を渡る
　　（時刻不詳）　護国神社前を左へ、坂を登る。左折。立て札有り
　　（時刻不詳）　大きな四つ角を直進、久原2丁目
　　（時刻不詳）　向木場町（本来は直進だが悪路のため迂回）　左折して坂を登る
　　09時23分　　岩松町四つ角　直進
　　09時27分　　岩松公園着
　　09時35分　　長崎自動車道の真下まできて沿って歩く
　　（時刻不詳）　白鳥橋（鈴田川）を渡ってすぐ左折、長崎自動車道をくぐる
　　（時刻不詳）　鈴田郵便局先の四つ角を左折、ファミリーテニスクラブでトイレ休憩
　　（時刻不詳）　大里町で国道34号線とJR大村線線路を横断
　　10時40分　　鈴田峠着　休憩（10時45分出発）
　　11時18分　　バス停「下破篭井（シモワリゴイ）」
　　（時刻不詳）　国道34号線のガードをくぐる
　　（時刻不詳）　長崎ウエスレヤン（Wesleyan）大学着　休憩
　　11時52分　　栄田町を右へ
　　11時54分　　諫早駅の方へまがる
　　11時56分　　ゴール　諫早駅裏駅

（ゴールで昼食をしてから12時43分の長崎行きに乗って長崎へ）　同行は：リドワン君、近藤米太郎隊長、園田桂三長崎県歩こう会会長、井上の4人　訪問先：長崎平和公園①、長崎原爆資料館、出島

ハイライト

■リドワン君

日本ウオーキング協会の招きで来日した、インドネシアのリドワン君のことを記したい。名前はRidwan Tulus（Mr.）。PT. Bingkuang Mass Tours and Travel 社という旅行会社の社長である。福岡県の途中から一行に加わり、諫早まで一緒に歩いて、この日で東京へ帰ることになった。

さいわいこの日は、昼でウオークの方が終わったので、上記の4人で午後から長崎へ行った。近藤米太郎隊長が引率責任者、園田桂三長崎歩こう会会長が地元に詳しい案内役で、自分は通訳、長崎の用語を使うと通詞に付いていった。

長崎訪問はリドワン君の希望だということは、JWAの木谷専務理事から聞いていた。本

人に尋ねると、原爆が投下された長崎と、自分が聞いて知っている長崎と、イメージがつながらない、行って確かめたいというのがその理由らしかった。園田会長にもそのことを伝えたが、会長も長崎に原爆が投下された理由は諸説有って判然としないと云われた。
まず平和公園へ行って、平和記念像に祈りを捧げ、各国からよせられた平和を祈る像が公園内のあちこちに建立されているのを見てから、原爆資料館に行った。展示の解説が和英併記なので、通訳の必要もなく、リドワン君も熱心に見た。しかしけっきょく最終的に広島と並んで長崎に原爆が投下された理由は展示のどこにも示されていなかった。それでも見終わってリドワン君は何かを得たらしく、納得した顔つきであった。
平和公園の次は出島に行った。出島も展示の解説は和英併記であったが、口頭で余計なことを付け加えて恥を掻いた。鎖国時代、わが国が、出島を窓口としてオランダとだけ交渉があった（中国は別として）ということを、インドネシアが350年間オランダの支配下にあったということを忘れて口にすると失敗する。オランダは、インドネシアにとっても、過去はもちろん今も、特別の国だということをリドワンは力説した。
長崎駅へ戻って、諫早行きの帰りの電車を待つ間、リドワン君と二人だけになったのでコーヒーに誘った。話は自ずから歴史認識のことになり、彼は自分と同世代の日本の若者が、第二次世界大戦中の日本のことを知らなさすぎると、具体例を挙げて述べた。この趣旨は筆者も異論はなかったので、いちいちうなずいた。
次に話が言語のことになった。リドワン君によると、インドネシアでは日常生活のために少なくとも3種類の"母国語"を覚える必要があり、その上に、英語や日本語など外国語の習得も必須である。日本軍の占領時代、リドワン君の母親が強制的に日本語の勉強をさせられた例を出して、インドネシアの人々にとって、母国語の習得よりも外国語の習得が優先する。その経験はわれわれにない。リドワン君とは10日間英語で話したが、われわれを繋ぐその英語が彼にとっては生活の糧であり、筆者にとっては学校の単位を揃えるためのものだと言う結論になった。
写真①は、長崎の平和公園でのリドワン君。写真②は、ハウステンボス駅で本部隊員の永吉さんと。別に二人にこのようなポーズをするように頼んだわけではないが、自然にこうなった。年格好が似るとこういうことになる。このこと一つ取っても、永吉さんがリドワン君のホスト役としていかに国際交流に貢献したか分かろうというものである。

10月21日（月）20日目　67

トピックス　その5

長崎街道　2

平成14年10月18日、ハウステンボス駅から主として海沿いに平戸往還を南下してきたウオークの一行は、その日のゴールが間近になった13時40分、俵坂峠を越えて山から出てきた長崎街道と東彼杵町で四日ぶりで出くわした。そして、以後長崎まで、長崎街道に沿って進むことになる。

写真①は、10月14日朝、国道34号線をウオークの一行よりも一足早く左折して、淵の尾峠を越えて南下して行った長崎街道塚崎道が、更に嬉野宿から俵坂峠を越えて彼杵へ出てきたところである。

明くる10月19日、ウオークの方は、左前方に武留路山を望みながら、主に国道34号線沿いに、ほとんど平地のない海岸線を南下したが、一方かなり頻繁に左手を行く長崎街道に入っては戻り、戻っては入るを繰り返した。従って千綿宿、龍頭泉道の石碑、瀬戸の六地蔵を確認し、うどん坂を下った。才貫田で大村市に入り、松原小学校（創立130周年！）で昼食休憩、郡川を渡って昊天宮境内では、ほんのちょっとだけ相撲大会を見物した。杭出津では「是より左そのぎ道」とある石碑の頭をなでて雨の中をJR大村駅へゴールした。20日の長崎県大会は、駅横の天正夢広場を出発／ゴールにして、大村市の市街地を歩いた。21日は、駅前アーケードの中にある本陣跡を通過し、左折してJR大村線線路と草場橋（内田川）を渡り、野田神社を左に見、亀山坂を越え、以後ゴールの諫早駅までかなり忠実に長崎街道を辿った。特に鈴田峠越えでは十分時間を掛けて歩いたので、駕籠立場跡、鈴田峠の境石、大渡野番所跡、破篭井への下りなど興味深く理解することができた。写真②はそのうちの大渡野番所跡である。22日は、諫早駅を出発後、長崎街道を忠実に辿った後、国道34号線と

出会ってからはそれに沿って進み、長崎自動車道の長崎多良見インターチェンジをくぐって長崎市に入って、古賀の藤棚茶屋から先は、長崎街道を縫って歩き、領境石「従是南佐嘉領」を見、八郎橋（八郎川）で川の右岸に出て、矢上宿の番所跡に達した。写真③は古賀の藤棚で、石碑の右隣にある解説板には、"長崎から四里七町（16.3キロ）諌早から三里十八町（13.6キロ）の距離で、郷土人形として有名な古賀人形の小川家は中里町のこの地にあり家の前には大きな藤棚がある。昔は、長崎街道を通る諸大名や旅人たちの休憩所となった茶屋である"とある。この藤棚の家のそばからはまた街道に忠実に、腹切坂を越えて、日見トンネル入り口の左から急坂を登り、芒塚で休憩、日見峠の関所跡から右の旧街道へは入らず直進、バス停「西トンネル口」で国道34号線を横断して、以後国道沿いに、旧道を下った。写真④は、日見トンネル入り口手前を左に登るウオークの一行。前から3人目と4人目との間の手すりに、わずかに見える木製の札には、表側に"長崎街道"、裏側に"参勤交代の道を歩く会"とある。バス停／交差点「明相寺道」からは国道34号線を伝い、螢茶屋跡のところからふたたび国道を離れ、中川八幡宮で休憩後、長崎市指定の文化財中川の古橋を見て後、ジーボルト通りを通って長崎駅を目指した。写真⑤は、螢茶屋跡の石碑で、案内板には史跡一の瀬口螢茶屋跡として、"文化文政（1804〜1829）頃、甲斐田市左衛門によってこの地に旅人歓送迎の茶屋が始められた。2代目政吉の幕末から明治初年頃が最盛期となった。螢の名所だったので、螢茶屋と呼ばれた。矢上への街道筋、一の瀬橋のたもとにあった"とある。写真⑥はゴールの長崎駅で、駅前が高架の広場になっている上から駅舎を撮った。

平成14年10月22日(火)　21日目
長崎県JR諫早駅→→長崎県JR長崎駅　28キロ　39＋2名
宿泊先「ホテルサンルート長崎」へは徒歩で移動

いつ、どこを

08時30分		JR諫早駅裏駅出発　駅前を左へ、すぐに右折、更に左折、交差点「永昌町」を右へ、緩い坂を登る
（時刻不詳）		御館山の裾を巡るように左折、長崎街道を辿り、山の東側で御館山から離れ、国道34号線を越え、その西側を南へ進む
（時刻不詳）		右側に西諫早小学校、次いで西諫早中学校
09時05分		小船越緑地でJR長崎本線のガードをくぐり、国道34号線に合流
09時11分		西諫早駅　（時刻不詳）　貝津橋（東大川）を渡り、交差点「貝津町」を直進、長崎自動車道をくぐり、久山橋（久山川）を渡る
09時50分		右に分岐する国道207号線に入り、永久橋（喜々津川）は渡らず、多良見町役場方向へ左折。
10時00分		多良見町町民センター着　休憩（10時10分出発）後、南西方向へ
10時16分		喜々津川に突き当たり、左折、すぐ明治橋を渡り、川沿いに喜々津中学／小学校脇を通り、横断歩道で国道34号線の左側に出て、そのまま34号線を進む。
10時38分		交差点「市布」の二股を左へ。
10時46分		長崎市に入り、すぐ左手の長崎街道に入り、九州自然歩道と重なり、古賀の藤棚茶屋跡を通過
（時刻不詳）		領境石「従是南佐嘉領」通過
11時42分		バス停「彩が丘入口」　八郎川右岸沿いに進み、矢上橋を通過
12時03分		JA東長崎農？会館着　昼食休憩（13時00分出発）、矢上番所跡通過
（時刻不詳）		住宅地の急坂を上り、石碑「これより北佐賀領」とあり
13時35分		日見公園　トイレ休憩
14時02分		腹切り坂の途中で臨時休憩 ① ②
（時刻不詳）		日見トンネル入り口手前を左に登る（「参勤交代の道を歩く会」のつけた木の板確認）
（時刻不詳）		芒塚句碑（去来ほか）着　休憩　（時刻不詳）　バス停「西トンネル口」
15時08分		バス停／交差点「妙相寺道」　（時刻不詳）　バス停「番所」
（時刻不詳）		螢茶屋跡　（時刻不詳）　中川八幡宮で休憩、以後ジーボルト通りを行く ③
15時59分		ゴール　JR長崎駅

ハイライト

■腹切坂

矢上の宿を過ぎて間もなく、急なだけで距離は至って短い坂を上下する。これを腹切坂と称し、坂の下に案内板が2種類建っている。一つは日付はないが、日見腹切坂史跡保存会

が建てたもので、それには日見腹切坂の由来について、"伝説"をそのまま由来として載せている。他の一つは、長崎平和ライオンズクラブが平成七年八月吉日、製作建立したもので、長崎古今集覧名勝図絵に描かれた図を添えて、伝説をそのまま伝説として載せている。保存会の案内板の記述を修正しようとの意図がうかがわれる。

ついでながら、現地にはこのように立て札が2種類在るが、この小さな坂の記述は書物にはほとんど見受けない。わずかに、九州文化図録撰書の第3巻所載の記述に、"腹切坂の名称については、長崎街道の開設まで、日見村は主として船を使用しての交通であったが、佐賀藩領矢上村との間に道を通すことにより、険しい山腹を切り開いて道を作ったことから「腹切坂」を俗称した"とあり、上記の"伝説"は"後世には、諸説が加えられ面白い物語がつくられている"としている。こうしたスタイルは"伝説"を修正しようとの意図以上に出るものではない。

①　　　　　　　　　　　　　　　　②

■眼鏡橋

日本国語大辞典によれば眼鏡橋とは："半円形に弧を描いた形が二つ並んだ構造の石造りの橋。寛永11年（1634）に、中国から、僧如定が伝えた技術によって長崎を中心に九州各地に作られるようになり、明治初期には東京にも万世橋・呉服橋などが作られた。"とある。皇居正門奥に架かる二重橋はアーチが一つで鉄製で眼鏡橋ではない。眼鏡橋は石橋であることが必須条件らしい。

有名な長崎の中島川に架かる眼鏡橋が上記如定の架けたものである。石橋そのものはそれまでの木橋を改良することが目的で、九州のあちこちで木橋から架け替えられているのをウオークの途中で目撃した。しかし水害に弱く、長崎の眼鏡橋も1982年（昭和57）の7月23日の水害で大破した。諫早のは頑丈すぎて水害を大きくした。

写真③に見る古橋は、中国からの眼鏡橋技術の導入からわずか20年後の、技術革新を強調している。こちらはメガネルックよりも石橋の技術面を強調している。

③

平成14年10月23日(水)　22日目　前半
長崎県JR長崎駅→→長崎県茂木町・茂木港
宿泊先「天草プリンスホテル」へはマイクロバスで移動

いつ、どこを

07時28分	JR長崎駅出発、大波止通りを行く
(時刻不詳)	交差点「大波止」で道路の反対側に渡り、文明堂前通過、交差点「玉江橋」を右折、江戸町通りへ　バス停「県庁裏門前」
(時刻不詳)	横断歩道橋で中央橋を渡り、春雨通りへ
(時刻不詳)	交差点「思案橋」を右へ、思案橋通りを行く。通り抜けて三叉路を左へ。正面は福砂屋本店
(時刻不詳)	円山公園着　休憩
(時刻不詳)	細道「中の茶屋」に入り、身代わり天満宮の鳥居をくぐり、高島秋帆旧宅の下を通り、ピントコ坂の墓地の中を通り、傾城塚を通過
08時35分	バス停「南高前」
(時刻不詳)	田上峠を越え、茂木側に下る　ところどころ、茂木四国霊場を通過する「四国茂木八十八ヶ所第37番霊場」などと札が立っている
09時31分	茂木港着　① ②
10時00分	熊本県天草郡苓北町富岡行き高速船に乗る（富岡港着10時35分）③ ④

ハイライト

■茂木街道

この日の行程の前半は、長崎半島の付け根を田上峠で越えて、茂木港から安田産業汽船の茂木←→天草富岡航路に乗って天草に向かおうということであった。船の出航時刻に間に合わせるために、朝の出発が7時28分という早さであった。

茂木街道については、「長崎県の地名」の総論に次のように記載されている。曰く：〝江戸時代からの街道で、長崎市中と茂木村（現長崎市）をほぼ南北に結ぶ。街道筋は長崎の六ヶ所口の一つ（長崎名勝図絵）。茂木からは島原半島の諸浦津や肥後天草への舟運があり、寛永18年（1641）天草が幕府領になるに伴いその役割が重視された。長崎市中の正覚寺から高島秋帆旧宅や八剣神社を経て田上の峠に至るが、、浄土宗田上寺は巡検する長崎奉行や上使らの休息所に充てられたという。峠への急坂ピントコ坂は明の何旻徳と遊女お登倭の悲恋話で知られ、近くに疱瘡で死んだ人々を正徳三年（1713）に祀った茂木道無縁塔のほか、供養塔や地蔵菩薩が置かれた。峠を下り、転石―柳山―辻を経て茂木に達する〟と。

■見送り

写真④は茂木港で手を振って見送って下さった、長崎歩こう会会長の園田桂三氏始め長崎歩こう会の皆さん。陸路、県境で行う引継式以上に感動的であったのがこの茂木港での別れであった。この別れからあと、12月8日にふたたび小倉城にゴールするまでの間、この時の感激は、本部隊員の間で、繰り返し繰り返し話題となったばかりでなく日を追うごと

にその思い出は隊員の心の中で重みを増していった。

乗船に間に合わせるために朝早く長崎駅を出発する必要があったので、本部隊員は長崎駅に近いホテルサンルート長崎に泊まったが、長崎県の皆さんは朝早く遠くから参集して下さったに違いない。例によって接待の果物が入った重いザックを背負って、ピントコ坂を登ってくださったに違いない。疲れた身体でまた峠を越えて長崎へ帰られたに違いない。そうとも知らず物見遊山気分で写真ばかり撮っていて心配を掛けてしまった。茂木港への下り坂で"本部隊員は先へ急げ‼"と園田会長が何度も叫んだのが今も耳に残っている。

写真①②は長崎・天草ライン航路図、運行ダイヤ、運賃。一行は第3便の高速船に乗った。

写真③はその船。写真④は10時00分、船が岸壁を離れ始めたところ。このあと、船は天草の富岡港へ向かってスピードをあげたが、岸壁の見送りの人々は、誰一人帰ろうとせず、船が波消しブロックの陰に見えなくなるまで手を振り続けた。

10月23日(水) 22日目

熊　本　県

10月23日(水)　　第22日目　　熊本県富岡港→→熊本県五和町役場
　　24日(木)　　第23日目　　本渡市役所→→倉岳町棚底港
　　25日(金)　　第24日目　　倉岳町棚底港→→松島町運動公園
　　26日(土)　　第25日目　　JR三角駅→→熊本県不知火町役場
　　27日(日)　　第26日目　　熊本県大会
　　28日(月)　　第27日目　　休養日
　　29日(火)　　第28日目　　JR熊本駅→→JR松橋駅
　　30日(水)　　第29日目　　JR松橋駅→→JR八代駅
　　31日(木)　　第30日目　　JR八代駅→→JR肥後田浦駅
11月01日(金)　　第31日目　　JR肥後田浦駅→→JR津奈木駅
　　02日(土)　　第32日目　　JR津奈木駅→→JR出水駅

トピックス　その6　　バス停
　　　　　　その7　　九州の川とウオーク
　　　　　　その8　　ジョニー・ウオーカー

『熊本日日新聞』2002年10月24日

長崎から天草入り
九州一周浪漫ウオーク一行

二カ月余りかけて沖縄を除く九州七県を回る「第一回九州一周浪漫ウオーク」（日本ウオーキング協会など主催、熊日など後援）の一行が二十三日、長崎から天草入りした。

秋の九州路を歩きながら楽しもうと企画。十月二日に北九州を発ち、佐賀、長崎を経て天草入り。今後、天草から宇土半島を通り二十七日に熊本市で県大会を開催。再び県内を南下し鹿児島、宮崎、大分を経て十二月八日、北九州に帰る。

全行程を歩き通す本部隊八人に、部分参加する一般愛好家を含めた三十人余り。

大分県から参加した本部隊員の荻野邦彦さん（六〇）は「最初の数日はみんな疲れていたが、今は元気満々。風景が疲れをいやしてくれている。天草の海もそう快だ」とニッコリ。熊本市からこの日合流した宮川契子さん（七四）も「歩きながら全国の人と交流できて楽しい」と話していた。

▲秋の天草路を楽しむ九州一周浪漫ウオークの一行＝五和町

（熊本日日新聞社提供）

《熊本県　歩く浪漫》

"月日は百代の過客にして、行きかふ年もまた旅人なり。舟の上に生涯を浮かべ、馬の口とらえて老いを迎ふる者は、日々旅にして旅を住みかとす"（芭蕉：奥の細道・序）
「九州一周浪漫ウオーク」（以下ウオークと略称）で、"かつて誰か歩いた道"にわれわれは出会い、横断し、分かれ、そしてわれわれの道を歩んだ。その出会い、横断、分かれを地図上で振り返りつつ、その"かつての誰か"が、実はいつの日かのわれわれ自身であるという想い、これ以上の歩く醍醐味があろうか。

68日間、毎日少しづつ前進した。少なくともそういう気持ちでいた。ところが熊本だけは違う。前進をやめて滞在した所という印象が強い。しかも熊本を出発して、鹿児島・宮崎・大分を過ぎ、九州を一回りし終わり、家に帰り、記録を整理している今でもなおその印象は変わらない。なぜ熊本だけ例外的にそんな気になったのか、たとえ間違っていてもいいから自分なりに理屈を付けて納得しないと、九州一周が完結しないような気がしていた。

■九州の臍

熊本へ着いて二日目、10月27日の熊本県大会の後、里程元標を見たいと思い、大分迷った末に探し当てた。里程元標跡という立て札が立っており（写真）、そこに熊本市長の署名入りで次のようにあった。
「熊本城内と城下町を結ぶ接点であった新一丁目御門の前には、肥後（熊本藩）の種々の政令を掲示する「札の辻」と呼ばれる広場がありました。この「札の辻」が里程元標にあたり、ここを起点として、豊前・豊後・薩摩・日向街道の里数が測られました。その際に、一里、二里、三里．．．．と進むごとに街道の両側に榎を植えてこれを里数木と称していました。現在でも、バス停や駅の名称に、「一里木」、「二里木」、「三里木」などといった当時の呼称がそのまま使われている所があります。このモニュメントは、歴史街道の起点を保存し、後世に伝えるものです。」
札の辻に立っている里程元標だから、このような記述になるのはまあいいとして、筆者が面白かったのは、熊本を起点として豊前（東北）、豊後（東）、薩摩（南）、日向（東南）というように180度の広角でここから長丁場が展開しているということであった。自分たちはここまで西から天草道（富岡往還）を通ってきたが、それは東へ向かう一本道であった。しかし熊本まで来てみるとそれはいわば扇のかなめで、ここからはどの方向へも歩いて行ける。

①

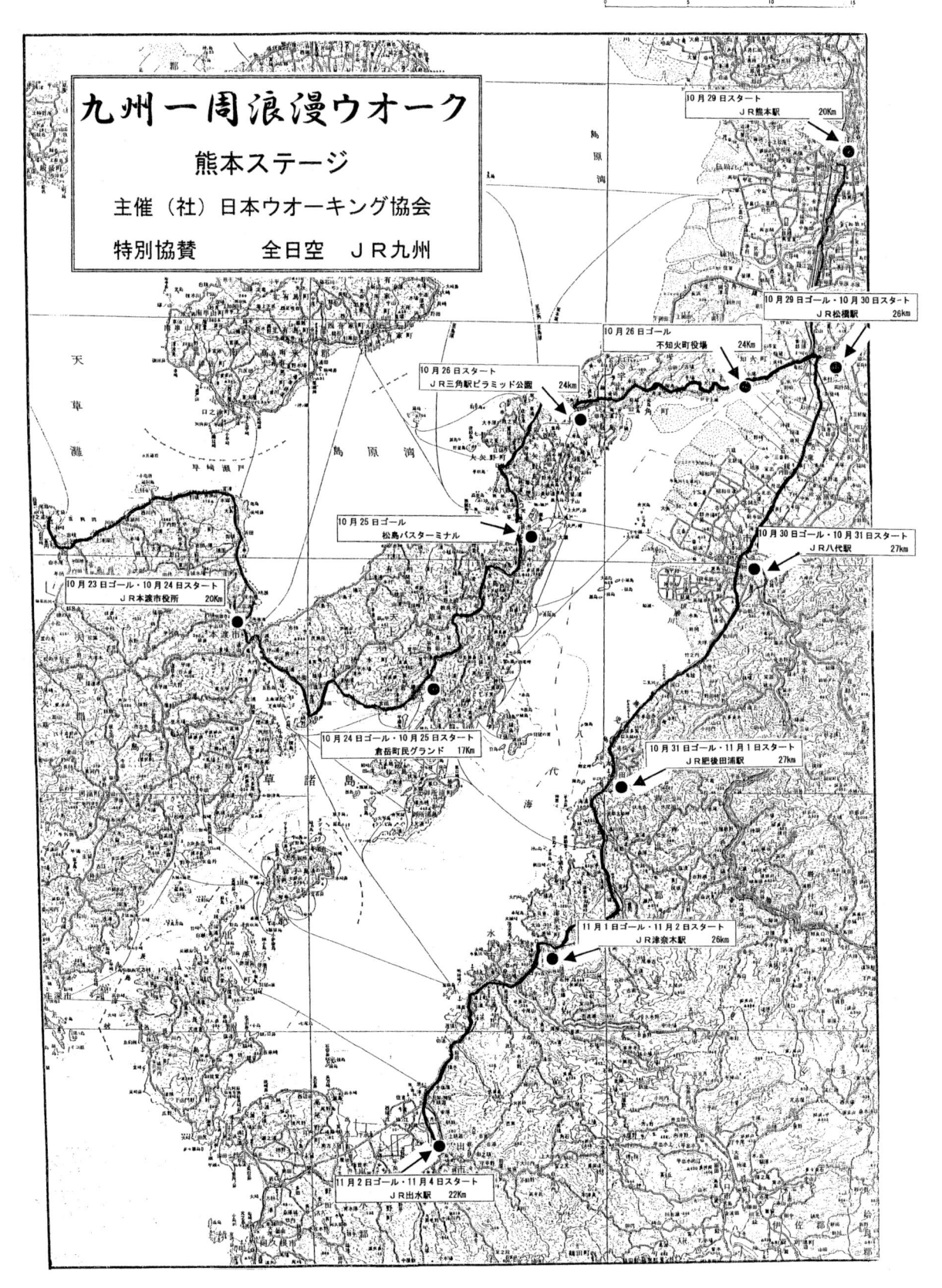

九州一周浪漫ウオーク

熊本ステージ

主催 （社）日本ウオーキング協会

特別協賛　全日空　JR九州

1:200,000

- 10月29日スタート　JR熊本駅　20Km
- 10月29日ゴール・10月30日スタート　JR松橋駅　26km
- 10月26日ゴール　不知火町役場　24Km
- 10月26日スタート　JR三角駅ピラミッド公園　24km
- 10月25日ゴール　松島バスターミナル
- 10月30日ゴール・10月31日スタート　JR八代駅　27km
- 10月23日ゴール・10月24日スタート　JR本渡市役所　20Km
- 10月24日ゴール・10月25日スタート　倉岳町民グランド　17Km
- 10月31日ゴール・11月1日スタート　JR肥後田浦駅　27km
- 11月1日ゴール・11月2日スタート　JR津奈木駅　26km
- 11月2日ゴール・11月4日スタート　JR出水駅　22Km

熊本県　77

思えば、小倉を出発して以来、一本道を歩いてきたように思う。だから久留米の休養日は県道151号線を西へ歩いた。これも熊本のとは別の豊後街道である。伊万里の休養日には北東へ唐津まで歩いた。これは唐津街道である。一本道から外れてみたいという小倉以来の動機に従ったまでだ。宇土半島を半島を歩いている時、熊本の休養日では北へ三池街道を荒尾か、できれば大牟田まで頑張ろうと思っていた。しかしいざ熊本へ着いてみるとどっちへ行ったらいいのか分からなくなってしまい、けっきょく熊本の休養日は、こともあろうに次の日にまた歩くことが分かり切っている南へ行ってしまい、あまりのことに川尻で引き返してきた。"滞在した"といったのはこのことである。

地図を見ていただきたい。熊本からは三池街道、豊前街道、豊後街道、南郷往還、日向街道、薩摩街道、そしておととい辿ってきた天草道と、道はほぼ360度展開していて、空いているところといえば、島原湾くらいしかないが、もちろん海は陸地以上に交通は頻繁だったろう。

〈『熊本県の地名』（平凡社）より引用〉

小倉から歩き始めてこの日に至るまでこんなことはなかった。小倉を通る街道は、長崎街道、唐津街道、秋月街道と、主な街道はどれもみな南西を目指していて、熊本のように放射状にはなっていない。一本道だから外れてみたいという動機も生ずるが、かくも放射状ではどっちへ行っていいのかわからない。このことが滞在、停滞、もっといえば頓挫という感じに襲われた理由だろう。以後、一周して小倉へ戻るまで、休養日に一本道をはずれてどこかへ行ってやろうという動機はまったく失せてしまった。

このことは、熊本を「九州の臍」と呼ぶことによってひとまず納得しておこうと思う。哺乳類の身体に臍があるように、九州にも臍があると思えばいい。再来年の「浪漫ウオーク」は熊本城からスタートするはずだ。ご一行様が南へ向かった後に、自分だけ宇土半島へ行ったり、日向街道を辿って延岡で待ち受けようなどという動機をどうやって鎮めようか、いまから心配なのである。

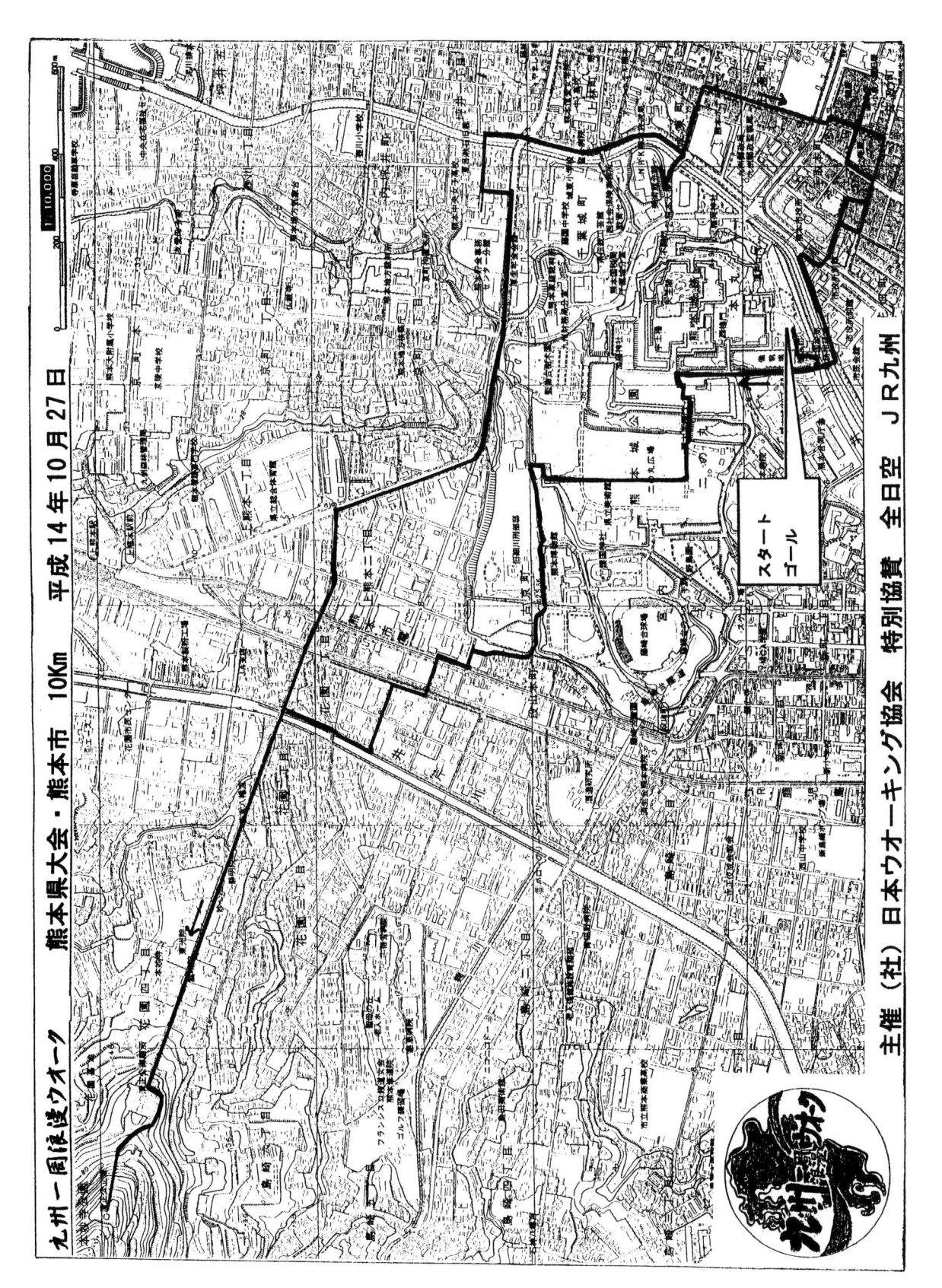

九州一周肥後ウオーク　熊本県大会・熊本市　10Km　平成14年10月27日

主催　(社)日本ウオーキング協会　特別協賛　全日空　ＪＲ九州

平成14年10月23日(水)　22日目　後半
熊本県天草郡苓北町→→熊本県本渡市役所　21キロ　31＋2名
宿泊先「天草プリンスホテル」へはマイクロバスで移動

いつ、どこを

　10時52分　　天草郡苓北町富岡港出発 ①
　11時20分　　志岐八幡の所で志岐川に沿って遡り、再び河口に出る
　（時刻不詳）　バス停「浜の町」
　11時37分　　バス停「釜入口」
　12時00分　　苓北町物産館着　昼食休憩（12時55分出発）
　（時刻不詳）　バス停「坂瀬川宮前」
　（時刻不詳）　新松原橋（松原川）　天草の四郎乗船の地 ②
　（時刻不詳）　バス停「和田」、バス停「折山」
　13時20分　　新折山橋（折山川）、バス停「長崎浜」
　13時33分　　バス停「西河内」、新西河内橋（西河内川）
　13時44分　　五和町(イツワマチ)に入る
　13時47分　　バス停「通詞」
　13時57分　　五和町観光協会広場着　休憩（14時05分出発）、二江大橋（内野川）を渡る
　14時35分　　新引坂橋（引坂川）を渡る
　14時54分　　トモミヤ橋、バス停「宮津」
　15時00分　　バス停「城」
　15時05分　　鬼池港着　休憩（20分出発）
　（時刻不詳）　ゴール　五和町役場前広場 ③
（この日は当初予定の本渡市役所まで届かず、五和町役場広場で打ちきりとなった）

ハイライト

■五足の靴

富岡港に立つこの立て札は、5人の文学者がこの経験をどのようにその後の作品に形象化したか書いていない。おそらく与謝野鉄幹は別として他の4人の青年時代を強調したいからであろうが、案内板が立つにはそれなりの背景がなくてはならず、それを示さなければ説明としては不十分である。天草を歩いている最中に、天草海洋リゾート基地建設構想推進協議会／熊本県宇土・天草半島地域振興対策協議会という長〜い名前の組織が発行している「天草宇土半島」というチラシに次のようにある。曰く：

①

80　熊本県

"白秋とともに泊まりし天草の、大江の宿は、伴天連の宿。『五足の靴』のひとり吉井勇の歌碑が大江天主堂の木陰に立っている。北原白秋は、処女詩集『邪宗門』に、木下杢太郎は、『天草組』に、異国情緒にあふれる天草の旅を、詩に残し、天草を世に紹介した"と。司馬遼太郎は更に明確に曰く："..... このときの紀行文が、五人によるリレーのかたちで東京の二六新聞に連載された。通しの題が「五足の靴」というものだった。天草が、南蛮趣味、異国美意識(エキゾチシズム)の詩情でつつまれた形において、はじめて世間に登場する......"

■天草四郎時貞

確かなことは分かっていない。「四郎」と呼ばれていたこと、一揆当時16歳であったことなどが史料にあるらしい。「国史大辞典」と司馬遼太郎の記述を総合すると：父は益田甚兵衛好次で、小西行長の祐筆で、小西家が没落した後、宇土に帰農して暮らしていた。島原の乱の一揆が起こるすこし前に、四郎は父に伴われて大矢野島に行き、親戚に身を寄せた。大矢野島に隣り合わせの千束島に五人の小西牢人がいて、やがて「善き人」が出て諸人の上に十字架をたてるというバテレンの話を作り上げ、かつての朋輩の益田甚兵衛にたのんで、その子四郎を借りうけ、この「善き人」に仕立て上げたのではないか。司馬遼太郎は、"16歳に過ぎない四郎がどういう人物であったかを考えることはむだでもあり、痛々しくもある"という。なお、九州自然歩道のガイドブックでは、この十字架の立つ新松原橋（松原川）のたもととは別に、鬼池の宮津海岸を天草四郎船出の地としている。

②

■長岡興就(オキナリ)

この像は、臨時のゴールとなった五和町役場の庭に建立されている。熊本県の歴史散歩曰く：".... 長岡家の祖興秋は細川忠興の次男で忠利の兄にあたる。大阪の陣に豊臣方についたため天草に落ちのびたという。その後、代々御領組大庄屋となった。農民の窮状をみかねた興就は1845（弘化2）年、江戸で老中阿部正弘に対して直訴を行ったのである。これが2年後に起こる全島的な弘化の農民一揆の口火となった"と。「熊本県の地名」の御領村の説明には、この直訴のため、興就は入牢の罪に処せられたとある。

③

平成14年10月24日(木)　23日目
熊本県本渡市役所→→熊本県倉岳町棚底港　20キロ　26＋2名
宿泊先「国民宿舎松島苑」へはマイクロバスで移動

いつ、どこを

10時03分	本渡市役所出発、国道324号線をゆく
（時刻不詳）	港大橋（町山口川）を渡る
10時18分	交差点「太田」、交差点「亀川」通過、天草瀬戸大橋を渡る
（時刻不詳）	国道266号線を南へ
10時54分	バス停「鉱泉前」
（時刻不詳）	コンビニ「ホープ」着　休憩（11時08分出発）
11時18分	バス停「野樫」
11時24分	バス停「下浦小学校」、バス停「上外園」
11時34分	バス停「早坂」
11時38分	バス停「塩屋平」
11時53分	栖本トンネル　全長690メートル　小倉を出発して以来初めてのトンネル
12時08分	栖本町福祉会館そばのふれあい公園着　昼食休憩（13時00分出発）①
（時刻不詳）	宮田第2トンネル　全長139メートル
（時刻不詳）	タイム（鯛夢）トンネル　全長110メートル ②
15時07分	ゴール　熊本県倉岳町棚底港

ハイライト

■恵比寿信仰

「日本を知る事典」曰く："大黒と並んで福神を代表するもの。狩衣指貫に烏帽子を着て、左手に鯛、右手に釣竿を抱えた円満な姿で親しまれている。10月や12月または正月の20日には恵比寿講といって、特に商人は盛大に祝って、商売の繁盛を願う風がある。．．．．その容姿からもうかがわれるように、本来恵比寿の信仰は漁民と深く結びついている。漁村では、海から拾った石、漁網の中央の浮子、漂流死体、鯨や海豚などが、多くエビスと呼

①　　　　　　　　　　　　　　　②

ばれており、いずれも豊漁をもたらすものとみなされている。... このような信仰の背景には、海のかなたの異境から訪れる神が、自分たちに幸福をもたらしてくれるという期待があったとみられる。恵比寿という言葉も、本来異国人を意味する夷と軌を一にするものであろう"とある。

鯛夢トンネルは、コースにあるトンネルではない。トンネルのこちら側は「えびすビーチ」という名前の海水浴場。トンネルの向こう側にその海水浴客の駐車場があるというわけ。そんなことは知らないから、何があるのか？とみんないそいそ入って行く。

■夕焼けと朝焼けと天草五橋

平凡社百科辞典曰く："熊本県宇土半島三角町と天草上島の松島町合津を結ぶ五つの橋。1966年、4年の歳月と24億円の工費をかけて完成したもの。九州本土側から順に、1号橋（天門橋）、2号橋（大矢野橋）、3号橋（中の橋）、4号橋（前島橋）、5号橋（松島橋）で、天門橋は第1回の土木学会田中賞受賞作品である"。あきらかに土木工学の先生が執筆した文章である。しかし歩道が無いか、あっても歩けるシロモノではないために、けっきょく25日のこの区間のウオークはバス輸送になってしまった。そのことを24日に知った安藤正人さんは、残念がって、なんとか歩けないかと24日にゴールしてから宇土半島へ向かったが、暗くもあり、トラックが飛ばしていて、けっきょく諦めて引き返してきた。

③ 　　　　　　　　　　　　　　　　　　　　　　　　　　　　　　　　　④

写真は、4号橋で、左は24日宿へ着いて夕焼けを撮ろうとした。街灯に明かりが入っている。右は、翌朝、同じ位置から橋の少し右方向を撮った。

■松島苑夕食メニュー

24日の夕食メニュー。チェックインして2階の部屋に入ると机の上にこのメニューと、「九州一周浪漫ウオーク」様向けの歓迎のしおりと折り鶴が立ててあった。この種のものを集める趣味はないが、面白かったので拾ってきた。

九州浪漫ウォーク御一行様

本日（10/24）の夕食メニュー

小鉢	カツオマヨネーズ
酢の物	わかめのめかぶ
刺身	カンパチ
焼物	アジの塩焼き
鍋物	寄せ鍋
お吸物	タイのみそ汁
果物	みかん
ご飯	白飯
漬物	青高菜

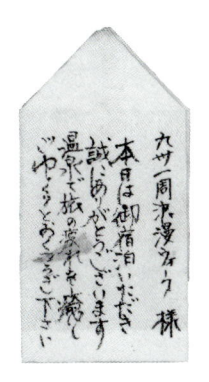

10月24日（木）23日目　83

平成14年10月25日(金)　24日目
熊本県倉岳町棚底港→→熊本県松島町運動公園　23キロ　21＋2名
宿泊先「国民宿舎松島苑」へはマイクロバスで移動

いつ、どこを

10時02分	倉岳町町民グランド出発 ① ②
（時刻不詳）	山の方へ向かって歩いて、国道266号線に出て、東北方向へ
（時刻不詳）	棚底湾の奥、バス停「中浦」で県道59号線に分岐し、名桐川に沿って遡行する
11時30分	峠（名称不詳）着
（時刻不詳）	教良木ダム着　昼食休憩 ③ ④、出発後ダムの下で県道34号線に出会い、以後教良木川に沿って県道34号線を行く
（時刻不詳）	バス停「金山橋」で県道34号線と分かれ、以後、倉江川沿いに県道290号線を行く
14時02分	木楽里館着　休憩（20分出発）
（時刻不詳）	交差点「知十橋」で国道324号線に合流し、右折
（時刻不詳）	バス停「今泉三差路」左折
15時30分	ゴール　松島町運動公園

ハイライト

■貝の写真

貝で埋め尽くされた棚底漁港の波打ち際。前日の到着地点が翌朝の出発地点となるのはいつものことだが、この日は、宿泊先の松島苑との間のマイクロバスでの往復が、コースの下見の往復でもあるという念の入ったことになった。しかも、出発地点の棚底港の海岸が快晴で、景色も素晴らしかった。熊本県歩こう会の方々の到着を待つ時間がたっぷりあったので、そこいらを散策した。写真右の防波堤の向こう側が波打ち際で、そこが砂浜でなくて貝浜になっている。正面の島は平瀬島と思われる。多少壊れてはいるが、派手に角の生えた"値打ちもの"の貝を一つ拾ったので、宅急便で家宛に送った。

①　②

■車の紙貼り

荻野隊長補佐の車。山の中、歩行者のほとんどいない道路では、歩道がなく、カーブが多く、車もスピードを出している。そこで事故を防ぐために考案したもの。後から追い抜いて行く車と、前から来てすれ違う車の両方に分かるように。この工夫はこの日以後、小倉にゴールするまで、文言を変えたり、アンテナに旗を張るなど一段と派手になって、たびたび実施され、その都度素晴らしく効果があった。筆者は一人ずっこけて後ろから付いていったが、急ブレーキを余儀なくされた、すれ違うトラックの運転手が怒り狂っているのでそれが分かった。ただし、荻野隊長補佐の話によれば、この屋外広告は雨に弱いのが玉に傷とのことであった。

③  ④

■バーベキュー

バーベキューとは本来は屋外でする肉の丸焼き、そのための鉄製の枠組みのこと。丸焼きということがキーワードらしい。

写真は、たまたま泊まった部屋（相部屋）がバーベキュー会場の真上で、ヒョイと見たら若いコックが火をつけかねているので手伝おうと思って降りていったら、食堂で呑み仲間たちがすでに一杯始まっていたので、そちらへ合流した。

写真は、一人先に部屋に帰ってきて、ベランダから見下ろして撮った。面々は、手前から右回りに、清田さんの旦那、清田夫人（振り返っている）、永吉さん、荻野道中奉行、近藤隊長、杉浦さん、吉田さん、太田さん、鈴木さん、安藤さん、岩古荷物奉行。筆者がいた席は、太田さんの左側。ちゃんと横断幕を張っての行事。筆者のいた席の前にお湯割りの湯の入ったジャーがある。しかし肝腎の焼酎がない。飲み干してしまったので、早々に引き上げてきたというわけであった。

このバーベキューの残りスープが、翌朝、また格別のご馳走で、先を争っておかわりをする有様だった。

⑤

10月25日（金）24日目

トピックス　その6

バス停

　歩きながらメモを取る際、今現在自分がどこにいるかということと、今現在何時何分かという、場所と時間の同定が基本となる。内容的なことはその後だ。何時何分かは時計を見れば済むことで造作もないが、問題は場所の同定の方だ。これはコースの問題ではなくて、歩く道の特徴の問題である。例えば極端な話、自動車道路か山道かでは現在位置の同定手段はまったく違う。今回の九州一周のように、ほとんどが自動車道路を歩くというのなら、バス停が結構いけるということをこれまでの経験から知っていた。例えば、ガソリンスタンドとか、さまざまの交通標識とか、いろいろの同定方法を使い分けたらというのは頭で考えることで、実際には使い分けなどできることではない。

　歩くときに手ぶらもいいが、現在位置の同定には地図がほとんど必須となる。その際、国土地理院の、2.5万分の1、もしくは5万分の1地形図は他にかけがえのない重要なものだが、短いコースならともかく、長丁場では厖大な量になるし、冊子になっていないので扱いにくい。だいいちバス停が載っていない。道路地図でもバス停の載っていないものはあるが、これも今までの経験で、今回は昭文社の県別マップル道路地図を持参した。

　この道路地図では、バス停は、道路上の当該位置の脇に、小さな赤い丸印で記入してある。他の道路地図では、道路の真上に赤印を付けてあるものがあるが、見落としやすい。なぜなら、自動車道路そのものが、緑や黄色などその種別を色分けすることが常識化していて、小さな赤丸はそれに紛れてしまうからである。だから道路上でなく道路の"脇"に描き込んで置いてくれるのは助かる。

　何もバスに限らないが、運行は上りと下りとがある。とうぜん停留所も道の両側にある。ところが何かの都合で、反対側にしかない場合もある。そんなとき、道路を横断して反対側に調べに行くことは事実上無理だ。

　バス停は間隔が短いところとそうでないところとがある。乗降客の多いところで間隔が短いのは当然だが、そうした場所は普通はマチナカで、道路地図では他のもっと優先すべき記載事項がいっぱいあるから、バス停は抜け落ちる。つまりバス停が密集しているところほど間引きしてあるといってよい。反対に、山の中にさしかかると、間隔が極端に開く。しかし、道路が山中にさしかかると、バス停は同定には大いに役に立つ。山中にはガソ

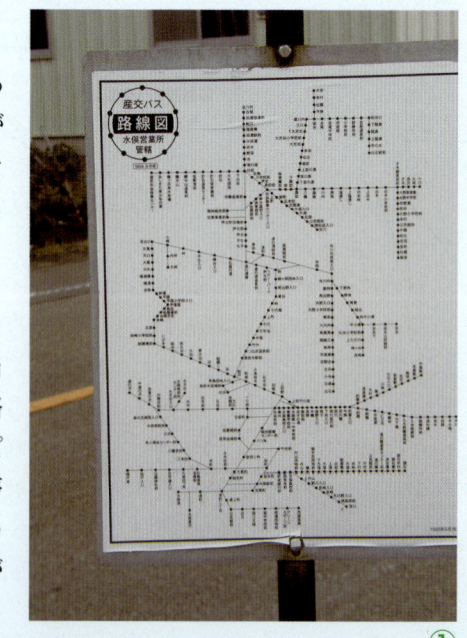

①

86　トピックス

リンスタンドも交差点もなく、道路のカーブや周りの景色はきわめてアナログ的なデータで頼りにならないが、バス停は現在位置をピンポイントしてくれるからだ。慣れてくると、バス停を利用しておよその距離計算もできるようになる。ちなみに、バス会社は、バスで走って1分という距離を、停留所を設ける間隔の目安にしていると北九州交通局で聞いた。

写真（左ページ）の例は、九州産業交通㈱が運行している「産交バス」の運行路線図で、すべての停留所ではないが、ときどき貼ってある。ここにはすべての停留所が記載されている。また、長い名前の停留所もそのフルネームで記載されている。さらにまた、特定路線の終着停留所名を知ることができる。文字が小さいのが難点だが、デジカメのモニター画面に拡大して見ればいい。

歩きながら現在位置を同定する手段としてバス停を利用する場合、歩いている道路沿いのすべてのバス停をチェックする必要はない。そんなこともちろんできるわけもない。今回の九州一周でチェックしたバス停の数を、いちばんのもとになる歩行中の手書きメモ上で数えたことはないが、一千個所以上あることは間違いない。間を間引く時に、適当に間隔を空けてというのも理屈ではその通りなのだが、他の雑な要素もそこに介入してくる。通過する前にこことここという風に選んでおく訳ではないが、風変わりな名前のバス停は選ばれやすい。一つだけ例を挙げると、宮崎県北川町には「元郵便」という名前のバス停がある。11月25日（行程55日目）12時25分に確認したとメモにある。あたりの様子からなぜこのような名前のバス停ができたか、容易に想像が付くからまた面白い。そのほか、停留所名をローマ字表記してくれているバス停がときどきある。バス停には地名が使われやすく、しかし読めない地名があまりにも多いから、これは大いに助かるというわけだ。

反対に、カタコトみたいなバス停もやたらと多い。「役場入口」、「神社下」、「峠」、「学校前」といった具合で、地元の人にはそれでもちろん十分だろうが、通りがかりの者には、たとえ読めなくとも具体的な地名を含むバス停の方が、好奇心を抱かせてくれる。

ところで写真は、今回のウオークのサポートのために、北九州ウオーキング協会から拝借したマイクロバスが、午後3時の集合時間に合わせて久留米駅前で待機してくれているところである。既に集合時間を過ぎているが、筆者はいっぱいやっていてつい遅れた。井上のヤツ、もう置いて行きましょうと、隊長、隊長補佐、岩古荷物奉行、河野氏で相談がまとまったところである。こんな場所に長い間バスを留めておく訳にはいかないのである。

②

平成14年10月26日(土)　25日目
熊本県JR三角駅→→熊本県不知火町役場　24キロ　25名
宿泊先「リバーサイドホテル」へはマイクロバスで移動

いつ、どこを

08時40分　みすみフィッシャーマンズ・ワーフ・ラ・ガール出発
(時刻不詳)　JR三角線線路の南側、国道266号線を行く
09時33分　バス停「横道」すぐそばのコンビニ「ヤマザキ」着　休憩（49分出発）
10時00分　バス停「下本庄」
(時刻不詳)　バス停「農協前」で左の新道に入り①、バス停「青海園」でもとの国道266号線へ戻る
10時44分　大岳地区町民館（公民館とは呼ばない）着　昼食休憩（11時31分出発）
11時37分　栗山トンネル　全長190メートル
12時34分　六地蔵トンネル　全長82メートル
(時刻不詳)　松合ビジターセンター着　休憩②
(時刻不詳)　不知火道の駅着　休憩③④⑤
(時刻不詳)　ゴール　不知火町役場

ハイライト

■神風連六烈士山上自刃跡

国史大辞典曰く：“明治九年（1876）十月二十四・二十五日、熊本におこった保守的な反政府士族の反乱。敬神党の乱ともいう。敬神党は、熊本城下字千葉城の国学者林桜園の流れを汲んでいる。桜園の理想は、神道を以て一身一家を治め、国家を治めようとするところにあった。．．．．明治五年に勤王党から敬神党が分立したとき、太田黒伴雄、加屋霽堅が勤王党から加わった。．．．．敬神党が激発する直接のきっかけは、明治九年三月二十八日の帯刀禁止令で、加屋らは上京して元老院に諫言書を提出し、秋月、萩の士族と連携して蜂起する盟約を結んだが、密告によって県庁に察知されたため、早期に蜂起することになり、十月二十四日、190名の同志とともに決行した。一時は熊本鎮台を混乱に陥れたが、けっきょくは破れた。その中に自刃したもの86名とある”。写真はその一部であろうか。

■松合（マツアイ）

松合ビジターセンターで休憩したとき、「土蔵白壁の町松合」、「松合郷土資料館」、「ビジター・センター」のそれぞれの概要を説明したパンフレットを頂戴した。併せて、お名前

を聞き損なったが、ビジター・センターの責任者の方からご説明を聞くことができた。上記資料類には載っていない、平成11年9月24日の高潮の被害のことを話された。高潮以前は420戸あった松合部落の戸数は、385戸に減ったという。今でもなお白壁の家が多いことで知られており、40軒以上が住まいとして使われている。

② ③

■不知火

旧暦の8月1日（八朔）の未明、八代海上に現れる"不思議な"火。1936年に宮西通可という人が科学的に解明したとされる。八朔は大潮の日であり、未明の大干潮時を利用して漁労を行う灯火がその光源である。そのころ、浅海の海水はかなり温まっており、一方干潮によって現れる干潟からくる冷風によって、海面上と干潟上との温度差が生ずる。漁り火の光が不規則な温度分布をする空気中を通過するときに複雑な屈折をしていろいろの形やいくつかの火に分かれたりする。宮西はそれを親火、盛火、離合火、流火、飛火などと名付けた。従って、八朔が一番条件は整ってはいるものの、何もこの日には限らないらしい。この立て札は永尾(エイノオ)神社の鳥居前に立っているもので、八朔が祭日となっていて不知火見物の人出でにぎわうが、見るのはなにもこの境内には限らない。

■不知火道の駅

写真は道の駅の広場から、照葉樹林と、180度振り向いて対岸の八代の海岸を撮った。

④ ⑤

平成14年10月27日(日)　26日目
熊本県大会　10キロ　72＋2名
宿泊先「リバーサイドホテル」へは徒歩で移動

いつ、どこを

　09時54分　熊本城備前掘わきの広場出発 ①
　10時20分　山の下排水機場
　10時30分　本妙寺山門を入る ②
　11時44分　夏目漱石旧宅 ③
　12時12分　小泉八雲旧居
　(時刻不詳)　ゴール　熊本城

ハイライト

■熊本城

熊本県大会の出発地は、南側から行幸橋を渡ってすぐ右手に入る備前堀の南の広場である。熊本城は石垣が有名だが、その立地が、それこそ地の利を得ている。「日本城郭辞典」にはそれを次のように描いている。曰く："熊本は九州の中央に位する肥後国の中程にある。白川の流域、熊本平野の中に、植木方面から南下している丘陵の末端を占め、坪井川と井芹川とに挟まれ、その東北の面は断崖をなして坪井川に臨み、西の半面には藤崎台と段山の突出部がある。中央は茶臼山で、この最高部に本丸を置き、．．．．。本丸・二の丸は台地上にあるので、堀はみなから堀であるが、塁は高く急な石垣になっている。外郭は坪井川が外堀をなしていた。．．．．秀吉の天下一統後にできた近世城郭は、ほとんど実践の経験がないが、この城は維新後十年も経って西南の役でその実力を発揮しためずらしい経歴を持っている。"

石垣については同じく："熊本城の特色の一つは石垣が高くかつ急峻で、しかも表面が全体として極めて滑らかな感じがすることである。これは各石の表に出る面をできるだけ平らに加工し、それをゆるい曲線で積み上げ、下方は緩く、上方はほとんど直立にしてある。上端は外へ張り出してはいないが、見上げたとき、下の曲がり方と相対的に頭の上におおいかぶさる怒濤のように感じさせ、威圧的である．．．。"としてある。

■本妙寺

加藤清正公を葬った浄池廟がある寺である。裏山に300段ほどの石段を上りつめると清正公の銅像がある。その石段の両側は塔頭が12院ほど続いている。そのどれであったか控えなかったが、プロ野球巨人軍の往年の名選手で吉原正喜の墓があると、階段を上りながら熊本の人が教えてくれたので懐かしくなって寄ってみた。

スポーツ人名辞典曰く："生まれ大正8年1月2日　出身熊本市本荘　出身校熊本工業　野球歴＝小学校の時、人吉の川上哲治と顔を合わせ、昭和8年熊本工業に入学、野球部に入り、9年南九州から正捕手で夏の甲子園初出場、決勝戦で藤村投手の呉港中に敗れた。12年夏、主将として川上とバッテリーを組み、決勝に進んだが中京商業に敗れた。同年秋の神宮大会では優勝。13年川上と共に巨人軍に入り、正捕手としてスタルヒンや除隊復帰した沢村栄治投手とバッテリーを組み、同年秋から連続優勝に貢献した。15年夏の満州リーグと16年暮れの東西対抗で最高殊勲選手となった。17年応召、19年9月ビルマ・インパール作戦で戦死した。53年殿堂入り。"

訪れる人が引きも切らず、周囲の墓から際だって目立つ満開の花に埋もれた墓だろうと思ったのは大間違いだった。とても書くに忍びない。寂しくなって調べたのが上記である。

300段上った銅像の周囲は見晴らしがいい。あちこち眺めていると、うしろの銅像の前の人だかりから喚声が挙がった。黒山のといいたいが、赤い帽子の人もいたから黒赤山の人だかりで、真ん中に熊本県歩こう会の宮川会長の姿が見える。無理矢理割り込んで見て分かったのは、今いるこの本妙寺公園は、会長が女学生のとき来たところで、その時撮ったセーラー服姿の、それこそとっておきの写真をご開帳に及んだのであった。いかにも宮川会長さんらしい痛快事で、麗らかな気分で下山したことであった。

■夏目漱石旧宅

熊本城といい、本妙寺といい、熊本県大会は加藤清正公巡りの趣のある中に、夏目漱石旧宅訪問がルート上にあるのは気分転換になる。

夏目漱石が松山中学から第五高等学校へ赴任してきたのは明治29（1896）年4月で、以後、明治33（1900）年7月、英国留学のために熊本を離れるまでの4年余りの間に6回も住まいを替えている。最初に住んだのが光琳寺町、ついで合羽町、ついで侍従の落合為誠の留守宅、井川淵町、内坪井町、最後が北千反畑町というところだそうで、漱石は熊本だけに住んだ訳ではないから、生涯の間にどのくらい住まいを替えたのだろうか。

筆者は漱石が留学中のロンドンの下宿先を訪れたことがあるが、休館日で入れなかった。ロンドン郊外の、通りから階段を少し上がる住宅によくあるスタイルのごく普通の家だった。写真は5番目の内坪井町の旧宅である。

平成14年10月28日(月)　27日目
休養日（薩摩街道探訪　JR川尻駅まで）
宿泊先「リバーサイドホテル」へは熊本駅から徒歩で移動

いつ、どこを
- 07時25分　宿を出発
- 07時38分　放牛地蔵着 ①
- 07時43分　泰平橋着、後戻りする
- 08時52分　里程元標跡発見
- 09時16分　順正寺発見
- 09時23分　長六橋（白川）渡る ③
- 09時46分　放牛石仏発見
- 10時08分　十禅寺踏切（JR豊肥線）
- 10時14分　バス停「平田町」
- 10時19分　一里木のあった跡着
- 10時25分　一里木立て札前の郵便局撮影
- 11時14分　バス停「合志町」
- 11時35分　川尻駅着
- 11時44分　川尻駅発熊本行きに乗って帰る

ハイライト
■放牛地蔵と石仏

7時38分土手を歩いていて、まず見つけたのが放牛地蔵で、平成元年八月、紺屋町三丁目町内会と記名した由来を書いた立て札に、次のようにある：曰く

貞享2（1685）年の頃、熊本市鍛治屋町に貧しい鍛治職をしていた七左衛門という父とその子が住んでいた。父は無類の酒好きで酒を飲むのを唯一のたのしみにし、そのため生活はいつも苦しいものであった。

時に、貞享3年1月4日、その日も酒を欲しがり、息子に早く持ってくるようにいいつけた。孝行息子は父親のために何とか酒をと思ったがその日暮らしで、酒を買う金がなく、どうしようかと迷っていると、父親が腹を立て、火吹竹を投げつけた。ところが運悪く通りかかった武士、大矢野源左衛門の額にあたり、烈火の如く怒った武士は十歳足らずの息子の必死の哀願も聞き入れず、無惨にも一刀のもとに七左右衛門を斬り捨てた。父を死地にみちびいた不幸の罪は遁れられぬと、一念発起し、亡き父の菩提を弔おうと仏門に入り、修業すること三

①

十余年、名も「放牛」と改め享保7（1722）年父の霊を慰めんものと十年間に百体の石仏を造った。百体目は京町の往生院にある。放牛は同年十一月八日にこの世を去った。墓は横手町四方池台にある。後世の人は、「放牛地蔵」と呼び、彼の孝心をたたえている。なお、ここの地蔵は、二十体目に造られたものである。

■明八橋と明十橋

熊本は、熊本城が坪井川を内堀としてデザインされたことがあって、坪井川に架かる橋が熊本の市街地デザインに影響している。その一つの明八橋は、熊本市の立て札に次のようにある。曰く："坪井川にかかる橋で、新町三丁目と唐人町を結んでいる。旧藩時代には新三丁目橋と呼ばれており、この橋を渡って新町に入るところに新三丁目御門があり、明六つに開き、暮六つには閉ざされていた。この御門も明治八年（1875）に撤去され、それと時を同じうして橋も板橋から石造の眼鏡橋に架替えられた。眼鏡橋の工作者は有名な橋本勘五郎で、架替えられた年にちなんで明八橋と改称され、今日に至っている。"

一方明十橋（写真②）は："坪井川にかかり、新町二丁目と鍛治屋町筋とを結んでいる。旧藩時代には、新町と古町とを結ぶのは新三丁目橋（今の明八橋）と船場橋だけであったが、交通運輸の発達に伴って橋架設の要望が強くなり、当時の塩屋町裏二番丁と加治屋町の間に明治十年に架設されたので、この名がある。この橋が出来てから、塩屋町裏二番丁筋は、通称を「明十橋通り」と唱えるようになった。石造の眼鏡橋で、築造者は皇居の二重橋をかけた橋本勘五郎であるといい、今日でも頻繁な車両の通行に耐えている。"とある。

■長六橋

熊本城は白川を外堀と見立ててデザインされた。そこで加藤清正は、慶長六年、長六橋を架けて唯一の交通路とした。橋のたもとの案内には、"肥後の南には島津義久氏が虎視眈々と控えており、清正公はこの南方の的に対し、南から球磨川の巨流や緑川、加勢川等を軍備上に利用した。そして最後に白川をもって熊本城下直南の防備地帯とするために、その南岸にはいっさい市街を展開せず、ただ一つこの長六橋をもって行き来を行った"とある。写真は現在の長六橋。

平成14年10月29日(火)　28日目
JR熊本駅→→JR松橋駅　20キロ　25名
宿泊先「八代グランドホテル」へはマイクロバスで移動

いつ、どこを

08時30分　熊本駅動輪広場出発、駅前を駅に直角に進むが白川橋は渡らず白川の右岸の河川敷を南へ向かう
08時49分　JR豊肥本線の線路を迂回してくぐり、ふたたび河川敷に戻り、蓮台寺境内を通過
(時刻不詳)　蓮台寺橋（白川）を渡る（橋の歩道部分は蓮台寺斜路と呼ぶ）
09時07分　橋を渡り終わって左岸の河川敷をゆく
(時刻不詳)　上ノ郷一丁目で白川から離れ、小川の両側が道になっている所、川に沿って歩く　県道51号線を横断、JR鹿児島本線ガードをくぐる
(時刻不詳)　刈草3丁目と合志二丁目の境、合志二丁目13番地の手前を左折
(時刻不詳)　白藤一丁目でJR鹿児島本線の線路に沿い、まもなく横断歩道を渡って駅方向へ
09時58分　県道59号線に出て南へ行くが、川尻駅には寄らず直進
09時59分　熊本工芸会館着　休憩（10時15分出発）①
(時刻不詳)　右手に西蓮寺を見て、その真向かいを右折、木部川沿いにゆく
10時28分　加瀬川川岸に出て、国道3号線の加瀬川橋（加瀬川）を渡る
10時35分　渡って150メートルで左折、曹洞宗大慈禅寺到着②
11時00分　大慈禅寺を出て、国道3号線をゆき、富合町の横断歩道を渡る
(時刻不詳)　緑川橋のたもとにドンド（呑吐）橋跡の説明がある③④　緑川橋（緑川）を渡る　続いて浜戸川橋（浜戸川）を渡る
(時刻不詳)　金竜というラーメン屋の大きな四つ角を左へ　富合町役場の近くを通る　右へ曲がる
12時26分　宇土市花園町とある横断歩道に出る
12時34分　宇土市農村環境改善センター着　昼食休憩
13時35分　熊本南自動車学校入口
14時55分　ゴール　松橋駅

ハイライト

■川尻かいわい

川尻は港と薩摩街道とふたつの機能を持っていた。熊本県の歴史散歩曰く："加勢川の川口に位置する川尻は、古来港町として栄えた町である。藩政時代には藩の軍港として、また、飽田・託麻・益城・宇土4郡の年貢米の積出港として、さらに薩摩街道の要地として栄え、熊本・八代・高瀬・高橋とともに肥後の五ヶ町の一つに数えられた。"
写真「川尻かいわいイラストマップ」には、現在の川尻の名物が絵入りで紹介されておりその中には曲げ物、刃物、酒造（瑞鷹酒造）、そば屋、花火、名物草津餅が含まれる。ま

たイラストの右下方には大慈禅寺が、更に左下には川尻港の外城蔵跡が描かれている。午前10時に立ち寄り休憩した熊本工芸会館には川尻の産物の展示も多数有った。

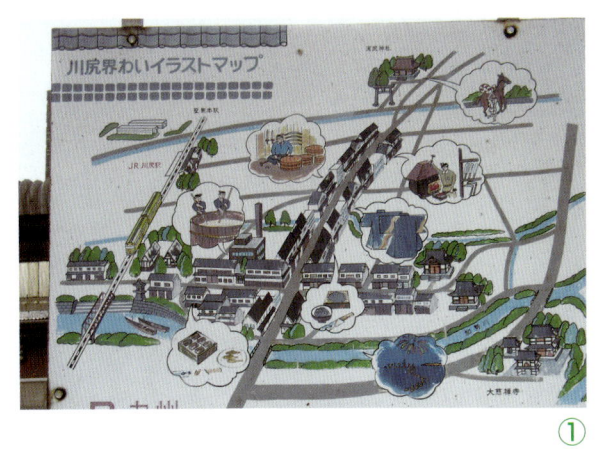

① ②

■大慈禅寺

第九十七世ご住職の上月照宗師から直接ご説明を聞くことができたので、案内パンフの冒頭にある（おそらくご住職ご自身の手になると思われる）文章から引かせていただく。

曰く：歴史的聖地大慈禅寺の由来と復興状況　大梁山大慈禅寺は、曹洞宗大本山永平寺の開祖道元禅師の法弟子であり、順徳天皇第三皇子寒厳義... 禅師が、弘安元年（1278）に創建された永平寺四門首の一寺で、拙僧平成三年五月入山以来廻廊の増設、鐘楼の移築、境内地の整備、荒廃していた庭園の整備、墓苑の増造等を推進したのである。

写真は、差し上げたわれわれの赤帽をかぶって、山門まで送って下さったご住職。

■どんど橋

緑川橋で緑川を渡る手前の岸に、写真のような白い柱が立ててある。曰く：″緑川が大渡町（熊本市川尻町）裏に曲流していたため、洪水の水吐きが悪かった。このため慶長八年（1603）清正は防潮と出水放水路として曲流部から小岩瀬地区までの長さ1,448m、幅127mの掘さく事業を完成した。ここに架設した橋が呑吐橋である″。写真③は緑川橋の上から水中に残る″ドンド橋の橋桁の跡″だというので撮ったが、サテ？

③ ④

10月29日（火）28日目　95

トピックス　その7

九州の川とウオーク

今回のウオークは九州を一周するわけだから、歩くコースは海岸線に沿うことになり易く、従って河川を渡るときは、その河口付近になり易いということはのずからそこに含意されている。もちろん、峠越えもまったく無いわけではないので、その時はまた河川遡行に伴って、奥山に架かる橋を渡る楽しさがあったことはいうまでもない。

さて、九州で川といえば、だれしも筑後川を思い浮かべるであろう。昔から阪東太郎（利根川）、築紫次郎（筑後川）、四国三郎（吉野川）の3兄弟と擬人化して呼ばれてきた中の次男坊である。"阿蘇外輪山に源を発する杖立川が、杖立温泉下流で大山川となって日田盆地に流れ込み、久住山に源を発する最大の支流の玖珠川の水を合わせて三隈川となり、夜明峡谷から平野に出て、久留米狭窄部を経て有明海に注ぐ、全長143km、流域面積1,860km^{2}の九州一の河川である"と文献に説明されている。

しかしもう少し広く見渡すと、九州の河川は北海道、本州、四国とはおよそ違っていることがわかる。このうち本州を更に東北、関東、北陸中部、近畿中国の6地域に分けて北海道、本州6地域、四国、九州という9地域で見ると九州には一級水系が20有って、北海道、中部、中国のそれぞれ13水系に比べてダントツだが、一方流域面積で見ると、最も少ないのが四国（10,747m^2）だが、九州は中国の19,458m^{2}についで、19,962m^{2}で、下から三番目だ。ちなみにトップの北海道は、

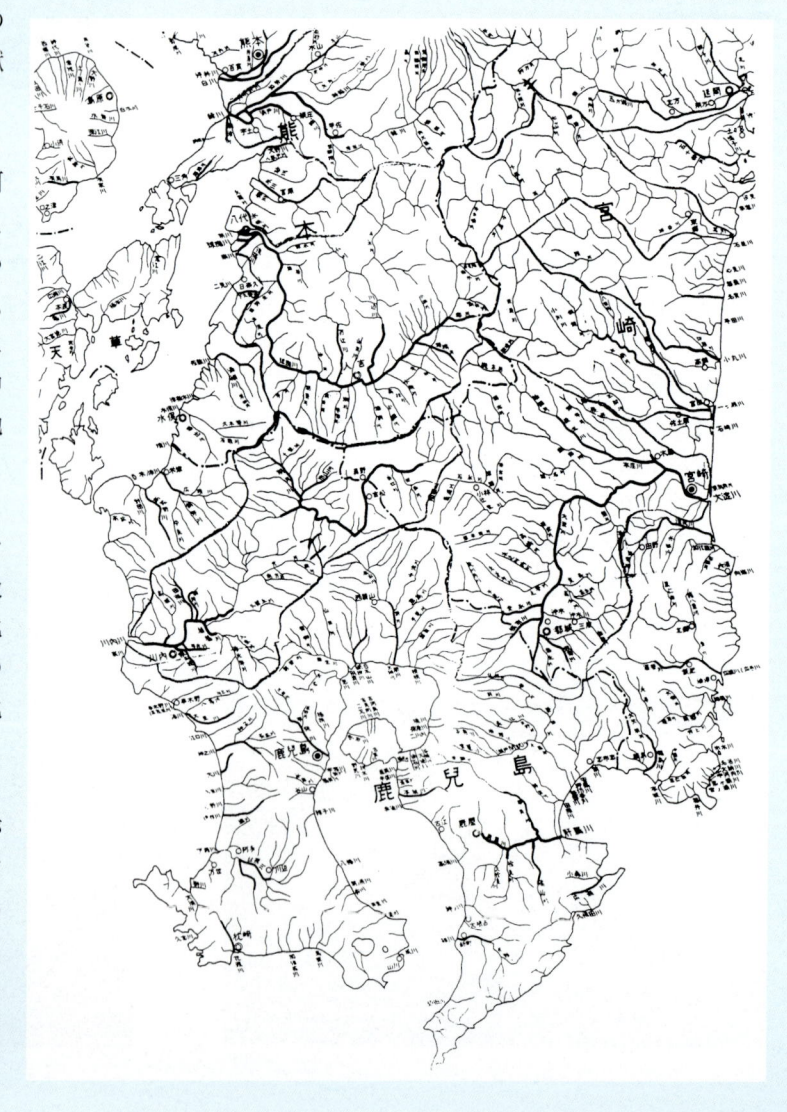

96　トピックス

42,720m²である。

また、河川の長さ上位50で見ると、その中に入っているのは筑後川（22位）、川内川（26位）、球磨川（43位）、大野川（46位）、大淀川（47位）、五ヶ瀬川（48位）のわずか6本に過ぎない。わが筑紫次郎も長さでは22位に甘んずるのである。

要するに、九州にはたくさん川はある（二級河川は700本以上！）が、短く、小さい川ばかりということを示している。なぜ川がたくさんあるかといえば、もちろん雨が多いからで、6月～9月3ヶ月間の雨量合計の平均を比較すると、北海道、本州、四国の合計が約5,000ミリなのに対して、九州だけで3,300ミリも降るのだ。そのほか、一日の最大雨量にしても、過去30年間の台風の上陸回数にしても、水害の被害総額にしても、九州は他の地域とは比較にならないくらい多い。一方、ひとたび降れば、濁流が短い川を突っ走って海に流れ込んでしまうので、北九州市、福岡市、佐世保市など北九州一帯は慢性の給水制限に悩むということになる。要するに河川に関する限り九州は外国だ。日本の他の地域から著しく異なっているといえる。

前ページの図は、おおよそ熊本——延岡の線で切って、九州の南半分の河川を示した図である。流路以外に、県境と、主な河川の水系を示す補助線が描き込まれていて少々見にくいが、それでもおよその感じはつかめるだろう。九州に降る大量の雨を運ぶのにはこれだけの河川が要る。要するに九州は、川でできていると言って過言ではない。

20本の一級水系のうち、松浦川、本明川、矢部川、菊池川、肝属川の5水系を除いて、他はすべて今回のウオークで渡ることができた。それらを渡河した順番に日付を入れて記すと：遠賀川（10月2日／初日）、筑後川（10月9日／8日目）、嘉瀬川（10月13日／12日目）、六角川（10月13日／12日目、ただし渡らず河川敷を歩いた）、白川（10月29日28日目）、緑川（10月29日／28日目）、球磨川（10月31日／30日目）、川内川（11月5日／35日目）、大淀川（11月16日／46日目：11月18日／48日目）、小丸川（11月20日／50日目）、五ヶ瀬川（11月22日／52日目）、番匠川（11月26日／56日目）、大野川（11月30日／60日目）、大分川（11月30日／60日目）、山国川（12月7日／67日目）が含まれる。このうち、大淀川とは都城から宮崎市に至る二日間に亘って川に沿って下流へ下る旅をしたし、五ヶ瀬川と大分川は、それぞれ県大会で、そのごく一部分ではあるが、遡行する機会があった。

■河跡湖（三日月湖）

写真の、のどかな田園風景は、久留米市の東15キロあたりのところである。真ん中に横たわる緑の絨毯は、かつての筑後川の流れで、河跡湖とか三日月湖と呼ばれる。流路変更に伴って取り残されて、今は"ほていあおい"が我が世の"秋"を謳歌している。現在の筑後川は、木立の向こう側500メートルほど先を右から左へ流れている。

平成14年10月30日(水)　29日目
熊本県JR松橋駅→→熊本県JR八代駅　26キロ　24＋2名
宿泊先「八代グランドホテル」へは徒歩で移動

いつ、どこを

08時30分　JR松橋駅出発、駅まで届いている県道181号線をまっすぐ、松橋中学の先100メートルを右へ
08時50分　松橋町役場の庭を通り抜ける
(時刻不詳)　寄田橋（大野川）を渡る　川は三叉路になっていてすぐに新寄田橋も渡る
(時刻不詳)　左へ　川沿いに200メートル　オオミズクチ橋で右折、川から離れる
09時23分　国道3号線に出て横切る　09時52分　小川町に入る　①
09時58分　左側に日吉神社
10時03分　左、正寿寺入口
10時19分　北部田(キタベダ)水辺公園着　休憩（29分出発）
10時44分　左側に小川中学校　(時刻不詳)　刈カヤ橋（砂川）を渡る
11時23分　竜木町ウオーキング・センター着　昼食休憩（12時03分出発）②
12時23分　薩摩街道八里木跡　12時35分　氷川橋（氷川）を渡る
12時44分　ギロッチョ池着　トイレ休憩
13時02分　九里木の石碑
13時43分　九州自動車道をくぐる
14時12分　九州自動車道と南九州自動車道との分岐に伴うジャンクションをくぐる
14時16分　妙見宮（八代神社ともいう）着　休憩　③④
14時47分　JR鹿児島本線の線路を渡る
14時45分　ゴール　JR八代駅

ハイライト

■白玉屋新三郎

できますものは．．．．新三郎家伝飴（水飴、米飴）、葉薫風物菓焼き白玉につき包み（冷凍）、自家製手造りおこわ（冷凍）（昆布大豆、栗入り黒米）、鈴篭（冷凍）（千歳飴、豆大福笹葉巻、焼き印石臼万十、まろんまん、栗おはぎ）、白玉郷愁菓（冷凍）（白あん、きな粉、黒胡麻）、石臼挽き冷凍白玉、弊店厳選素材（蓬、抹茶、きな粉、にっききな粉、黒砂糖、黒胡麻、煮小豆、こし餡、田楽味噌）等々。トレードマークは石臼で、店の名前が「白玉屋新三郎」。キャッチフレーズは、"土に、水に、風に、350有余年"とある。フリーダイヤルの電話番号は0120－478140番で、これで"シナハイチバンシラタマ"と読むのだそうだ。何だか分からないが、店先へどやどやと入り込んで、"試供品"はもぐもぐ食べ放題、お茶はがぶがぶ飲み放題は本当にありがたい。
しかし何がいちばんありがたいかといって、この店に置いてある、なかなかよくできた「道あんない」で、それによってご当地不案内のウオーカーも、今現在自分のいる場所を同定することができる。

① 　　　　　　　　　　　　　　　　　②

■竜北町ウオーキングセンター

この日は天気は悪くないし、小高いところで眺めもいい。こういうところでアウトドアの昼食休憩をしていると、日帰りの歩けの催し物に参加している気分になる。

「竜北町ふるさと自然のみち」と名付けられたコースは、自然観察コース（5.9km）、古墳群コース（7.7km）、ホタルの里コース（11.7km）、水辺公園コース（15.7km）、散歩道コース（21.5km）の5種類がある。距離の異なるそれぞれのコースに地図が用意されているから、一人で好きなときに好きな時間歩くことができる。竜北町は、九州自動車道や国道三号線の走る丘陵地を背にして、八代海へ突きだした細長い町で、それをうまく利用した施設というべきか。

■妙見宮（八代神社）の樟

立て札（写真④）に曰く："幹の廻り7.5米・高さ22米ある。小西行長が妙見宮をこわしたとき、火災のため幹の北側半分が焼け、いまの樹は南側の枝から大きくなったもので、その時焼け残った幹の根元は、もとの位置に立てかけ保存してある。天正9年（1581）12月1日八代（古麓）城主相良義陽が響野原決戦に出陣の際、妙見宮に参拝して戦勝を祈ったが、出発のとき軍旗がこの木の枝にかかつて離れない。社司が不吉だから出陣を見合わせるようにすすめたが、ついに引き切って首途に上ったという、由緒ある大樟である。四周に花崗岩の玉垣をめぐらし（写真③）、石の面に、「その始めを知らず、又終わりを知らず、万歳のもと、枝葉茂盛す、ああ霊なるかな」とある"とある。

③ 　　　　　　　　　　　　　　　　　④

平成14年10月31日(木)　30日目
熊本県JR八代駅→→熊本県JR肥後田浦駅　27キロ　14＋2名
宿泊先「八代グランドホテル」へはマイクロバスで移動

いつ、どこを

08時37分	JR八代駅出発 ① ②、国道3号線に出て、新萩原橋（球磨川）を渡る　国道219号線
09時15分	肥後高田駅（コーダ）着　トイレ休憩（28分出発）、国道3号線に出る
09時43分	南九州自動車道をくぐる
09時50分	県道42号線に右折、すぐ左折、南九州自動車道に沿って下を歩く
10時06分	八代平野南部土地改良の石碑
（時刻不詳）	流藻川樋門で南九州自動車道から離れ、日奈久駅方向へ
（時刻不詳）	バス停「日奈久温泉」そば、木賃宿「織屋」立ち寄り
（時刻不詳）	官軍上陸之地の碑／西南の役と日奈久の碑通過
（時刻不詳）	八代消防署日奈久分駐所着　昼食休憩 ③
（時刻不詳）	バス停「馬越」の先右側、鳩山のそば薩摩街道十四里木跡
12時07分	国道3号線と分かれ、県道254号線に入って肥後二見駅着　トイレ休憩
（時刻不詳）	黄金浜海水浴場手前、上田浦駅着　トイレ休憩
（時刻不詳）	金山神社 ④ の南で山へ入り、上田浦駅で分かれた県道254号線に復帰
14時20分	赤松川にかかる橋を渡る　すぐに国道3号線を横切る
14時24分	西音寺前で県道284号線に合流、田浦川を渡る
（時刻不詳）	ゴール　肥後田浦駅

ハイライト

■八代火消し太鼓

この日の朝は、八代WAのご配慮で、八代火消し隊の火消し太鼓に送られての出発だった。写真を見ればいかによく息が合っているか分かろうというものだ。吐く息は白いのに、リーダーはとうとう法被を脱いで太鼓に飛びつく張り切りぶり。出発したわれわれも振り返り、振り返り帽子を振った。姿が見えなくなっても太鼓の響きは続いていた。

■九州山地が迫る

このところ、熊本平野、八代平野と平坦なところばかり歩いてきた。しかし見よ！ついに前方に行く手をさえぎる山が立ちはだかっている！　しかもこれは臼杵─八代構造線という九州を横断する大断層の西側の北縁が見えてきたのだ。もちろんここから臼杵は見えない。しかし九州を一周しようとして歩いているわれわれには、九州全図が頭の中にくっきりと浮かんでくる一瞬である。小倉以来歩いてきた九州の北半分に別れて、いよいよ南の半分に足を踏み入れる感激の一瞬である。

③

■出し芽の楠

田浦町教育委員会が平成7年に建てた案内板曰く："昔大きな楠があり、台風で倒れた大木の株から萌芽したものがこの楠であるという。「出し芽の楠」という呼称の由来はここにある。また、昔は楠のすぐそばが海岸で多くの枝は海面を覆い、潮が満つと魚もここに集まったといい、これを枝の上で待ちかまえていた若者は飛び込んでつかまえたとも言い伝えられている。"真偽はともかく、海岸縁は間違いない。上田浦駅先の金山神社か。

④　　　⑤

■藺草ケーキ

夕食で八代市役所の人と八代グランドホテルのシェフが挨拶をなさった。シェフ（写真左）が、日本一の生産量を誇る八代名産の藺草でケーキを作ったので試食してみてくれとのこと。新八代銘菓で「誉の香(ホノカ)」という。"いぐさは、最近注目の、葉緑素・ポリフェノール類・フラボノイドをはじめ、食物繊維・カルシウム・マグネシウム・鉄等を含む健康的なお野菜で、全体の63％が植物繊維でできており（もちろん野菜の中で最高の含有量）、青汁の30倍、赤ワインの10倍の活性酸素消去能力を持つ、という。食べたが、一般のケーキと区別が付かなかった。

10月31日（木）30日目　101

平成14年11月01日(金)　31日目
熊本県JR肥後田浦駅→→熊本県JR津奈木駅　27キロ　15＋2名
宿泊先「湯の児温泉山海館」へはマイクロバスで移動

いつ、どこを

09時30分	JR田浦駅出発、駅前の県道269号線を行き、すぐ国道3号線へ
09時46分	右へ佐敷太郎峠への道を分岐
09時55分	海浦隧道（長さ不明）
(時刻不詳)	交差点「海浦」で右折、県道56号線に入る
(時刻不詳)	海浦阿蘇神社通過
10時11分	右手海際に黒田帯刀の碣
(時刻不詳)	海浦海水浴場でトイレ休憩
10時34分	芦北町に入る
11時12分	計石(ハカリイシ)温泉センター　雨模様のため予定を変更して昼食休憩にする（12時00分出発）①
12時19分	芦北大橋を渡る　桟敷川と湯浦川と合流するあたりに新しく架かった橋
12時25分	女島トンネル通過（長さ不明）
(時刻不詳)	女島神社着　休憩
13時04分	沖農村公園着　トイレ休憩（13時10分出発）
13時40分	福浦橋（福浦川）を渡り津奈木町に入る
14時10分	平国漁港着　"待船くつろぎどころ"で休憩（14時20分出発）
15時09分	津奈木町立赤崎小学校着　休憩（15時25分発）
16時14分	ゴール　JR津奈木駅着

ハイライト

■計石温泉センター

計石港は打瀬網で知られている。温泉センターはその打たせ船の発着所のすぐ横にある。ここは単に休憩するだけのつもりだったが今にも降りそうな天候のため、急遽昼食会場に変更になった。食べることに夢中で気が付かなかったが、温泉客がいて、近所の人らしく昼間から着流しで、湯上がりのくつろいだ雰囲気で入り口から出てくる。出発しようとして靴を履いているわれわれを見つけて"信じられん"といった風情で眺めていた。急に不老不死という言葉を思い出した。料金は大人170円、小学生130円、幼児70円。営業時間は朝の7時から夜10時まで。

①

■カラオケ大会

湯の児温泉山海館の宿泊は、幾つかの理由が重なって大いに盛り上がった。

その第一は大洞窟温泉（全68泊のうちここだけ）で、男湯（女湯も）の温泉の入り口から洞窟の長いトンネルを腰をかがめて通り抜けると大浴場で、ガラス越しに不知火海が全部見える。女湯の方の入り口は遠く離れていたのに、薄暗い洞窟ではすぐ隣に女性軍の華やいだ声が聞こえ、気が散ることおびただしい。その不思議をめぐる話題で、夕食は持ちきりとなる。夕食はめずらしく食べる前に写真を撮った。茶碗蒸しが来るのをじっと待っているところ。

二番目の理由は、差し入れの焼酎で、まず宴会場の舞台の床に供えて表敬した上で、頂戴する。それがまた不思議な話題をぶり返して盛り上げる。どなたからの差し入れか、そんなこと誰も気にしていない。ついでながら差し入れられる焼酎は、いつもは一升瓶が多い。この日はうつわもそれなりに凝っていた。更についでながら、「武者返し」は原料はコメで、43度。熊本県人吉市田町の合資会社寿福酒造の製品である。

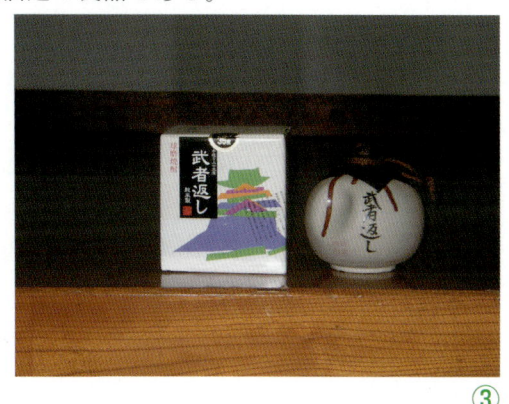

②　　　③

三番目の理由はカラオケで、見ての通り。吉田さん（左）と近藤隊長（右）の熱演ぶり。もっとも声は写真に撮れないのでご両所ともだいぶ救われている。

④　　　⑤

平成14年11月02日(土)　32日目
熊本県JR津奈木駅→→熊本県JR出水駅　27キロ　20＋2名
宿泊先「出水温泉宿泊センター」へはマイクロバスで移動

いつ、どこを

　09時52分　JR津奈木駅出発、駅前の国道3号線を左へ
　10時12分　バス停「町原」
　10時17分　湯の児温泉山海館方面に行く県道56号線を右に分岐
　10時18分　バス停「小津奈木」、10時20分　水俣市に入る
　10時50分　交差点「古城」、左にトンネルが見える交差点
　11時02分　水俣市役所（構内に徳富蘇峰記念館がある）通過　①
　（時刻不詳）新水俣橋（水俣川）を渡らず、右折して川沿いに56号線にはいる。
　11時08分　水俣もやい館着　休憩　（もやいとは助け合いのこと）
　11時36分　水俣駅前通過
　12時03分　水俣資料館着　昼食休憩　昼食後資料館視察（12時45分出発）
　13時24分　バス停「湯堂」、バス停「月の浦」通過
　13時50分　境橋（境川）着　引継式（熊本県→→鹿児島県）（14時30分出発）②③④
（出発後、雨模様でメモ取りがむずかしくなった）
　（時刻不詳）有村権助首実検の地の札の前通過、（時刻不詳）野間の関跡着　休憩　⑤
　（時刻不詳）ゴール　JR出水駅

ハイライト

■徳富蘆花の詩碑

国道3号線が新水俣橋（水俣川）を渡る手前の角に徳富蘇峰記念館がある。その角にある詩碑。写真左手にその訳文「うちしぶく菜の花の雨　麦の雨　夢にも似たるふるさとの春」と解説文が見える。ついでながら、徳富蘇峰・蘆花の兄弟は水俣生まれだが、父一敬の藩庁出仕のため、明治3年（1870）に熊本へ移転した。蘇峰は熊本で弱冠20歳で民権私塾の大江義塾を開設し、上京するまでの4年間に250名余りの門人を育てた、と文献にある。

①

■引継式

熊本県と鹿児島県との境で、引継式が行われた。写真は団旗を渡してやれやれといった表情の熊本勢（写真②）と、その団旗を受け取って担いで一礼する鹿児島勢（写真③）。県境で行う引継式に立ち合うのはこれで三回目だが、その都度いつも思うのだが、男性は緊張するが、反対に女性はふだんの緊張がゆるむようである。

② 　　　　　　　　　　　　　　　　③

■境橋

引継式はこの石橋の手前のちょっとした広場で行われた。川はもちろん境川で、そこに架かる橋は新境川橋（向こうに見える車道）と境川橋である。これより更に以前の境橋は、明治16年に完成したもので、長さ17メートル、幅5メートルの眼鏡橋で水俣市の文化財に指定されていると、「熊本県歴史の道調査」の薩摩街道編に記載されているが、写真の橋の場所に架かっていたものかどうか、定かではない。むかしは橋は架かっていなかったと、次の野間の関所の案内板にある。かつて頼山陽は境橋を越え、小高い笹原茶屋に登って眺めた景色を一編の漢詩に詠もうとして推敲を重ねている内に雨になり、嵐になり、這々の体で野間の関に駆け込んだことが記されている。われわれのウオークでは、引継式の時は雨は止んでいた。

④

■野間の関

出水市教育委員会の立て札日く："野間の関は、薩摩藩と肥後藩の国境の要地であるこの地（野間原）に、関ヶ原戦（1600年）前後に設けられた。．．．．藩政時代の領外への主要陸路は、出水、大口、高岡の三筋で、中でも出水筋は最重要視された。それぞれの藩境の要地に関所を設け、更にその左右の間道に辺路番所が置かれた。．．．．高山彦九郎、頼山陽らが入国に苦労した記録がある。"残念ながら、雨宿りに終始し、古井戸の写真を撮るのが精一杯であった。

⑤

トピックス　その8

ジョニー・ウオーカー

赤と黒1
宮崎県大会で、五ヶ瀬川の河川敷を行くジョニー・ウオーカーたち。天気晴朗、景色も申し分ない。カメラを構える時いつも思うのだが、ウオーカーの服装風俗は独特だ。小説の主人公にはなりにくいスタイルといったらいい過ぎか。

赤と黒2
正式名称は「かなめ体操」というらしいが、通常は「卑猥体操」という愛称の方で知られている。全国的に普及しており、ナイメーヘンにも輸出されたと聞いた。大概は器量と度量で名を売るアマノウズメノミコトがいて雰囲気を盛り上げる。

赤と黒3
どういうわけかこうなるメンバーと、寄りかかる方向はいつもだいたい決まっているらしい。焼酎を、男は湯飲み茶碗でお湯割にするが、女性はワイングラスで割らずに呑むのが最近の流行である。

赤と黒4
11月17日、都城市祝吉（イワヨシ）の天竜祝吉幼稚園の園児とランデブー。郷之原さんのモテること。"ねえ、おじいちゃん、野宿ってどんなことするの？"と聞かれ、さすがのアウトローもたじたじの体。

ジョニ赤1
肥前美人。佐賀県WAはもとより、全国的にその才色兼備と健脚ぶりで鳴る名コンビ。しかし女性を表現するときは漢語よりも和語がいい。〈見目麗しく情けある〉といった方が感じが出る。だから筆者は、肥前も"肥える前"と読むことにしている。

ジョニ赤2
11月21日10時15分、日向市に入って間もなく道路の反対側から花束を投げる人がいた。車道に落ちたのを大事に拾って胸に抱いて歩いた日向WCの女性リーダー。さすが七県随一の女性ホスピタリティで馴らす宮崎県。また豚汁ご馳走してね。

ジョニ黒1
遊んでるんじゃありません。休憩時間だから休んでいるんです。椅子が少なくて座るところがないからこうなった。でも何もハンドルまで握らなくてもねえ。みずからオッカケ隊を名乗る。伊能ウオーク番外編の名班長。

ジョニ白2
本来はここに赤と黒3と同じ宴会で隠し撮りされた筆者の写真を載せるはずだったが、直前になって当局から不許可となったので、替わりに倉岳大えびす様に再度ご登場願った。その円満な人柄といい笑顔といい、筆者の替わりとしてこれ以上ふさわしい代役はない。

(Johnnyは男子の愛称で女子には通用しないがここではこだわらない。念のため)

トピックス 107

鹿児島県

11月03日（日）	第33日目	休養日
04日（月）	第34日目	JR出水駅→→JR阿久根駅
05日（火）	第35日目	JR阿久根駅→→JR川内駅
06日（水）	第36日目	JR川内駅→→JR串木野駅
07日（木）	第37日目	JR串木野駅→→金峰町・道の駅きんぽう木花館
08日（金）	第38日目	金峰町・道の駅きんぽう木花館→→JR枕崎駅
09日（土）	第39日目	JR枕崎駅→→JR指宿駅
10日（日）	第40日目	鹿児島県大会
11日（月）	第41日目	JR指宿駅→→知覧町
12日（火）	第42日目	知覧町→→JR鹿児島駅
13日（水）	第43日目	休養日
14日（木）	第44日目	JR鹿児島駅→→JR加治木駅
15日（金）	第45日目	JR加治木駅→→霧島温泉
16日（土）	第46日目	霧島温泉→→JR西都城駅

トピックス　その９　　薩摩街道
　　　　　　その10　　朝　食
　　　　　　その11　　夕　食

福島さんご夫妻

沖永良部島から参加され、鹿児島ステージの完歩証を受け取る福島さんご夫妻。
20世紀、われわれが、いかに取り返しの付かぬ大事なものを失ったかということを思い知らせてくれる、気宇雄大、そばへ寄ると思わず脚がよろよろするほどの強烈な個性がほとばしるお二人であった。

《鹿児島県　歩く浪漫》

"月日は百代の過客にして、行きかふ年もまた旅人なり。舟の上に生涯を浮かべ、馬の口とらえて老いを迎ふる者は、日々旅にして旅をすみかとす"（芭蕉：奥の細道・序）
「九州一周浪漫ウオーク」（以下ウオークと略称）で、"かつて誰か歩いた道"にわれわれは出会い、横断し、分かれ、そしてわれわれの道を歩んだ。その出会い、横断、分かれを地図上で振り返りつつ、その"かつての誰か"が、実はいつの日かのわれわれ自身であるという想い、これ以上の歩く醍醐味があろうか。

■鹿児島地溝帯

歴史や文化のことは捨象して、九州をその自然景観に着目したときの特徴は、巨大カルデラ群と照葉樹林だといわれている。ここで地質学の書物に従って少しだけ勉強すると、まずカルデラとは、「円形またはそれに近い火山性の凹地で、火口より大きいもの。カルデラは急な崖でとり囲まれていて、爆発性、陥没性、浸食性に分けられる…」とされる。最も良く知られたカルデラは阿蘇のそれで、世界最大ともいわれる。しかし阿蘇カルデラから南へ、九州の真ん中を北東から南西へ横断する九州山地を隔てて、九州南部には、加久藤・霧島カルデラ、姶良カルデラ、阿多カルデラ、鬼界カルデラと、阿蘇カルデラに匹敵する巨大なカルデラが南北に連なっている。このうち、姶良カルデラ、阿多カルデラ、鬼界カルデラは海面下に没している。その状況を示したのが図①（データ処理の都合上南北に長くしてある）である。現在の鹿児島湾をめぐるカルデラだけを取りだしてその噴火を時代順に見ると、阿多カルデラが10万年近く前であるのに対して、姶良カルデラはそれより新しく約2万年前のことらしい。更に桜島の最初の爆発は約1万年前のことらしい。従って鹿児島湾は、阿多カルデラの噴火によって、最初は現在の湾口近くが入り江になっていたに過ぎないものが、姶良カルデラの噴火と陥没によって、奥深い湾になり、更に間もなく姶良カルデラの内側に桜島の爆発が起こって現在のような姿になったらしい。カルデラの上部が地上に出ているか、海面下に没してるかは地質学上の二義的なこととして見ると加久藤カルデラから鹿児島湾口ま

『日本の自然　地域編7　九州』（岩波書店）より　①
（野上道男氏作成）

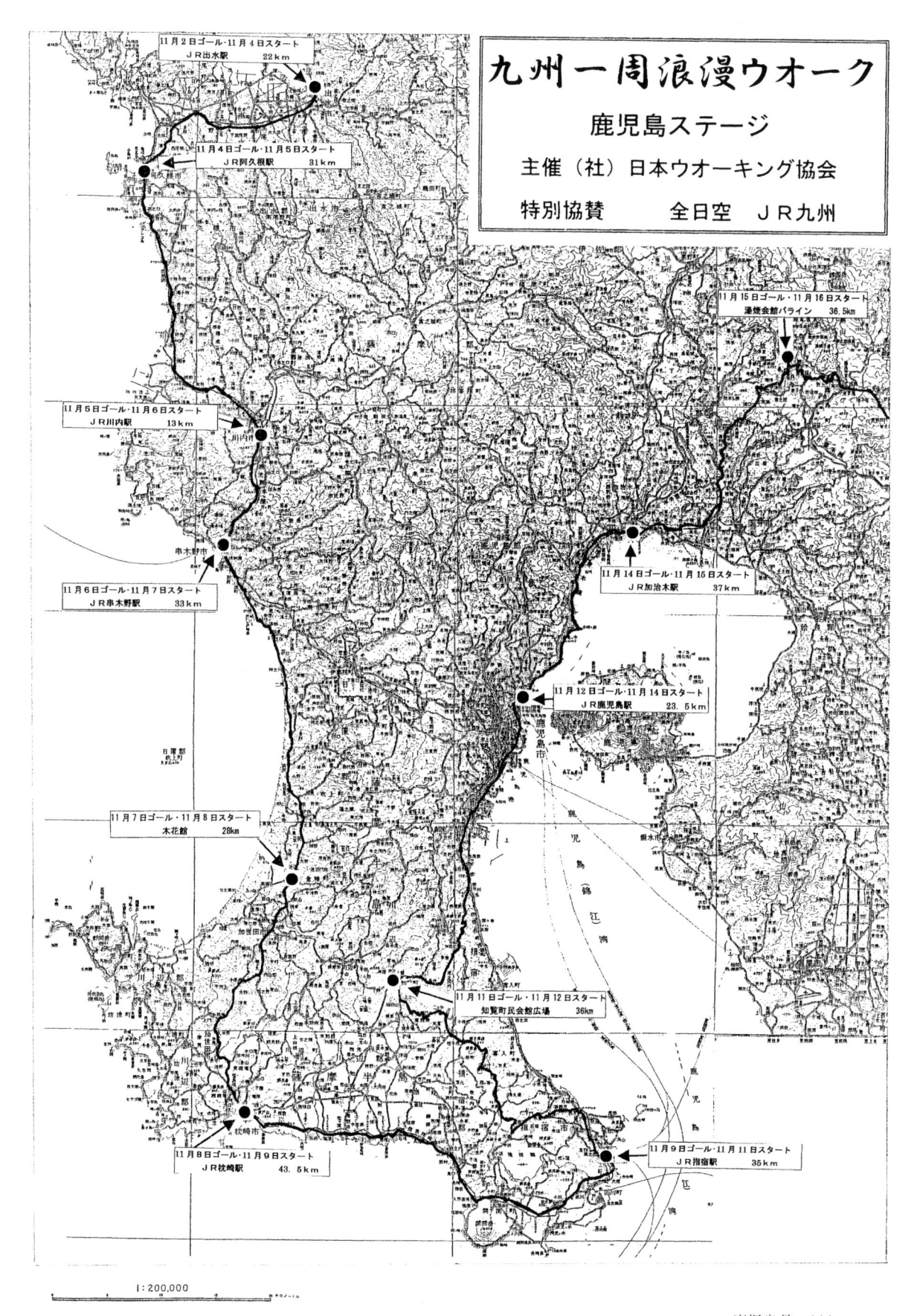

九州一周浪漫ウオーク

鹿児島ステージ

主催（社）日本ウオーキング協会

特別協賛　全日空　ＪＲ九州

- 11月2日ゴール・11月4日スタート　ＪＲ出水駅　22km
- 11月4日ゴール・11月5日スタート　ＪＲ阿久根駅　31km
- 11月5日ゴール・11月6日スタート　ＪＲ川内駅　13km
- 11月6日ゴール・11月7日スタート　ＪＲ串木野駅　33km
- 11月7日ゴール・11月8日スタート　木花館　28km
- 11月8日ゴール・11月9日スタート　ＪＲ枕崎駅　43.5km
- 11月9日ゴール・11月11日スタート　ＪＲ指宿駅　35km
- 11月11日ゴール・11月12日スタート　知覧町民会館広場　36km
- 11月12日ゴール・11月14日スタート　ＪＲ鹿児島駅　23.5km
- 11月14日ゴール・11月15日スタート　ＪＲ加治木駅　37km
- 11月15日ゴール・11月16日スタート　湯煙会館パライン　36.5km

1:200,000

鹿児島県

で一連のカルデラ群が図②のように連なることになる。これは鹿児島地溝帯と呼ばれる。
■番外編の浪漫
伊能ウオークの時に割愛せざるを得なかった半島について、現在、番外編として一年に一半島づつ歩く催しがあり、伊豆半島を皮切りに、大隅半島、次いで今年は下北半島が予定されている。いずれは半島歩きとは逆に、湾（デッカイワン！）を歩くことになるのではないかと筆者は勝手に想像しているのだが、その際とても興味深いコースとして、この鹿児島地溝帯を一周するコースは当然あり得ると思う。佐多岬の先っぽから歩き始めて鹿児島湾沿いに北上し、国分のあたりから陸地部を北上し、霧島の東側を回って小林市、えびの市を経由して、できれば人吉盆地をちょっと覗いてから肥薩線沿いに南下して、加治木からは鹿児島湾岸沿いに指宿に達するコースである。もちろんその逆でも構わない。このコースは単に鹿児島湾を一周するのではなく、鹿児島地溝帯を一周する。「半島」を歩くということはすなわち「湾」を歩くということだ。「半島」と「湾」とのコンビネーションがすなわち一周ということだ。このたびの九州一周からそのことを学ぶことができたのはとても大きな収穫であった。

こうしたコースで歩くことによって、ちょうどいま、「塩の道歩き」と称して糸魚川から千国街道沿いに南下し、松本を経て信州を縦断し、秋葉街道沿いに駿河湾まで歩くコースが、本州の一番幅のある部分350キロを横断することになるという通俗的な関心もさることながら、むしろほぼフォッサ・マグナの西縁（糸魚川──静岡構造線）沿いであることとの共通点が見えてくる。すなわち、地上を歩きながらの足の下の、地下深く地核構造に想いを馳ながら歩く、いわゆる生涯学習コースへと進化を遂げることになると思うが、いかがなものであろうか。

■縁の下の力持ち
113ページの表は、11月14日、鹿児島湾の西側を、鹿児島市から加治木町まで歩いた日に、鹿児島WAの役員さんが、念入りな下見を踏まえて作成した覚え書きである。よそ見ばかりしながら"番外編の浪漫"などとのんきなことを言っているヤカラが車にはねられないように、道ばたの穴に落ちないようにと、このように厳重に気を配る人がいる。二重丸をつけた21.6キロ地点、歩道を反対側に渡るとき、要注意と書いてある。（厳重注意事項）の第3項、"隊列のはみ出しをしないこと。特に最後尾の指示は厳正に守ること"とあるのが、著者には特につらい。

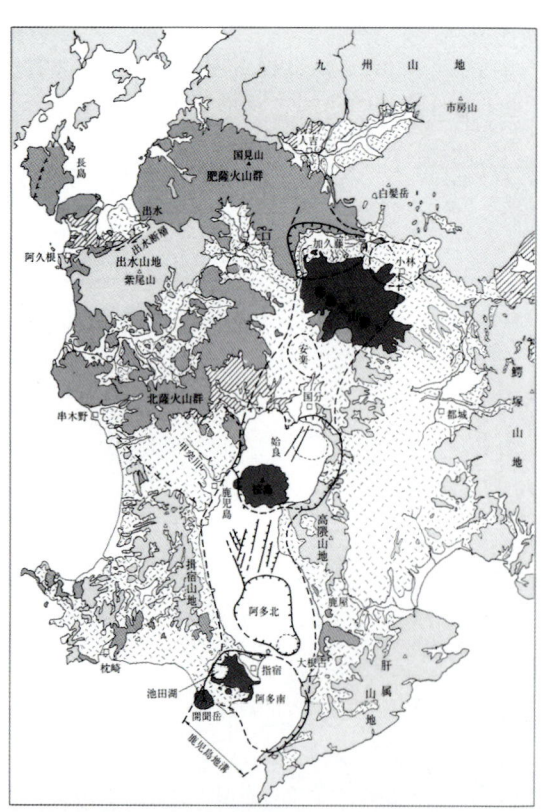

『日本の地形7　九州・南西諸島』
（東京大学出版会）より　②

112　鹿児島県

鹿児島市 〜 加治木町　　No. 9
14・11・14

	休憩・トイレ・昼食の種別	歩行地点 発	着	距離(km)	歩道	備考
		鹿児島駅		0	歩道左	
		石橋記念公園		1.0	〃	公園内通過
		重富荘		1.8	〃	
		磯海水浴場		2.7	〃	
		仙厳園(磯別邸)		3.2	〃	これから先、歩道のない所、幅員のせまい所多く非常に危険
		西郷蘇生の家		4.7	〃	
		(道路〜駐車地)		5.4		
休憩・トイレ				6.0	歩道左	歩道(6.0〜12.5)
昼食地	休憩・トイレ	竜ヶ水駅		7.8	〃	13.3K地点幅員せまい
		R10バイパス分れ		14.6	〃	
	昼食(トイレ)	重富駅		15.8		自販機あり
	休憩・トイレ	帖佐駅		19.5	歩道右	〃
		バイパス合流点		20.2	〃	
◎	(注意)	「みろく」交差点	(歩道を変える)	21.6	歩道左	
		「新生町」押釦の	右折	22.2	歩道右	
		椋鳩十記念館		23.2	〃	
		「新道交差点」	左折	23.8	歩道左	200m先踏切で左折
		加治木駅		24.4	〃	

(厳重注意事項)
1. R10は車輌多くスピード出し過ぎ、追越しが非常に多い。
2. 歩道が完備されている以外のところは幅員が狭く、非常に危険。
3. 隊列のはみ出しをしないこと。特に最後尾の指示は厳正に守ること。

摘要	1. 歩行スピード	4.5 km/h
	2. 休憩(トイレ含む)	15分
	3. 昼食	45分

平成14年11月03日(日)　33日目
休養日（鹿児島県出水市）
宿泊先「出水温泉宿泊センター」へはマイクロバスで移動

いつ、どこを

この日は休養日だったが、希望者を募って、荷物奉行の岩古さんに頼んで、08時50分、宿を出発、ツルの飛来地と出水の薩摩武家屋敷見物にマイクロバスで運んで貰った。その後、出水駅で解散、自分は宿へ帰る岩古さんのバスに乗り、途中コンビニで買い物（パン、ヨーグルト、豆腐）の後、宿へ帰り、帰るやいなやペロリとやっつけた。

ハイライト

■ツルの飛来地

ツル展望所の2階の広いガラス窓から、写真のように越冬地の田に群がるツルを見ながら、マイク越しの説明聞く。その中で、ツルは現在11,141羽いますという。下一桁までどうして数えられるのか、そこが不思議だ。すぐに説明があるが、よく分からない。資料に依れば羽数を数えるのは餌場ではなく、ねぐらで数えるらしい。ツルは、夜明けとともにねぐらから一家族、あるいは数家族が群をなして餌場へ飛び立って行くのだそうで、そのねぐらを飛び立つツルを、地元の中学校の生徒たちが手分けをして数えるらしい。

ツルに電波発信機を取り付けて、その電波を人工衛星でとらえ、ツルの渡りのコースが分かるようになったともいう。それを聞くと、どうやってツルをつかまえるのか聞きたくなったが、アホらしくなってやめた。

①

■出水假屋門

写真は出水仮屋門と言われるもので、そばの立て札によれば：“出水郷を統治していた薩州島津家は、文禄二年（1593）、朝鮮出軍中に改易されたが、慶長四年（1599）島津義弘の朝鮮引揚げの軍功によって、再び島津氏に返還された。この武家門は、義弘が、居城していた帆佐の門を出水に移し、出水に隠居して薩摩北辺の守りに任じたいと思い、移築を命じていた。移築は実現しなかったが、以後この地に「御仮屋」が置かれ、その「御仮屋門」として今に残る”とある。御仮屋とは藩主の旅先での宿泊所のこと。

②

■カトリック教会

武家屋敷群の中を歩いていてぐうぜん見つけた出水カトリック教会。いつごろ設立された教会であるのか分からない。筆者はこのことについて語る資格はない。まさか武家屋敷の真ん中に教会を見つけるとは思っていなかったのでびっくりした。見た途端に考えたことは、日本のナショナリズムの底の浅さということだが、あるいは見当違いかも分からない。武家屋敷群の中らしい庭造り。武家屋敷案内の観光地図では［十］の記号でその所在を示してある。

■日置流腰矢

上記出水假屋門のすぐ近くの路上に日置流腰矢の柄をカラーで刻んだマンホールがあった。後で資料を見たら、薩摩日置流腰矢保存会というものがあって、積極的に保存活動を行っている。曰く："古武道としての弓道各流のうち軍陣（実践）における射法を今に伝えているのは腰矢指矢だけである。その大要は、指矢では集団による一斉早射で遠くから敵を圧倒し、腰矢では奇数偶数交互に矢を放ち、両翼は左右後方まで制圧しながらじりじりと前進する。射法はすべて膝討ち以下の低い姿勢である。．．．．．"二十八代藩主島津斎彬は「古来弓術は武道の根本であるが、末技である射的にこだわって兵術の方は忘れがちである。射的は基本にとどめて戦陣の射術を錬磨すべきであり、伝書の秘は公開すべし」として．．．．軍陣の射法を定めさせて「腰矢」と命名、伝来の「数矢（矢次早、指矢）」と併せて交流を図った．．．．明治期に入っても伝承は続き、明治、大正時代を通じて天皇や皇太子への展覧台覧を通じて保存維持され、さらに保存会へ受け継がれた。保存会員は弓道五段以上の者で．．．．、といった塩梅式である。写真左はそのマンホール。右は出水市麓武家屋敷群の地図。

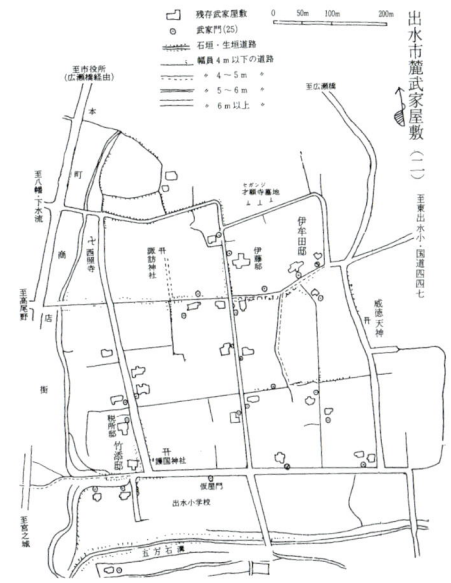

『出水の文化財』（出水市教育委員会）より

平成14年11月04日(月)　34日目
鹿児島県JR出水駅→→鹿児島県JR阿久根駅　22キロ　24＋2名
宿泊先「グランビューあくね」へはマイクロバスで移動

いつ、どこを

　　07時45分　　鹿児島県WAの中畑会長挨拶、コースリーダー田上さんコース説明
　　08時30分　　JR出水駅出発 ①
　　09時25分　　A・コープ西出水着　休憩（35分出発）
　　09時50分　　交差点「上り立」直進
　　09時56分　　矢房橋（高尾野川）を渡る（河原に鶴が舞う）
　　10時06分　　高尾野町役場着　休憩（16分出発）
　　10時39分　　バス停「石坂」直進
　　10時46分　　野田橋（野田川）を渡る
　　10時59分　　野田町役場　昼食休憩（11時45分出発）
　　11時54分　　交差点「野田郷駅前」を左折、南下 ② ③ ④
　　12時26分　　阿久根市に入る
　　12時53分　　鶴川内小学校着　休憩（13時10分出発）
　　13時26分　　バス停「羽田」直進
　（時刻不詳）　バス停「大田」のそば「塩の道」の案内を確認
　　14時06分　　ゴール　JR阿久根駅着

ハイライト

■出水兵児

日本国語大辞典には、「兵児」として、（「へこかきいわい」を行った男子の意からか）鹿児島地方で、15歳以上25歳以下の成年男子をいう、とある。そしてさらに「へこかきいわい」の項には、1）男の子の7歳の6月15日に初めてふんどしをつける祝、2）15歳になった者に対して、正月2日に、近親血縁の者が祝いに行くこと。手拭いとふんどしを贈る、とある。

兵児がどのように組織化されいたのか定かではないが、地域別に交流が行われたことは、出水郷土誌、蒲生郷土誌などに記載があるという。孫引きすると：「交流は、出水蒲生、大口、国分の各兵児のあいだでおこなわれた。客として行ったときは、宿に決められた相手方の兵児の家を一軒一軒回る。出された椀には、蛙、蜘蛛、とかげ、蛇などが入れてあったが、兵児の意地でこれを無理に食

①

った。食わねばヤッセンボとののしられるので、兵児の名にかけて、丸飲みしたという。飯はメシゲであたり一面にはね散らして食うのをよしとして総じてボッケに振る舞うことを心がけた」という。

また、「夜の寝所には、ワラスボ一本で抜き身の刀を吊してあるが、その下で平気で大の字に寝なければヤッセンボとなる」とも報告されている。なお写真の出水兵児の石碑が、出水高校の校門前に立っているのがいかにも意味ありげだ。

■野田郷歴史街道

ツルの飛来地の南方を、南北に貫く野田町歴史街道は、南へ約1km続く石垣の並んだ郷士集落の麓である。写真はその一部で、両側には写真の大日寺仁王像をはじめ、いろんなものが残っている。そのうち石敢当について、野田町教育委員会の立て札の説明によれば：負けたことのない豪傑の名前で三叉路の突き当たり、家の門、川、ため池や集落の通路、橋のたもと等に建てられていて悪病除け、泥棒除けなどのいわゆる魔除けのまじないとした、中国の風習が琉球を経て14世紀頃日本に伝わったもので、野田町には、このほかに室医院の石垣にある。いずれも高さ70cm程度の石の角柱である、とある。

また別の資料によれば、敢当とは向かうところ敵はないという意で魔除けの石で、邪気を払うまじないにT字路やL字路、袋小路の突き当たりなど、魔物が多いといわれるところにたてられた。鹿児島・沖縄両県に圧倒的に多い。昔から鹿児島県外からの旅行者には珍しかったと見えて、古川古松軒や高木康之旅行記にも再三書かれている。出水の麓に育ったお年寄りの昔語りに、「娘時代十九の厄年のある日母に連れられて、この石敢当の下に一厘銭十九枚をそっと捨て、後ろを振り返らずに帰った。何でも自分の厄は、この銭を拾った人に移るのだそうだ」というのがあるとのことである。

漢文で"不敢当"とは、"あえてあたらず"とよんで、〈相手の行為にこたえるだけの自分の力・資格がないことを謙遜していうことば。どういたしまして。おそれいります。〉の意味とある。

11月04日(月) 34日目

平成14年11月05日(火)　35日目
鹿児島県JR阿久根駅→→鹿児島県JR川内駅　31キロ　22名
宿泊先「ホテル太陽パレス」へは徒歩で移動

いつ、どこを

08時30分　JR阿久根駅を出発。　08時54分　塩屋橋？（高松川）を渡る
09時13分　バス停「高之口」の先で海辺に出る
09時19分　西目小学校。　09時25分　交差点「大川島」直進
09時37分　JR牛ノ浜駅着　休憩（50分出発）③。　09時58分　右手に甑島を望む②
09時59分　九州一周駅伝の先触れの車が追い越す④
10時24分　交差点「大川」左折、大川大橋（大川川）を渡る
10時29分　道の駅「阿久根」着　休憩（45分発）
10時49分　尻無川を渡る。　11時00分　バス停「鈴木段」
11時05分　JR線路と国道3号線との交差点で国道を逸れて右へ。海べりの道を行く
11時09分　JR線路を踏切で渡る。　11時15分　JR線路を高架でまたぐ
11時17分　国道3号線に戻り、すぐバス停「三十番」
11時24分　JR西方駅着　昼食休憩（12時10分出発）④
12時32分　砂嶽トンネルをくぐる。　12時44分　交差点「湯田口」直進
12時53分　南湯田口先のコンビニ「sunkus」着　休憩（13時10分出発）
13時17分　佐山トンネルを出る。　13時29分　バス停「網津」
13時40分　バス停「（さつま）病院前」、交差点「川内港入り口」で右に県道338号線を
　　　　　分岐（港方面）。　13時46分　バス停「草道駅前」
14時00分　バス停「水引校前」。　14時12分　バス停「西川底」
14時17分　バス停「川底団地前」そばのローソン着　休憩（35分出発）
14時49分　交差点「岩元」で県道340号線を左に分岐
15時07分　バス停「桜井」を過ぎて市街地に入る
15時10分　高槻橋（高城川）を渡る
15時13分　バス停「上川内」で県道341号線と交差
15時23分　バス停「御陵下」、右県道44号線、左国道267号線
15時38分　大平橋（川内川）を渡る。15時48分交差点「川内駅」を左折
15時55分　ゴール　JR川内駅着

ハイライト

■宴のあと

宿へ着くと部屋に落ち着く間もなく風呂。上がってきて相部屋仲間＋アルファで飲み始める。夕食時刻は決まっていて、遅れると時刻通りに席に着いて待っている連中から睨まれるから、ソレッとばかりに食堂／宴会場へ駆けつける。終わって部屋へ戻ると寝床が敷いてあるから、酔ったいきおいで潜り込んで、パタンキューとなる。翌朝目が覚めてあらためてテーブルを見ると、昨夜のままになっている。喰い掛けの薩摩揚げなどリアリティそ

のもの。これは、夕食は各自で調達という日は別として、ほとんど毎日のことだ。
■阿久根大島
鹿児島県の歴史散歩曰く："阿久根港の沖合に浮かぶ阿久根大島には多数の鹿が生息している。1660（万治3）年頃、種子島から献上された雌雄2頭の鹿を藩主島津久光が放ったのが始まりという。一時絶滅したが、1914／1915（大正13／14）年の2回にわたって種子島の馬毛島から移したのち増え続け、．．．．"とのこと。写真の阿久根浜唄は、牛ノ浜駅前にある。阿久根大島はその30分後にうしろを振り返って撮った。

■九州一周駅伝
この日、JR鹿児島本線西方駅で昼食中に、九州一周駅伝がウオークと同様北から南へ通過した。ふだん駅伝というと、通過予定の時刻に合わせて道路へ出て応援するだけだが、この日はわれわれも同じ方向を目指していたせいか、追い抜かれたという感じを持つと同時に、何かいつにない親しみを感じた。走り終わって着替えている選手の所へ行って、ゼッケンにサインをして貰ったりした。写真は、ここまでの区間をトップで来たチームが襷を受け取って走り始めたところ。二位とだいぶ間があいていることは雰囲気で知れる。実は筆者も高校生の頃神奈川県の大会で二区（東海道の二宮→平塚間）を走った。
箱根駅伝と同じコース（区間距離は半分程度）であったが、大磯の踏切はまだ立体になっておらず、たまたま足止めを喰らって、後から来るランナーに追いつかれたときは口惜しかった。だから今でも駅伝に遭遇すると心穏やかでない。

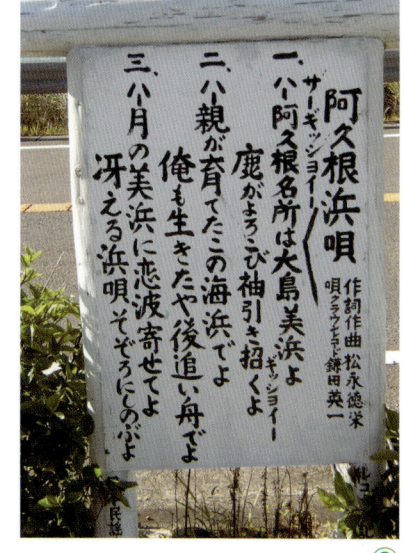

11月05日（火）35日目　119

平成14年11月06日(水)　36日目
鹿児島県JR川内駅→→鹿児島県JR串木野駅　13キロ　28＋2名
宿泊先「国民宿舎串木野さのさ」(ゴール後自由時間、再度集合してマイクロバスで宿へ移動)

いつ、どこを

- 08時30分　出発
- (時刻不詳)　国道3号線が右へ行くバイパスと二分する。左を行く
- 08時55分　交差点「隅之城」直進
- 09時08分　交差点「勝目入口」直進
- 09時17分　バス停「山之口」
- 09時31分　バス停「川永野」のあたり、右手細道入り口に薩摩街道の立て札
- 09時37分　JR鹿児島本線くぐる
- 09時40分　木場茶屋(コバンチャヤ)でバイパス3号線と合流
- 09時40分　JR木場茶屋駅（無人駅）そばのコンビニsunkus着　休憩（50分出発）
  　　　　　木場茶屋駅から70メートルで串木野市に入る
- 10時15分　バス停「金山峠」
- 10時22分　十里塚の榎 ①
- 10時35分　バス停「ゴールドパーク入り口」
- 10時59分　交差点「上名」
- 11時07分　JR鹿児島本線のガードをくぐり、五反田橋（五反田川）を渡る
- 11時13分　ゴール　JR串木野駅

（昼食後自由行動 ② ③、14時00分に集合してマイクロバスで宿へ）

ハイライト

■十里塚の榎

金山峠(キンザントウゲ)を越えて道が下り始めたあたりにある。そばに、旭老人鶴亀会という愉快な人たちが建てた立て札があって曰く：ここ金山峠は、藩政時代領外に通ずる幹線街道の一つで出水筋と称した。今を去る335年前、寛永十年（1623年）六月に幕府巡検使が下向のとき三十六町（四キロメートル）をもって一里として塚を築いた。一里塚は五間四方であった。その後、宝永三年（1706年）正月二十日、鹿児島下町札辻より三筋（出水筋・大口筋・高岡筋）の他領境まで一里（四キロメートル）ごとに榎、松または桜を植えた。この地は鹿児島城下を去る十里の地点で、今に十里塚の名をとどめている。262年の昔に植えられたこの老榎には、その幹に、その枝に、長い年月風雪に耐えた貴い忍従の姿が残されて

①

120　鹿児島県

いる。しかしこの榎の木かげは峠をのぼりくだりした幾多の旅人によき憩いの場所として喜ばれたことであろう。(昭和43年6月28日)

■串木野金山

この金山は古くは島津家が掘り始めたが、現在は三井串木野鉱山（株）が採掘を続けている。旧坑道を利用した坑内観光「ゴールドパーク串木野」があって、昼食後大勢でわいわいと押し掛けた。抗口からマインシャトル号というトロッコ列車で10分坑内に入り、後は歩き。コースは火薬類取扱所、掘進機械、巻揚機、大斜坑、スキップ（鉱石運搬車）、人車、金鉱脈、オートローダー、モービルジャンボ、ボーリング、発破、採掘切羽、ロードホールダーダンプ、サンダーホール（縦坑）の順で1時間。

写真は、地底イベントホールに展示されている黄鉄鉱FeSeで英語はパイライトという。解説板に曰く：これは、黄鉄鉱という鉄を含む鉱物で、南米のペルーにあるワンサラ鉱山（アンデス山脈の標高4,000mの急峻な山岳地帯にある銀・鉛・亜鉛の鉱山で、三井金属によって開発）で採れた、たいへん貴重なものです。黄鉄鉱は、鉱山や温泉などでごく普通にみられ、キラキラ輝くため、金や銅としばしば間違えられます。一つひとつの結晶の大きさは、通常1mm以下です。しかしここに展示してある結晶の大きさは10cmもあり、このような大型の黄鉄鉱の結晶は世界的にもまれで、たいへん貴重なものです。

■抗内熟成

この坑内で蒸留原酒を作っている。解説に曰く：原材料／さつま芋、米麹／アルコール分36％（原酒）／容量720ml　長期坑内熟成の秘密。蒸留原酒は、気温と光・大気の加減で品質・熟成度が大きく左右されます。美味なるものを追及すれば、それは日光の当たらない、高湿度で乾燥せず、温度の一定のところが理想の場所となります。ここ串木野金山の坑内は、一年を通して気温が20度前後と安定しており、漆黒の闇と高湿度・自然が与えてくれた長期熟成の理想郷と言えるでしょう。皆様にお買い上げいただいた大切な原酒は、この坑内で3年の間じっくり寝かされ、自然の神秘な力によってよりまろやかで上品な味わいに仕上がってお手元に戻ります。お買い上げの原酒、ここ串木野金山で3年間保管熟成させてみませんか。お問い合わせは地上パークショップにて。写真③は、トロッコに乗ってふたたび抗口に出てきたところ。入場料金1,300円。ショップでこの原酒を売っていたが、値段を控えてくるのを忘れた!!

トピックス　その9

薩摩街道

司馬遼太郎は、「街道をゆく―肥薩のみち―」の中で面白いことをいっている。曰く：「この両国［肥後と薩摩］のひとびとは．．．．言葉に物臭なところがある。とくに薩摩びとは古来そうである。だから道路にいちいち文学的な街道名称をつける面倒をやらない気配があって、やむなく私はこのあたりに旅立つにあたり、借りに私がたどろうとする道を肥薩の道と付けた」というのである。

文学的かどうかはともかくとして、薩摩街道という呼び方は肥後の側からそういう。一般に"何々街道"の"何々"に当たる部分は、街道のどちら側から見るかで異なる。たとえば塩の道でおなじみの姫川沿いの街道は、信越国境の信州側からは糸魚川街道と呼ぶが、越後の側からは国境を越えた先の千国をとって千国街道と呼ぶ。薩摩街道では更に、薩摩にはいると街道と呼ばず同じ道を筋と呼ぶ。薩摩街道は「出水筋」である。

写真①の場所は、10月31日（30日目）のところで掲載した写真の右端に見える小山を超えたあたりにあるらしい。そのあたりのことは「熊本県歴史の道調査報告書―薩摩街道―」の中で次のように記述されている。曰く：「日奈久町を出て下塩屋・馬越を過ぎると、右手の海中に鳩山がある．．．．現在は左手の山と鳩山との間が開鑿されて、鹿児島本線と国道とが南下しているが、江戸時代にはこの山中を街道が通り、坂の南に十四里木があった。鳩山南の向い側、駐車場の北に湧水があるが、そこに十四里木の大きな榎があったという。」もちろんこれはまだ肥後の側で、熊本城下の里程元標から測って十四里ということである。

①　　　　　　　　　　　　　　　　②

さて写真②はJR津奈木駅前に立っている道標である。これは、矢印によって目指す場所が、写真①とはあまりにも違うことと、方向が逆じゃないか、左が江戸で右が薩摩じゃないかとウオーク一行の誰もが思ったことであった。前者の不思議は、冒頭に揚げた司馬遼

太郎のいう、"言葉に物臭なところがある"ということかもしれない。豪快だし、ユーモラスでいい。この後、肥薩国境に掛けてこの道標は頻繁に遭遇するが、示す場所はいつも同じ薩摩←→江戸であった。後者の不思議には解説が必要だ。この道標の左方向へしばらく行くと海（八代海）に出る。右に行くと山に掛かって津奈木峠を越える。海の方からきたわれわれは、てっきり行く手の方角が薩摩だとばかり思っていたので、その方向が江戸とあって意外な感じを持ったというわけだ。しかしここは薩摩街道が、津奈木太郎峠を越えて右手の山から下りてくることを知れば何でもないことであった。

ひとたび境を超えて薩摩藩の側から見ると事情は一変する。藩から領外に通じる道は、出水筋、大口筋、日向筋の三筋でもっとも重視された。そして熊本同様、鹿児島城下下町札の辻からこれら三筋を通って他領まで、一里ごとに道程町木を立てることが定められていた。そして領外への出口の要地には境目番所が設けられ、旅人の出入り、禁制品の有無などを改めた。野間の原（現出水市）、小川内（現大口市）、榎田（現宮崎県えびの市）など九個所にあった。

今回のウオークで薩摩領内に入って薩摩街道の呼称を見ることはほとんど無かったが写真③と④はその例外である。場所は川内市と串木野市との市境に近い木場茶屋で、東に冠岳をのぞみ、金山峠にさしかかる手前である。文面から窺えるように、薩摩の殿様の参勤交代や、薩摩の要人の交通路としての役割を重視した解説になっている。

御駕籠茶屋の由来は文言が面白い。芹ヶ野は上記市境を串木野側へ入ってすぐの集落である。

③

④

トピックス　123

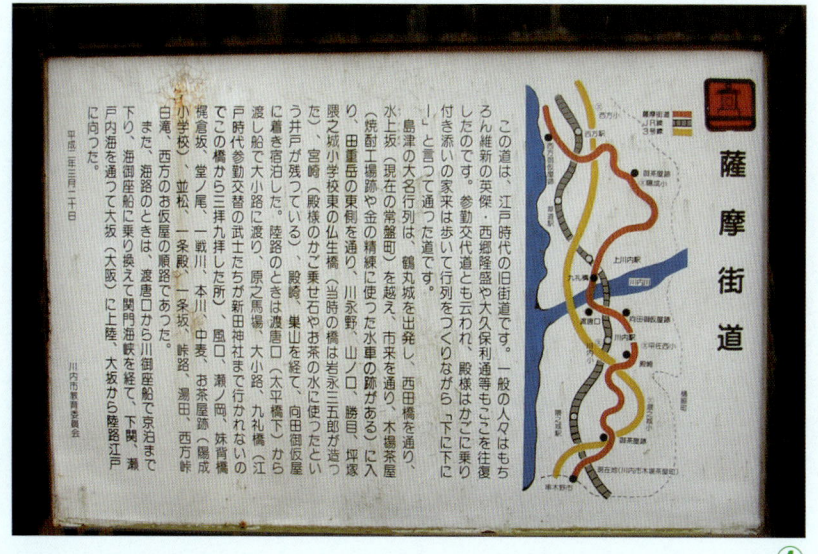

平成14年11月07日(木)　37日目
鹿児島県JR串木野駅→→鹿児島県日置郡金峰町・道の駅きんぽう木花館
　33キロ　18＋2名
宿泊先「いなほ館」へはマイクロバスで移動

いつ、どこを

08時07分　JR串木野駅出発、国道3号線を行く
08時20分　交差点「須納瀬」(昨夜の宿「国民宿舎串木野さのさ」の方へ曲がる角)
08時29分　左手、神村学園脇通過
08時35分　バス停／交差点「別府」で二股を左へ
08時44分　八房橋（八房川）を渡り、市木町に入る
08時46分　交差点「役場前」
08時55分　市木農業高校着　トイレ休憩（09時10分出発）　すぐに「下方街道分岐点」を右、国道270号線を行く
09時14分　薩摩ワタセ橋（大里川）を渡る
09時37分　交差点「戸崎漁港」で右折
09時58分　江口浜荘着　休憩（10時15分出発）　すぐ海の方へ右折
10時28分　港橋（江口川）を渡る
10時34分　国道270号線に戻る
10時52分　鹿児島シーサイドゴルフクラブ入り口通過
11時02分　薩摩焼きの里への道を左へ分岐
11時07分　神の川を渡る
11時14分　日吉町に入る
11時19分　バス停「二つ石」通過
11時50分　江口漁港直売店着　休憩（12時00分出発）
12時24分　自転車道路に入る
12時49分　自転車道路終わり、濱田橋（永吉川）たもと着　昼食休憩（13時30分出発）
　　　　　①②③
13時37分　バス停「永吉十文字」
13時53分　バス停「吹上小野」、次いでバス停「花熱里北」
14時02分　バス停「花熱里」県道295号線を右に分岐
14時23分　バス停「宮内」
14時30分　県道22号線を左に分岐
14時50分　コンビニ　ローソン着　休憩（15時05分出発）
15時07分　バス停「笠原」
15時12分　湯之浦CC入り口通過
15時22分　金峰町に入る
15時40分　ゴール　道の駅きんぽう木の花館

ハイライト
■鉄道廃線跡
江口漁協直売店での休憩の後、12時24分、道は国道270号線を逸れてサイクリング道路に入った。入り口に看板があって曰く：「自転車歩行者専用道路　この道路は自転車歩行者専用道路。自転車以外の車両は通行できません（原付自転車も通行できません）ただし、緊急自動車、道路管理用車両警察用車両及び道路管理者が通行を認めた車両を除く。」とあって、文面から察しが付くようにこれは伊集院土木事務所長／伊集院警察署長名の告示である。これは昭和59（1984）年3月18日廃止になった鹿児島交通の伊集院―枕崎間（全長49.6キロ）の一部を自転車用に仕立て直したものである。とはいってももちろん自転車は通っておらず、道の両側から竹の根が侵入してきて、でこぼこになっている。12時49分、永吉川にぶつかってサイクリング・ロードは終わり。写真は永吉川の中に残った橋桁。宮脇俊一の「鉄道廃線跡」第1巻の写真では、この橋桁の上に線路がまだ残っている。

■濱田橋
吹上町教育委員会が立てた橋のたもとの解説曰く：「この橋は初め永吉橋と呼ばれた二重の石橋で明治17（1884）年編集の鹿児島県地誌に「永吉橋村ノ西永吉川ノ下流ニ架ス石造長十五間廣サ九尺伊作街道ニ属ス」とあり当時の礎石が今も水底に弧を描いている。大正2（1913）年に長さ45.5m幅4.1m高さ6.5mの三連の石橋に改修されたのが現在の濱田橋である。橋材は近くの浜田石を小山田、加世田、永吉の石工と地元の人達が総掛かりで切り出したものである。以来昭和39（1964）年まで鉄道（1914～1983）とともに薩摩半島の大動脈としての使命を果たしてきた。平成3（1991）年にそれまで落下流失していた親柱、欄干の補修と橋面を舗装した装い新たな南薩摩路指折りの美しい三連の石橋である。」写真③は濱田橋（右）と橋桁（左）と、昼食場所（正面）の位置関係を示したもの。

11月07日（木）37日目　125

平成14年11月08日(金)　38日目
鹿児島県金峰町・金峰町道の駅きんぽう木花館→→鹿児島県JR枕崎駅
　　28キロ　22＋2名
宿泊先「グリーンホテル福住」へはマイクロバスで移動

いつ、どこを

08時30分　金峰町道の駅きんぽう木花館を出発、国道270号線を南下、すぐに金峰橋
　　　　　（堀川）を渡る
08時44分　バス停「尾下」、県道292号線と交差
08時58分　阿多貝塚前通過
09時02分　バス停「塘」
09時11分　交差点「宮崎」、県道20号線と交差
09時12分　バス停「阿多」
09時14分　交差点「阿多」の二股で右折
09時29分　万之瀬橋（万之瀬川）を渡り、加世田市に入る ① ②
09時46分　交差点「市役所前」直進
09時57分　竹田神社着　休憩（10時15分出発）③
10時24分　武田川を渡る
10時35分　バス停「内山田下」
10時40分　内山田橋（加世田川）を渡る
10時45分　内山田大井手井堤通過
10時52分　バス停「内山田小前」、県道275号線を分岐
10時54分　上内山田橋（加世田川）を渡る
11時16分　バス停「大原」
11時25分　バス停「市野瀬」
11時27分　市野瀬橋（加世田川）を渡る
11時38分　バス停「津貫」
11時55分　「南さつま交流センターにいななまる」（別名：道の駅270）着　昼食休憩
　　　　　（12時40分出発）
12時59分　久木野小学校前
13時10分　バス停「下木屋」、　13時16分　バス停「新下木屋」
13時23分　バス停「中山入口」の三叉路で枕崎市に入る
13時32分　金山跨線橋を渡る。　13時38分　バス停「金山入口」
13時53分　右折して花渡（ケド）川へ出て左岸を行く
14時01分　神浦橋（花渡川）で国道270号線に戻る
14時07分　Aコープ着　休憩（14時20分出発）
14時29分　新花渡橋（花渡川）を渡る
14時33分　交差点「枕崎中学校」
14時45分　（市役所前通り）市役所前通過
14時48分　ゴール　JR枕崎駅

ハイライト

■隊列

空海の道ウオークでも見られることだが、10～20人程度の男女混合の団体歩行では、男女それぞれが隊列中でまとまる傾向があるように見える。この日の朝、万の瀬橋の上で、09時29分、道の反対側に出て二列縦隊を確認したときは：

　　右の列　　○　　♂♀♀♀　♂♂♂♂♂
　　左の列　　○　　♂♀♀♀♀　♂♂♂♂　　　　　　♂

という並び方であった。このうち二人の○印は先頭を行く旗手で、この時はたまたま二人とも♂であった。後方の9人の♂のうちの一人はアンカーであり、更に一人離れた♂は、もちろん一人ズッコケ隊隊長を自認する筆者である。ただしこのような傾向が顕著に現れるのは、上記の人数の時だけであって、それを越えると、このような傾向は先頭集団だけに限られるようになる。また、こうした観察は橋の上のような歩道の幅員が一定の狭さを保つときが一番やりやすい。題して「金魚の×××」調査と筆者は呼んでいる。

■金峰橋河川敷の発掘

金峰町から加世田にかけての一帯は、縄文・弥生の考古遺跡の宝庫らしい。写真は朝出発して間もなく、堀川の河川敷での発掘風景である。川底まで遺跡らしい。

①　②

■竹田神社

文明12（1480）年、島津久国が建てた菩提寺保泉寺を、永禄7（1564）年、忠良が再建して日新寺と称し、廃仏毀釈で破壊されたあと、竹田神社となった。"社殿の前の大楠は樹齢1000年を越えるといわれる"と解説にある。真偽はともかく、寺や神社に行くと伽藍や社殿よりもこうした老大木のほうが興味を引く。古さを示す生き証人のように取り扱われるらしいからだ。背後の森は原生林であるといわれる。

③

平成14年11月09日(土)　39日目
鹿児島県JR枕崎駅→→鹿児島県JR指宿駅　37キロ　18＋2名
宿泊先「休暇村　指宿」へはマイクロバス／徒歩両様で移動

いつ、どこを

- 07時50分　JR枕崎駅出発、駅前から国道226号線に出て東へ
- 08時15分　バス停「遠見番」、昨夜の宿「グリーンホテル福住」前通過、女将さんが手を振っている
- 08時19分　はじめて開聞岳が見える
- 08時31分　JR薩摩板敷駅
- 08時50分　トイレ休憩
- 09時02分　交差点「白沢」で県道265号線が合流
- 09時14分　バス停「川比良」で知覧町に入る
- 09時27分　バス停「中塩屋」、「歴史の道しるべフィールドミュージアム知覧　南部マザーパーク」着　休憩（40分出発）
- 10時10分　境橋（加冶佐川）を渡り、頴娃町に入る
- 10時25分　頴娃別府温泉センター着　休憩（40分出発）
- 10時49分　交差点「番所鼻公園前」で左へ県道29号線を分岐
- 11時10分　石垣橋（石垣川）を渡る
- 11時15分　ニチデン漬け物の里着　昼食休憩（12時00分出発）
- 12時33分　さつま白波工場着　休憩（12時45分出発）①
- 13時17分　左から県道236号線が合流、右にJR頴娃駅②
- 13時33分　「緑の回廊さつま郡海岸」着　休憩（45分出発）③④
- 13時55分　開聞町に入る
- 14時32分　交差点「開聞十町」、左県道28号線、右県道243号線と交差
- 14時35分　Aコープ開聞店着　休憩（50分出発）⑤
- 15時35分　はじめて鹿児島湾が見えた
- 15時45分　交差点「大山」手前1.5キロの三叉路の少し先で迎えのバスに乗り、7～8キロ走ってバス停「丈六入口」で下車
- 16時02分　国道226号線を進み、JR指宿枕崎線の線路を渡ってすぐ交差点「下里」を左折し、線路沿いに進む
- 16時19分　ゴール　JR指宿駅

ハイライト

■開聞岳

この日は歩き出して間もなく、8時19分、突如として開聞岳が姿を現した。以後、かくれては見え、見えてはかくれる、そして一歩一歩近く、大きくなってくる開聞岳に振り回されながら歩く一日となった。ようやく見慣れたかと思ったら、15時35分、やはり突如として大隅半島と鹿児島湾が姿を現した。しかしそのとたんに、成川トンネルが工事中だと

のことで、指宿からの迎えのバスに乗るハメになってしまった。

12時33分、薩摩酒造の工場を前景に入れて、開聞岳を撮った。この工場は白波ではなく、「神の河」という麦素材の焼酎を作っている。薩摩酒造は、欧羅火（こめ）、おつだね（むぎ）、琥珀の夢（むぎ）、聖龍伝説（むぎ）、白鯨（こめ）、蕃藷考（いも）、紅隼人（いも）、坊津（いも）、明治の正中（いも）など、手広くいろいろの銘柄を手掛けいている業界大手である。今回ご縁があったのは琥珀の夢、神の河、白波だけであった。

なお、断っておくがこの写真は開聞岳を撮ったので、焼酎の工場を撮ったのではない。

①

② ③

写真左は、開聞岳を目指すわれわれの前に立ちはだかるように見える、いわば前衛の山々。おそらく矢筈岳であろう。開聞岳は右手奥。写真右は、開聞岳を撮るスポットとしてしつらえてあるらしく、観光客の姿が見えた。この日は風が強く、"白波"が立っている。

④ ⑤

写真左は、上記右の写真の場所から真後ろを向いて来し方を撮ったもの。写真右は今や真っ正面に見る開聞岳。端正な姿だができ方は複雑な火山らしい。下半分は人工の植林であるという。道はこの後、山の左手へ回り込んで行く。

11月09日（土）39日目

平成14年11月10日（日）　40日目
鹿児島県指宿市　鹿児島県大会　11キロ　51＋3名
宿泊先「休暇村　指宿」へは徒歩で移動

いつ、どこを

10時10分	県大会の会場セントラル・パーク指宿を出発、駅方向へ
10時15分	JR指宿駅前通過、西口へ
10時28分	はしむれ（博物館）通過
10時33分	指宿橋牟礼川遺跡通過 ①
10時34分	線路を渡り、南下
10時42分	左折、バス停「ホテル入口」
10時45分	海沿いのホテル街をゆく
10時47分	砂むし会館着　休憩（11時00分出発）②③④
11時27分	五間川を渡る
12時02分	なのはな館着　休憩（12時出発）
12時30分	歩道に温泉枠というマンホールを見つける
12時35分	ゴール　セントラル・パーク

ハイライト

■橋牟礼遺跡

鹿児島県の歴史散歩曰く：〝大正7（1918）年、京都大学の故浜田耕作によって発掘され、縄文・弥生土器の編年が確立される端緒となった遺跡である。一帯は厚い火山灰堆積層で、わずか4mの厚さに十数層の火山灰層や遺物包含層が重なり、縄文後期から弥生期にかけての遺物が数多く発見された。平成元（1989）年、近くの小公園内に地下4mまでのレプリカが完成し、火山灰層の堆積状況や遺物の埋没状況を、地層そのままの状態で見物できる。〟とある。

①

■砂むし風呂

鹿児島大学医学部リハビリテーション科の田中教授曰く：「砂むしの特徴は、仰向けに寝て入る、身体全体に砂の圧力がかかる、それに50度の高温という三点セットが効果をあげている。」つまり（と宣伝パンフ曰く）、寝て入るため、静脈の心臓への環流がスムーズになり、全身への砂圧は静脈、内臓を圧迫して血液の環流を一層促す。さらに高温は血管を拡張、心機能を高め全身環流を促進する。この結果、全身に酸素と栄養が運ばれ、老廃物が排出され、‥‥。というわけ。しかし良いことばかりではなく、「同時に高血圧や心臓、肺機能の低下した人の利用には要注意」とのこと。天保14（1843）年編纂の「三国名勝

②

砂むし温泉の入り方

③

「図絵」にもその効能が記述されている、という。人に効くのなら、犬や猫などのペットにもというので病院内に砂むし浴槽を造り、動物の湯治療法に取り組んでいる獣医のことも紹介されている。

写真右は、砂むし会館「砂楽」の宣伝用冊子に載っている砂むし温泉の入り方。この冊子の巻末には、社団法人鹿児島県薬剤師会が分析した温泉成分と適応症が出ている。写真左は、よしず張りの砂むし風呂入り口を左に、正面に魚見岳。その断崖右下の白い建物が宿舎の国民休暇村指宿。

■浜崎太平次

鹿児島県の歴史散歩曰く：″浜崎家はもと国分八幡宮の宮司で、3代新平が指宿で海運業を始め、山川港を根拠地とした。4代が太平次を名乗り、一時家産を傾けたが、8代太平次が家運を盛り返し、調所広郷（ズショヒロサト）の天保（1830〜44）の藩政改革に協力した。30艘余の大船を擁し、北は北海道から南は琉球・南洋に雄飛した。薩摩藩の明治維新期におけるエネルギーは彼の財力に負うところが大である。維新後10代目のときに没落して、今はその繁栄ぶりを知るよすがもない。″

8代太平次の伝記曰く：″幕末で一番多くの情報網を持っていた藩主は島津斉彬である。その多くは太平次の情報であったといわれている。″なるほど、今でも役所でなく商社が日本の最大の国際情報源であるのがこれで頷けるというものだ。

第八代　濱﨑太平次正房翁

『浜崎太平次翁之略伝』より　④

トピックス　その10

朝　食

夕食は各自自由に調達するようにということで支給されないことがあるが、そんな日でも翌朝の朝食はかならず出る。このあたりは特に考え方があるわけではなくて、宿泊先がいわゆる「BB」（bed and breakfast）だからだろうと思われる。

そんな中で、68日間のうちわずか43回だけ朝食の写真を撮った。本当は68日間の朝食全部を写真に撮るつもりをしていたのだが、部屋へカメラを置いたまま食堂へ行ってしまうことがあまりにも多かった。さりとてわざわざ部屋へカメラを取りに戻る気は起きなかった。だから打率は6割強という惨憺たる結果となったのである。そればかりか、43回のうちには、食べている途中で思い出してとか、ひどい場合にはほとんど食べ終わってからハッと気が付くことも間々あった。昔の旅行記を読むと名物料理など食事の記述が非常に多い。料理の中味（材料別、調理方法別、盛り付け方法など）や、うまい／まずいが事細かく書いてある。それならいっそ写真に撮ってしまえばいいじゃないか、そうやってデータを集めておけばまたいろいろ比べることができて面白かろう。食事の写真を撮ろうとした動機はそういうことであった。

当然のことながら朝の出発時間は早い。それに応じて朝食もややせわしない。八隅盧庵（ヤスミロアン）の「旅行用心集」には、旅は朝の早立ちを良しとして、「膳の用意をする迄に支度をいたし、草鞋をはく斗（バカリ）にして膳に向ふべし」とあるそうだ。われわれがまさにそうであった。早朝、マイクロバスに積んで貰う荷物をまとめてホテルの入り口に運ぶ。その後ロビーで朝刊を開く間もなく朝食となる。朝食と写真とはなじまないのである。

朝食にはセットになったものとバイキングの両方があり、43回の中で数えても16回がバイキングである。すなわち4割弱がバイキングである。この中には、ジュースなどの飲み物だけはバイキングという形式も含まれる。また、バイキングは純洋食が多いが、和洋折衷も5回あった。朝食はともかく、コーヒーの調達に難渋することがあった。無料でいくらでもとか、有料ですがとか、ありませんとか、一番差が開いたのは何のことはないコーヒーのサービスにおいてであった。

写真①：典型的な純洋食バイキング　写真②：券をなくすと食べられないビジネスホテルの朝食

写真③：みそ汁の暖め直しよりも、写真④：朝から湯豆腐がいい。オーイ、一本付けてくれーッ

写真⑤：飲み物だけはバイキングOKと、写真⑥：飲み物の他に、ご飯が嫌ならお粥もあるよ

写真⑦：全部集めてもこれだけ．しかし不思議に高評　写真⑧：これは左の和食版450キロカロリーのセット朝食

写真⑨：飲み過ぎの翌朝、刺激物を入れないお粥　写真⑩：洋食バイキング。シンプルな器が食欲をそそる

トピックス　133

平成14年11月11日(月)　41日目
鹿児島県JR指宿駅→→鹿児島県知覧町知覧平和公園　35キロ　19＋2名
宿泊先「休暇村　指宿」へはマイクロバスで移動

いつ、どこを

07時30分　JR指宿駅を出発
07時36分　バス停「湯の里」
07時44分　弥次ヶ湯温泉通過
08時04分　JR指宿枕崎線をまたぐ。横断歩道橋からはじめて桜島が見えた
(時刻不詳)　交差点「田口田」を右折、国道226号線をゆく
(時刻不詳)　湊川の眼鏡橋を左手に見る
08時27分　左へ県道236号線を分岐
08時38分　バス停「十石」通過
08時45分　岩本トンネル通過（長さ117m）
08時52分　交差点「指宿岩本」で左に県道28号線を分岐
08時53分　JR薩摩今和泉駅着　休憩（09時05分出発）
09時28分　喜入町に入る　①
09時35分　田貫橋（田貫川）を渡る
09時44分　交差点「生見（ヌクミと読む）小学校入口」で左に県道245号線を分岐
10時07分　バス停「久津輪」
10時12分　鈴橋（鈴川）を渡る
10時26分　JR前之浜駅着　休憩（36分出発）
10時42分　川上橋（貝底川）を渡る
11時16分　交差点「喜入寺前」を左折、八幡川を渡る
11時21分　喜入町役場着　休憩（35分出発）後、県道232号線をゆく
11時44分　JR指宿枕崎線を陸橋でまたぎ、すぐ上り坂になる
11時54分　バス停「淵田」
12時31分　窯元錦江陶芸着　昼食休憩（13時15分出発）
(昼食後雨となり、記録は取れない)
13時46分　峠着
14時02分　「知覧温泉センター」という町営バスの乗り場で休憩
15時05分　ゴール　知覧町知覧平和公園平和記念館前　②③④

ハイライト

■メヒルギ（リュウキュウコウガイ）の北限

国の天然記念物だけあって、大仰な看板はいろいろ立っているが、現物を見たことのない者にとってはどれがその実物であるかよく分からない。後で鹿児島県文化財調査報告を見ると、メヒルギの現状として、「国道226号線を南下し、久津川下流一帯に自生するメヒルギは、群生北限地として、大正10年3月3日、特別天然記念物として指定を受けた。し

134　鹿児島県

かし、近年、道路の改修、河川改修等で、メヒルギを取り巻く環境が著しく変化したため、生育に支障が見られる。現在、いろいろな対策を講じている。」とある。この報告の調査時点は平成7年7月30日である。メヒルギの植物学的な吟味は専門家に譲るとして、筆者がジーンとなってしまったのは解説板に「北限」という語のあることであった。北限ということは、北に向かって歩いているのだということが実感されたからだ。もちろんそれは頭の中の地図では承知していたが、「北限」という気の遠くなるような広い空間を暗示する語をフィールドで見ると、なにか眩暈がするようであった。

■三角兵舎

知覧町役場で永年勤務した後、知覧町文化財保護審議会委員を務めた村永薫氏の編纂した「知覧特別攻撃隊―写真・遺書・日記・手紙・記録・名簿―」の解説によれば、"半地下式木造のバラック建てで、屋根だけが地面に出ているような形に建てられ、それが三角形に見えるので、三角兵舎と呼ばれた。飛行場周辺の松林のなかに散在していた。風通しも悪く、一夜の雨露さえしのげればよいような粗な造りであった。"とある。入ると真ん中が通路になっていて、左右両側に一段高く床があり、そこにマットレスを毛布で巻いた寝床がしつらえてある。千羽鶴が天井から吊され、寝床の上にも散っている。

■知覧武家屋敷群と知覧型二ツ屋

鹿児島県の歴史の道調査報告では：「薩摩藩の代表的な麓武家屋敷で、町並みは今から250年ほど前に造られた。全体が庭園都市を形成しているところに特色がある。」としている。知覧型二ツ屋もその一画にある。

平成14年11月12日(火)　42日目
鹿児島県知覧町知覧平和公園→→鹿児島県JR鹿児島駅　36キロ　19＋2名
宿泊先「ステーションホテルニューカゴシマ」へはマイクロバスで移動

いつ、どこを

07時20分　知覧町民会館着
07時35分　出発、すぐに国道27号線をゆく
07時55分　県道23号線に合流
08時02分　永久橋（麓川）を渡る
08時28分　バス停「後岳（ウシロ）」
08時35分　バス停「小田代」
08時44分　バス停「桑代」
08時52分　バス停「池之河内」
09時22分　手蓑小学校、バス停「手蓑」
09時35分　バス停「手蓑峠」着　休憩（09時52分出発）①
10時35分　バス停「平川星和台」
10時53分　バス停「錦江湾高校」
10時59分　鹿児島市平川福祉館着　休憩（11時15分出発）
11時30分　バス停「平川日石前」
11時38分　二股で県道219号線へ
12時00分　七ツ島橋（五位野川）を渡る
12時11分　光山公園着　昼食休憩（13時00分出発）
13時22分　交差点「交通安全教育センター前」で県道219号線は左（指宿スカイライン方面）へ、以下県道217号線をゆく
13時41分　新地橋（木之下川）を渡る
13時52分　小松原橋（永田川）を渡る
13時53分　桜島が見えてくる
14時44分　国道225号線に合流
14時58分　鴨池公園内の「勤労婦人センターさんはーと鹿児島」着　休憩（15時15分出発）②
15時32分　天保山大橋（甲突川）を渡る
16時16分　ゴール　JR鹿児島駅

ハイライト

■知覧茶発祥の地・手蓑

9時35分に到着した手蓑峠で休んでいたとき、手蓑・知覧茶発祥の地という立て札を見つけた。前半は手蓑という地名の由来だが、後半は知覧茶の由来を説いている。曰く：江戸時代の手蓑は知覧島津氏の軍役地で杉の美林がありました。明治の廃藩置県で杉山は民間に払い下げられ、お茶が植えられました。良いお茶がとれることがわかると、町外から技

術者を招き本格的なお茶の生産が始まりました。それまで知覧では、お茶を屋敷の周りや畑の隅に植えて自家用としていました。[ここは]知覧が今日のような一大茶産地となるきっかけとなった山恵園という共同茶園のあった場所です、とある。なるほど見渡してみると、霧がよく発生する、起伏に富んだ、お茶造りに適した場所のように見える。

■採石場

この採石場の名前は分からないが、県道23号線が手蓑峠を越えて知覧町から喜入町瀬々串に入り、じぐざぐ道を北へ下る所ではないかと思われる。このあたりはかなり長い区間歩道がないから、道路の左側を一列縦隊で歩くことになる。こういう場所は11月8日の、万の瀬橋の上と同様、「金魚の×××」調査にはもってこいの場所だ。そしてご覧のように、前に4人、後ろに4人、男性群に挟まれて女性群が行く。そろそろ「何とかの法則」と名付けても良いような気がする。

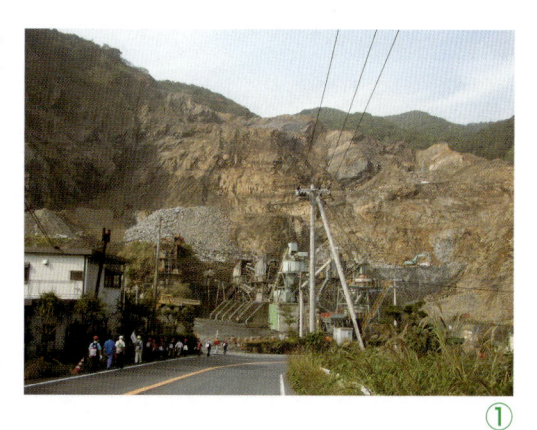

①

■貴様と俺の碑

碑文の説明には次のようにある："貴様と俺の碑説明文　大東亜戦さなかの昭和十八年、鹿児島海軍航空隊がここに生まれる。多くの荒鷲がこの鴨池に巣立ち祖国防衛戦に散った。戦後二十年、友相寄り相語りて亡き戦友の霊を慰めるためこの碑をたてる。
　1　正面上段のブロンズ像は、若い搭乗員が昇天していることを表しています。
　2　二体の石柱は「天に向かって永遠の平和を祈る合掌」を表しています。
　3　二体の柱を結び合わせているのは「貴様と俺」を表しています。
　4　右柱の「七つの穴」は「予科練の七つボタン」を表しています。"と。

ところで、ごく最近（平成15年3月）報告書が刊行された「戦没者等に関する記念碑調査」には、日本全国で15,942件の記念碑が収録されているが、そのうち鹿児島県の分はわずかに35件で、山形県（29件）に次いで全国で最後から二番目である。歩いていて、特攻隊の基地であったところが多いのに比して意外な数字である。一番多いのは愛知県で1,444件である。これは各県の元になっている資料における記念碑等の調査の精粗によると考えられる。鹿児島県は『現代の生きた史跡　第二次世界大戦　全国ゆかりの鹿児島の鎮魂碑』というものが元になっている。一方上記報告書の収録範囲は、"近・現代の戦争に関する記念碑"で、明治以降をすべて含むことも理由の一つと考えられる。

②

平成14年11月13日(水)　43日目
鹿児島県鹿児島市　休養日
宿泊先「ステーションホテルニューカゴシマ」

ハイライト
■休養日症候群

この日が休養日であることはもちろん前から分かってはいたが、考えないようにしていた。例の、「"九州の臍"熊本」でのとまどいが解消していないことは、鹿児島が近付くにつれて憂鬱な気分になることで知れていたからである。佐賀や長崎では、明日の休養日は頑張るぞと前の日から張りきっていたのと比べると、今はまったく逆だ。そこでシングル・ルームであるのをさいわい、部屋に閉じこもってこの憂鬱な気分、いってみれば「休養日症候群」を楽しむことにした。生活習慣を替えたらまた何か分かるかも知れないと思ったからである。写真も一切撮らないことにした。

11月12, 13両日の伝言板を掲げる。この伝言板は毎日欠かさず宿泊先のロビーに隊長補佐によって作成・掲示されるもので、われわれ隊員はチェック・インする前にこれを見て、出発までの自分の行動のおよその見当を付けることになる。

宿泊先のステーションホテルニューカゴシマは西鹿児島駅前にある。11月12日と13日の二晩泊まった。この伝言板から、夕食は二日間とも（自分の財布から）各自自由という、落語にありそうなことになっていること、朝食はバイキングであること、風呂は各自の部屋の風呂に（各自自由に）入るべきこと、14日朝からまたいつもの生活に戻ることなどが分かる。

138　鹿児島県

ことのついでに、食事も自分の部屋に閉じこもってすることにした。さいわい、酒は飲みかけがまだある。そこですぐ近くのダイエーに買い物に出掛けた。受け取ったレシートで見ると二日間で合計3回行ったことになる。

第1回は、到着した日11月12日の午後で、モメントウフ（78円）、プレーンヨーグルト（138円）、トウガラシノタネ（148円）、6個入りチーズ（238円）、特選丸大豆（118円）、ジョナゴールド二個（196円）、を地下一階で、それからエスカレータで一階へ上がって、アサヒ本生500を3本（474円）買った。占めて1,458円。特選丸大豆は大豆の水煮、ジョナゴールドはリンゴの品種名、である。食事らしいものは何一つないが、腹が減ったらまた出掛けるとして、とりあえず一杯という仕込みである。このダイエーは、地上一階と地下一階と両方食料品売場になっていて、アルコール類は地上一階に置いてある。分かるような気がする。

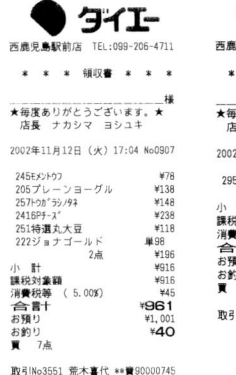

第2回は13日の昼で、朝食はバイキングだった。ジョナゴールド1個（128円）、バナナ（298円）を地下一階で、それからエスカレータで一階へ上がって、モダン焼（350円）とアサヒ本生500を一本買った。占めて980円。モダン焼が具体的に何だったか忘れたが、つまみのつもりだったのだろう。焼酎を買い込んでいないということは、部屋の買い置きがかなりあったことを意味している。

第3回は13日の夕食で、プレーンヨーグルト（138円）とモメントウフ（78円）を地下一階で、ゴモクヒジキ（228円）を一階で買った。占めて465円である。これで見るとお総菜の類は地上一階の扱いらしい。同じ食料品でも、一階は出来合の食べ物を買って帰って一人で呑んで食べて、寝るという人向けだし、地下まで足を延ばす人は、家族があって、家で多少の調理と盛りつけくらいはするという人向けという、取り扱いの品に区別があるのだろうと、わびしいことを考えながら部屋へ帰る。

さて、休養日症候群の方はどうなったか。実はこの"食う寝るところが住むところ"という生活習慣の転換が大成功で、休養日はこれに限るということになったのである。

平成14年11月14日(木)　44日目
鹿児島県JR鹿児島駅→→鹿児島県JR加治木駅　24.4キロ　22＋3名
宿泊先「霧島観光ホテル」へはマイクロバスで移動

いつ、どこを

08時35分	JR鹿児島駅出発、海べりの国道10号バイパスをゆく
(時刻不詳)	石橋記念公園の中を行く ① ② ③
(時刻不詳)	海べりの道を行く
09時10分	桜島がかすんで見える（黄砂か）
09時17分	交差点「仙巖園前」で国道10号線に出て、以後2.8キロ区間はバスで移動
(時刻不詳)	2.8キロ移動後、三船神社の200m手前、道路が上下線分かれるところのJR日豊本線脇を歩く
09時48分	バス停「竜ヶ水」で後続の鹿児島WAの一行を待機
10時05分	再出発
10時44分	バス停「平松」
10時47分	史跡「心岳寺」跡 ④ ⑤
10時54分	姶良町に入る
11時30分	JR日豊本線重富駅着　昼食休憩（12時15分出発）
12時25分	重富橋（思川）渡る
12時54分	交差点「帖佐駅前」を右折
12時55分	JR日豊本線帖佐駅着　休憩（13時05分出発）
13時15分	国道10号線に合流
13時24分	姶良橋（別府川）を渡る
13時29分	バス停「新生町」先で右折
13時55分	柁木小学校／高等学校前通過
14時06分	ゴール　JR日豊本線加治木駅

（この日の歩行距離は、途中乗り物に乗ったので、2.8キロ引いて、21キロと発表された）

ハイライト

■甲突川
コウツキガワ

入来峠の西、八重山に発して、郡山町の真ん中を南東に流れて鹿児島市の市街地を貫流して鹿児島湾に注ぐ、全長約20キロの二級河川。昔からよく氾濫する川であったらしい。五つの石造眼鏡橋は、上流から下流に向かって玉江橋、新上橋、西田橋、高麗橋、武之橋で、弘化二（1845）年から嘉永二（1849）年まで、毎年一橋づつ架設された。担当した石工は肥後の国から招かれた岩永三五郎である。平成五（1993）年八月六日の水害は未曾有のもので、五つの石橋のうち新上橋と武之橋が流失し、他の河川も河川改修に伴って撤去された。玉江橋は四連アーチで、やや橋幅が狭い。新上橋は城山の南麓の治水上の要地に架けられ、昭和38年には歩行者専用道も架けられたが、水害で流出した。西田橋は伊集院方面に通ずる参勤交代道（出水筋）に架けられた橋で、県指定の文化財。高欄に技巧が

凝らされ、柱に擬宝珠が付いていた。高麗橋は甲突川が湾曲する所に架けられた単純素朴な橋だが、自動車交通による損傷で修理を繰り返した。武之橋は河口近く、指宿に通ずる谷山筋に架けられた。やはり交通量の増大に伴って昭和39年に上流側に新橋が架けられ、石橋は遊歩道橋となっていた。写真は、祇園洲(ギオンノス)に移転復元された西田橋①、高麗橋②、玉江橋③で、構造上の特徴や移築の模様などが絵入りで詳しく説明されている。

■ 史跡心岳寺跡と桜島

桜島も見飽きたので、左手の山側を見ながら歩いていたら立っていた仁王様、鳥居、そして心岳寺跡という立て札があったので写真を撮った。豊臣秀吉が島津征伐のため薩摩に来たとき、島津義久は剃髪して降伏したが、弟の歳久は抵抗した。秀吉は兄の義久に弟の殺害を命じ、歳久は部下とともに殺害された。慶長四(1599)年、義久が弟の菩提を弔うためにこの地に心岳寺を建立したと資料にある。明治の廃仏毀釈で平松神社となった。少し古い写真では心岳寺跡という白い立て札はない。右は見納めの桜島。どんよりしているのは噴煙ではなくて黄砂である。

11月14日(木) 44日目　141

トピックス　その11

夕　食

　当たり前のことだが、朝食と夕食とでは料理がまるで違う。突き出し、酢の物、刺身、テンプラ、茶碗蒸し、焼き魚、鍋料理、．．．．。料理が違うと出し方も違う。夕食では料理を食べて、しかる後に欲しい人はご飯とみそ汁をどうぞという、二段階がはっきり分かれる。料理も最初からいっぺんにみんな出してしまうのでなく、幾つかの料理はあとから出す。茶碗蒸しのように暖かいうちどうぞとか、暖かくしてどうぞ、とかに気を使うからだ。テーブルに乗り切らないということもある。
　このことに関連して、宿の側からすると大きすぎるテーブルは禁物だ。皿と皿が、外野の野手のような相互の間隔では興ざめだ。だからテーブルが狭いという印象を与えるように料理を出す。それが面白いのは席の向かい側に座った人との間が狭いというのと、隣の人との間が狭いというのと二通りある。覚えていていいことだ。
　要するに飲むからだ。ビール、焼酎、ごくまれには日本酒も出る。小倉を出てしばらくは、日本酒、ビール、それぞれ好みのアルコール類で通す人もいたが、だんだん焼酎党に宗旨替えする人が増え、ついには飲む人は全員焼酎党になった。よくいわれる如く悪酔いしない。差し入れも圧倒的に焼酎が多い。覚えていていいことだ。
　さんざん飲んでからさてご飯となるともう要らないという人が多いが、それにも例外があって、炊き込みご飯となると、ふだんは食べないくせに、また別の胃袋に入るんだ、などといってお代わりをする人がいるから面白い。
　夕食の席のぶんどりで、飲んべえは一個所に集まる、というのは正しいいい方ではなくて、飲まない方が飲んべえを避けて、先に集まるから、結果として飲んべえが残った一角でとぐろを巻くことになるというに過ぎない。飲まない組は、最初からご飯みそ汁付きでドンドン食べて、お先に、となる。
　夕食では朝食と違って送別会などのイベントを兼ねる場合がある。その時は酒の量も多いからカメラなどを会場に忘れやすい。別府の宿で一度それをやった翌朝、カメラを返して貰いにフロントへ行ったら、人物同定のための手厳しい尋問を受け、二日酔いがすっ飛んだ。「名物を食ふが無筆の旅日記」という。覚えていていいことだ。

写真①：出発から二日目、まだビールで乾杯　写真②：テーブルが広すぎると、施設の食事のよう

③

④

写真③：向こう三軒がなくて両隣ばかり　写真④：こっからこっちはこっちのもの

⑤

⑥

写真⑤：ディナー・コースで焼酎もオツなもの　写真⑥：バイキングの夕食。海藻で焼酎を飲む

⑦

⑧

写真⑦：鍋は隣同士が敵同士。オイ、こっちも野菜を入れろ　写真⑧：ご飯が一番先。ナンカおかしい

⑨

⑩

写真⑨：太田太さんの送別会は盛り上がった　写真⑩：打ち上げ会。各県WAの会長さん全員集合

平成14年11月15日(金)　45日目
鹿児島県JR加治木駅→→鹿児島県牧園町霧島温泉　37キロ　23＋3名
宿泊先「霧島観光ホテル」へは徒歩3分

いつ、どこを

07時37分　JR加治木駅を出発、駅前通を南へ（久しぶりに朝から雨降り）
07時42分　国道10号線に出て左へ
07時56分　小さな峠を越えてそこから隼人町
08時06分　バス停「小浜入口」
08時10分　交差点「隼人小浜」で左折し、県道471号線に入る
08時23分　左に九州自動車道入り口、続いて隼人道路（東九州自動車道）をくぐる
08時35分　JR日豊本線を渡る
09時10分　JR日豊本線隼人駅着　休憩（25分出発）
09時34分　大隅一宮鹿児島神宮入り口通過
09時45分　雨あがる
09時47分　JR日豊本線線路を渡り、すぐに国道223号線に合流、北上
10時10分　交差点「空港入口」、国道504号線、県道2号線と交差
10時10分　一息入れる（休憩ほどではないが）③
10時37分　県道477号線を左に分岐、紅葉が目立ち始める　②
11時05分　妙見ホテルの1キロほど手前、JWA岡野会長、木谷専務理事他の方々と会う
11時14分　妙見ホテル着　昼食休憩（12時00分出発）
12時00分　JWA岡野会長挨拶
12時09分　安楽橋（新川）を渡って牧園町に入る
12時30分　バス停「山之湯」
12時47分　バス停「ラムネ温泉」、ラムネ橋（新川）を渡って左へ56号線を分岐
12時53分　塩浸発電所着　休憩（58分出発）
13時07分　塩浸温泉着　休憩（20分出発）⑤⑥
13時52分　バス停「堂の下」、左へ県道50号線を分岐
13時57分　バス停「牧園麓」でトイレ休憩（14時05分出発）
15時15分　「回廊パーク：轟木の滝公園」着　休憩（30分出発）①④
16時02分　小谷橋（小谷川）を渡る
16時25分　ゴール　霧島温泉ゆけむり広場パライソ

ハイライト

■霧島

この日は、上記の"いつ、どこを"からも知れるように、要するに霧島山へ向かって歩く一日だった。翌日の11月16日と併せて、68日間のうちでこの二日間だけが、本州などと同様、植林した杉と紅葉を楽しむこととなった。つまり、本州の、標高千メートル前後の、どこか風光明媚な観光地を歩いているのと全く同じ二日間だったということ。

① 　　　　　　　　　　　　　　②

③ 　　　　　　　　　　　　　　④

■塩浸温泉

塩浸温泉沿革に次のようにある。曰く：...（最初「鶴の湯」といわれていたが）川ぶちの岩に塩かきのついているのを見つけ「塩浸温泉」と呼ぶようになった。慶応三年（1867年）岡元助八が湯守となり浴場などの改築をして大いに宣伝した。ちょうどその時期戊申戦役で、負傷者の治療にたいへん効能があったので県下にその名を知られるようになった。...京都の寺田屋で...九死に一生を得た坂本龍馬は、西郷隆盛等のすすめにより同年三月十日に鹿児島に入り、［同］十七日から十七日［間］ばかりを愛妻お龍と共に、この温泉に滞在して新婚旅行の楽しい日々を送った。そのゆかりの地に二人の銅像を建立した。現在この温泉は、牧園町福祉協議会に委託し「塩浸温泉・福祉の里」として運営されている。

⑤ 　　　　　　　　　　　　　　⑥

11月15日(金) 45日目　145

平成14年11月16日(土)　46日目
鹿児島県牧園町霧島温泉→→宮崎県JR都城駅　39キロ　24＋3名
宿泊先「ウエルサンピア都城」へはマイクロバスで移動

いつ、どこを

　07時30分　霧島温泉湯けむり広場パライソ出発 ③
　07時59分　バス停「大瀬戸」
　08時25分　韓国岳橋
　08時27分　獅子戸岳橋
　08時35分　新燃岳橋 ② ④
　08時40分　霧島道の駅着　休憩（55分出発）
　09時00分　高千穂峰橋
　09時25分　霧島神宮の鳥居前
　09時44分　宮崎県に入る
　09時45分　引継式／表彰式　降雨のためそば屋「流水苑」で（10時10分出発）①
　10時24分　都城焼き窯元「霧島工房」着　休憩（30分出発）　二股で右へ分岐する県道31号線をゆく
　11時38分　バス停「上高野」の先で鷹野橋（荒河内川）を渡る
　11時44分　西岳地区公民館着　昼食休憩（12時30分出発）
　13時35分　県道106号線へ右折
　14時07分　関之尾の滝着　休憩（20分出発）⑤ ⑥
　14時33分　いったん県道107号線に出るがすぐ右折して上関之尾橋（庄内川）を渡り左折、地道を行く
　15時05分　県道108号線に戻る
　15時08分　都城酒造着　休憩／試飲（25分出発）、県道31号線を行く
　15時49分　横市橋（横市川）を渡ってすぐ左折
　16時12分　バス停「都原」
　16時20分　都原陸橋をくぐる
　16時23分　平田橋（大淀川）を渡らず川沿いに右へ、二厳寺橋（大淀川）を渡り、川沿いに
　16時35分　ゴール　JR西都城駅
（当初の予定のゴールJR都城駅を、JR西都城駅に変更した）

ハイライト

■霧島

前日同様、霧島を楽しむ。写真③は、泊まった霧島観光ホテルから5分足らずの所にある出発地点。横断幕もここではかすんでいる。写真②は雲の中を歩いているところ。思い思いに歩くから隊列がばらける。写真①は、隊長から団旗を受け取る宮崎勢に対して拍手を贈る鹿児島勢。引継式はあいにくの雨の中。急遽「流水苑」というそば屋に飛び込んで行った。うどん／そば750円、幻の魚山女魚あります。600円。

①

②

③

④

■関之尾公園の滝と甌穴

公園内の案内曰く："霊峯高千穂の南裾に涌く清流を集めて走る千足川と溝口川(セダラシガワ)とが合流し一大飛瀑となって庄内川とかわるここが関之尾の滝で、滝の高さ十八メートル、幅四十メートルの安山岩の柱状節理の断崖である。この滝から上流六百メートル、幅四十メートルにわたる河床に、水の力でできた大小無数の壺穴がある。これが「甌穴」である。この甌穴はシラスの底にある安山岩が川床に露出しその川床が水の力で流される礫(コイシ)の回転運動でえぐり取られてできたもので、直径は一メートルないし三メートルである。甌穴の造成は今も進行中であるが、その起源は始良カルデラ造成以前であるといわれている。国は地質学上貴重な天然記念物として指定した。(昭和3年2月18日指定)。"別の説明には、"穴の底には摩滅して丸くなった小石が残っていることが多い"とか、"深さは一定しないが、ある程度深くなると掘進はとまる"と書いてある。

⑤

⑥

11月16日(土) 46日目　147

宮崎県

11月17日(日)	第47日目	JR西都城駅→→高城町四家
18日(月)	第48日目	高城町四家→→JR宮崎駅
19日(火)	第49日目	JR宮崎駅→→JR高鍋駅
20日(水)	第50日目	JR高鍋駅→→JR都農駅
21日(木)	第51日目	JR都農駅→→JR日向市駅
22日(金)	第52日目	JR日向市駅→→JR延岡駅
23日(土)	第53日目	休養日
24日(日)	第54日目	宮崎県大会
25日(月)	第55日目	JR延岡駅→→JR宗太郎駅

トピックス　その12　九州ウオークと川越え
　　　　　　その13　案内の案内　2

『宮崎日日新聞』2002年11月17日

九州ウオーク 一行が本県へ
24日に延岡で大会

九州七県の約千四百キロを歩いて一周する「九州一周浪漫ウオーク」（日本ウオーキング協会など主催）の一行が十六日、鹿児島県から都城市入りした。

全コースを通して歩くメンバー八人と現地ウオーキング参加者を合わせた約三十人が県境で引き継ぎ。その後、一行は関之尾滝などに立ち寄りながら市街地に入った。東京都から参加している杉浦定子さん（七八）は「宮崎はモミジなど道の両側の木々がとてもきれい」と喜んでいた。

十七日以降は高城町、宮崎市、高鍋町などをウオーキングし、二十四日に延岡市城山公園で宮崎大会を開く。

同ウオークは十月二日に北九州市を出発。佐賀、長崎、熊本、鹿児島、宮崎、大分県の順に歩き、十二月八日に出発地点に戻る予定。

（宮崎日日新聞社提供）

『西日本新聞』2002年11月22日

都農町―日向市

「九州一周浪漫ウオーク」
自然や古い町並み満喫

ゴールのＪＲ日向市駅へ向け、日向市内を元気よく歩く「九州一周浪漫ウオーク」の一行

自然と歴史あふれる九州を歩いて一周する「九州一周浪漫ウオーク」（日本ウオーキング協会主催、西日本新聞社など後援）の一行約三十人が二十一日、都農町から日向市までの約二十七キロを踏破した。

このウオークは、歴史ある道を歩くことで健康や生きがいづくりに役立てようと、同協会が設立四十周年記念事業として企画。十月二日に北九州市を出発し、十二月八日までの六十八日間で九州を左回りに約千四百キロを歩く計画。一行は全コースを回る本部隊員八人と、当日参加のデイリー隊員で構成されている。県には今月十六日に鹿児島県から入った。

近藤米太郎隊長（六五）は「宮崎は平野が多く歩きやすい。また、都城から高城までや、美々津などの古い町並みが印象に残った」。高鍋町から合流し、大分県境まで参加するデイリー隊員の大津武士さん（六三）＝日向市富高＝は「普通は車で走るだけのところを、のんびりとわき道にそれながら歩く楽しみがある」と語った。

一行は二十二日に延岡市入り。二十四日に同市で県民との交流ウオーク大会を行った後、二十五日に大分県宇目町へ向け出発する。

（西日本新聞社提供）

《宮崎県　歩く浪漫》

"月日は百代の過客にして、行きかふ年もまた旅人なり。舟の上に生涯を浮かべ、馬の口とらえて老いを迎ふる者は、日々旅にして旅をすみかとす"（芭蕉：奥の細道・序）
「九州一周浪漫ウオーク」（以下ウオークと略称）で、"かつて誰か歩いた道"にわれわれは出会い、横断し、分かれ、そしてわれわれの道を歩んだ。その出会い、横断、分かれを地図上で振り返りつつ、その"かつての誰か"が、実はいつの日かの自分自身であるという想い、これ以上の歩く醍醐味があろうか。

■帰り道

11月25日（55日目）、延岡を後に、北川沿いに北上して北川町に入ると間もなく日向長井に着く。そのすぐそばに「北川はゆま」という名前の道の駅があり、その休憩施設の中に"道の駅「北川はゆま」の由来"という、文章と地図から成る掲示がある。写真はその文章の部分と地図の部分をつなぎ合わせた。更にその出典と断っている「国史大辞典」第2巻所載の地図もその右に掲げる。西海道の長井の駅は、太宰府から下ってきて日向に入って最初の駅で、その地に設けられた道の駅にこの掲示がなされるのは適切である。

①

②

岩波古語辞典によれば、"はゆま"に〈駅・駅馬〉と漢字が充てられていて、《ハヤウマ：早馬の約》とあり、解説には役人の旅行用に、諸道の宿駅におかれた公用の馬、とある。ついでながらまた別のページには、〈鈴が音の〉に対して、"上代、官命の駅馬（はゆま）には駅鈴を持つ人が乗ったことから「早馬（はゆま）」に掛かる枕詞"とある。ますますもってこの道の駅にこの掲示があるのは妥当なのだ。

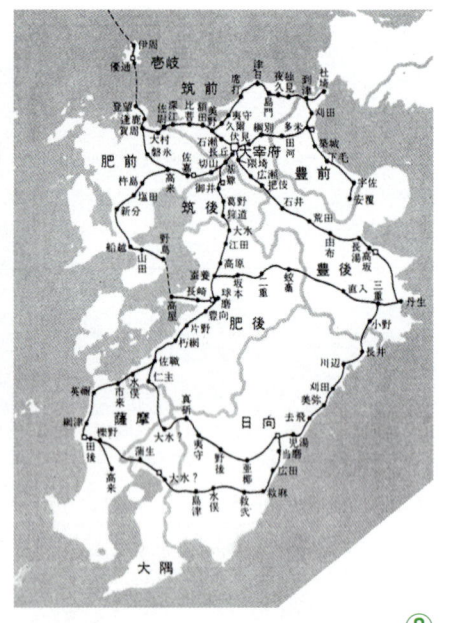

にもかかわらず、ここで不思議だと思ったことが二つある。一つは、小倉まであと二週間足らずというこの時になってなぜこんなものに出くわしたのか、いい換えれば、どうして今までこうした、九州全体を視野に入れた街道の掲示がなかったのかということであった。

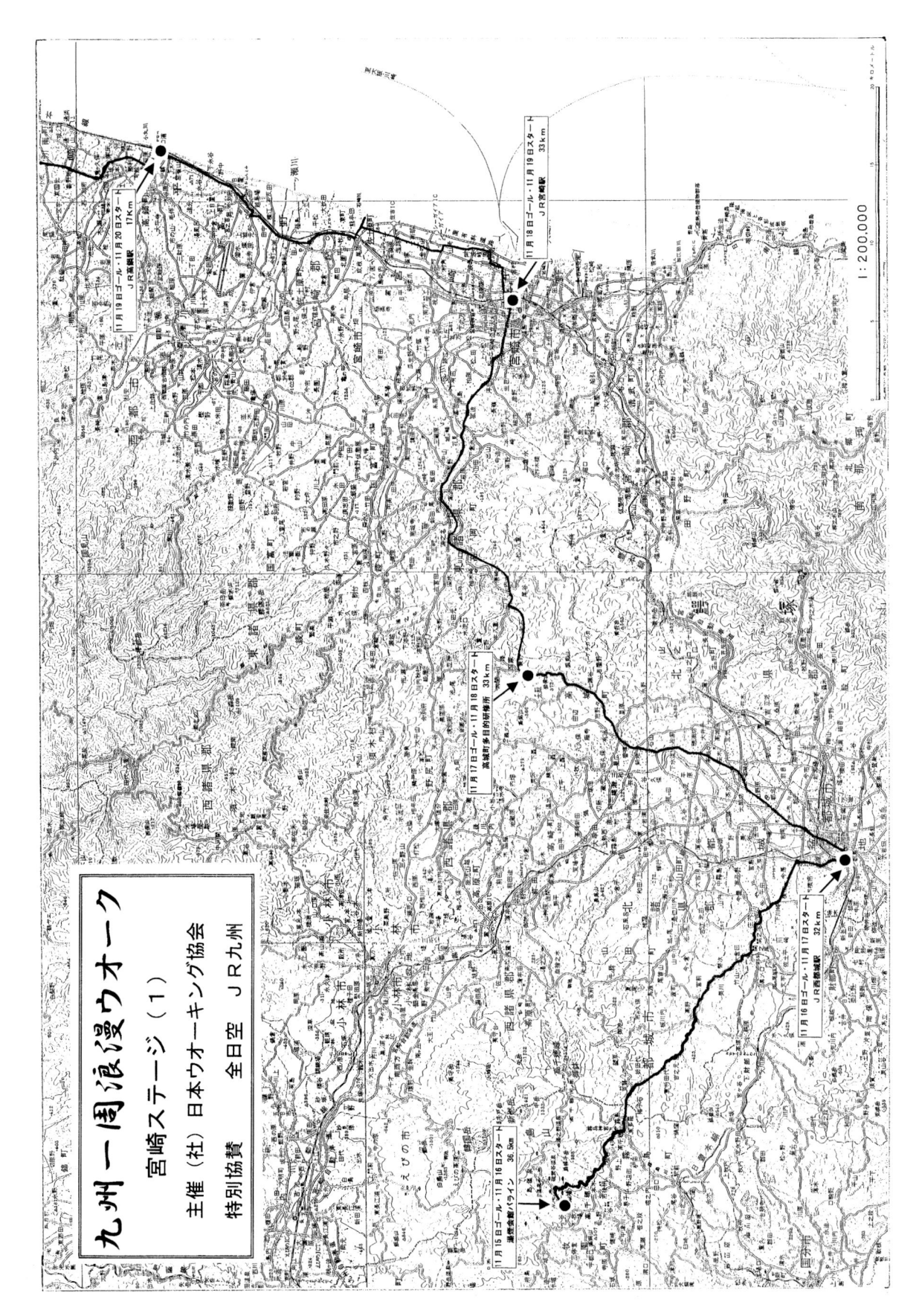

九州一周浪漫ウオーク

宮崎ステージ (1)

主催 (社) 日本ウオーキング協会
特別協賛 全日空　JR九州

- 11月15日ゴール・11月16日スタート 36.5km
  道標会館パラダイン
- 11月16日ゴール・11月17日スタート 32km
  JR西都城駅
- 11月17日ゴール・11月18日スタート 33km
  高城町多目的研修所
- 11月18日ゴール・11月19日スタート 33km
  JR宮崎駅
- 11月19日ゴール・11月20日スタート 17km
  JR高鍋駅

宮崎県　151

われわれには、実行委員会が企画作成したと思われる、九州一周浪漫ウオークの旗があり、それをバナーとして先頭に掲げて歩いてきた。そこにはたいへんロマンチックな九州の絵が描かれている。今までいわばその暗示に掛かっていて、九州全体のイメージはその旗に任せきってきた。しかしそれとは別に九州にはそれ自体のみずからの認識を反映した全図が有っても良さそうなもので、思えば不思議であった。

この地図は古代における官道の九州部分を示すもので、それは都（京都）から放射状に設置された東海道、東山道、北陸道、山陰道、山陽道、南海道の六道の他に、九州には別に設定された西海道である。なぜ九州は別かといえば、九州だけは都に直結していないからで、その替わりに都が果たすのと類似の役割を太宰府が代替し、従ってその太宰府と都とをつなぐ山陽道だけは、上記六道の中でも特に大路（他は中路、小路）という扱いをした。単に扱いだけでなく、六道＋西海道という官道の中で、いちばんよく機能したのは山陽道から太宰府へという道だったらしい。

都から放射状に六道が各地の国府へ向かっているのとまったく同様に、太宰府から放射状に六道が九州各地の国府へ向かっており、10月2日小倉出発以来辿ってきた道は、薩摩半島を除けばほぼその古代の道とつかず離れずである。そう思うと、上記のこの不思議さは募るばかりだが、九州を一回りしようなどという、風変わりなことをやるわれわれもまた、九州の住人から見れば不思議な連中かも知れない。また、こうした古代の道の浪漫がわれわれを九州へと駆り立てているのかも知れない。

不思議の第二は、コースを逆に歩いているという実感であった。豊後から日向へという記述になっているからだ。思うに小倉出発以来、道は歩いている方向に沿って記述されていた。長崎街道が小倉から長崎へという順路で記述されていたし、薩摩街道という呼び名そのものが、藩領の外から藩内へ入るという前提である。長崎へ到着したとき戸惑ったが、長崎は上海航路の出発港と知って考え直した。浪漫という言葉を使えば、浪漫は常に行く手にあった。行く手に待ちかまえているものであった。枕崎から指宿へ向かっている日は快晴であった。一人ずっこけて、風騒ぐ椰子の並木を歩いていたときはとてもロマンチックな気分になった。ちょっとばかり恥ずかしかったがハイビスカスやブーゲンビリアの花を手折っては胸のポケットに差して（すぐ萎れる！）、昔覚えた歌を口ずさみながら歩いた。それがズッコケ隊の特権だ。歩いていて今日がクライマックスだと思ったし、その思いは今も変わらない。

しかし、道の駅「北川はゆま」でこの地図を見たとき、ロマンは過ぎ去ったと知った。おそらく小倉城へゴールしても何の感慨も涌かないだろう。さりとて過ぎ来し方を振り返れば、そこには感傷とノスタルジーしかない筈だ。これからの二週間は、プロ野球でいえば、シーズンの順位が確定した後の消化試合みたいなものだろうが、しかし一方で、残りの二週間を上手に活用したい。今回の経験をレビューして、次のウオークに結びつける知見としてまとめられないものか。うしろに浪漫はない。浪漫は常に行く手にしかない。そう思うと、ところどころに北九州まで何キロという道路標識が立っているが、いまやむしろ後二週間ということの方が切実となった。

言い換えれば、自分の場合はもう小倉にゴールしたも同様だから、あらためて宗太郎駅から小倉城まで、初心に立ち返って歩いてみようと思った。これまでのメモや写真や道路地図への書き込みを振り返りつつ、一方で、新たな気持ちで風景を眺めることにした。

九州一周浪漫ウオーク

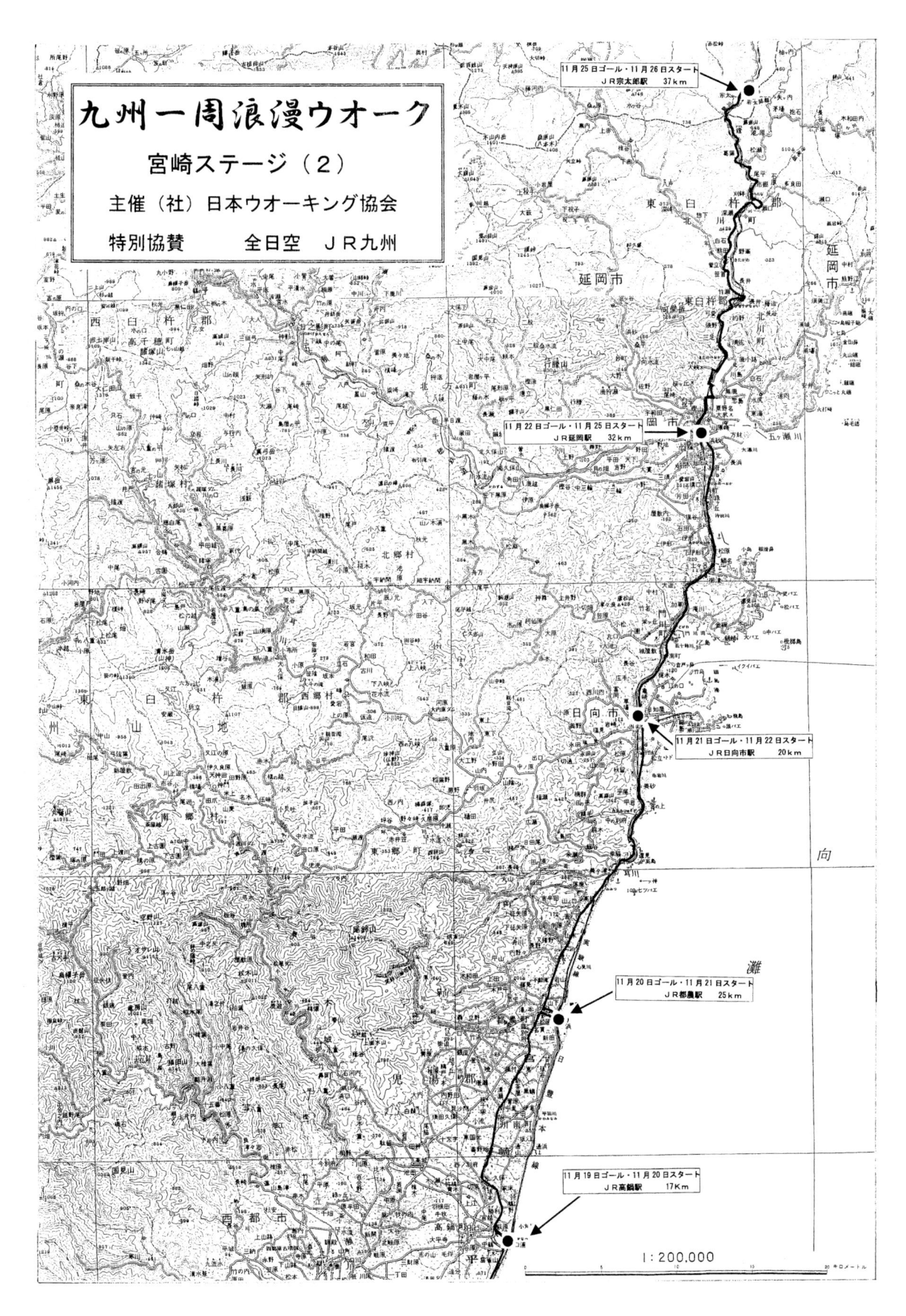

宮崎ステージ（2）

主催　（社）日本ウオーキング協会

特別協賛　　全日空　JR九州

- 11月25日ゴール・11月26日スタート　JR宗太郎駅　37km
- 11月22日ゴール・11月25日スタート　JR延岡駅　32km
- 11月21日ゴール・11月22日スタート　JR日向市駅　20km
- 11月20日ゴール・11月21日スタート　JR都農駅　25km
- 11月19日ゴール・11月20日スタート　JR高鍋駅　17Km

1:200,000

宮崎県

平成14年11月17日(日)　47日目
宮崎県JR西都城駅→→宮崎県高城町・四家　32キロ　23＋3名
宿泊先「ウエルサンピア都城」へはマイクロバスで移動

いつ、どこを

　08時37分　JR西都城駅出発、駅前を進んでから右折、旭丘神社の角を左折
　(時刻不詳)　交差点「姫城」左折、市役所前通過
　08時55分　靴専門店「おおみね」着　休憩（09時05分出発）③
　09時13分　前田橋（年見川）を渡り、交差点「前田」を右折、中原橋（年見川）を渡る
　09時22分　神柱宮着　天竜祝吉(テンリュウイワヨシ)幼稚園の園児とお見合い後、道行きへ①
　09時45分　JR都城駅着　列詰め②
　10時00分　天竜祝吉幼稚園着　園児たちとお別れ、北へ
　10時10分　水増橋で左折
　10時15分　国道10号線を横切り直進
　10時20分　乙戸神社前を右折、霧島酒造着　トイレ休憩（25分出発）
　10時37分　沖水橋（沖水川）を渡り、国道10号線をゆく
　11時06分　道の駅都城着　休憩（15分出発）
　11時26分　バス停「高木原」
　11時40分　宮崎自動車道をくぐる
　12時07分　東岳橋（東岳川）を渡る
　12時15分　バス停「高校前」
　12時24分　旧後藤家商家交流資料館着　昼食休憩（13時10分出発）
　13時10分　高城町武家屋敷通過
　13時47分　レインボースポーツランド内高城町フレアイセンター着　休憩（14時05分
　　　　　　出発）、霧島南部広域農道をゆく
　14時30分　交差点「香禅寺」で国道10号線に合流、北上④
　14時44分　万年橋（有水川）を渡り交差点「高城町有水」通過
　14時57分　ローソン着　休憩（15時15分出発）
　15時38分　バス停「七瀬谷」着　休憩（45分出発）
　16時14分　バス停「官行入口」
　16時27分　バス停「四家鉱山」
　16時45分　バス停「四家（シカと読む）」
　16時50分　ゴール　四家多目的研修集会施設

ハイライト

■道行旅路花婿

この日は、天竜祝吉(イワヨシ)幼稚園の園児とお見合いをした。誂えたような幼稚園の名前。場所もそれなりにふさわしく、神柱神社の境内。良縁がまとまった組から順番に道行きとなった。隊員が持参した袋入りの結納をぶら下げて、しゃなり、しゃなりと歩いた。写真①はいか

154　宮崎県

にも似合いのカップル。写真②は、JR都城駅で列詰め、一休みの風景。帽子の色の取り合わせが面白い。ゴールは結婚式場ではなくてもちろん天竜祝吉幼稚園であった。

① ②

■ JWA 購買部出張所

出発してすぐに訪れた靴専門店の「おおみね」（写真③）は、宮崎県WAの役員さんの経営する店だとかで、さすがにウオーカーの喜びそうな品々がたくさん並んでいる。店の入り口には九州一周浪漫ウオークのゼッケンを飾り、店内には同じく幟も立ててあった。伊能ウオークのカレンダーやら、各種催し物の記念品やらがあって、さながら東京神田小川町のJWAの出張所のごとし。

③ ④

■ 鳥越さん一家

この日はまた、鳥越さんという家庭の母親が、小学校2年生の息子、その兄の5年生の子、それに彼ら兄弟の姉の3人の子供を連れて参加した。朝方の幼稚園児とのお見合い、道行きのためもあってこの日はスケジュールが遅れ気味。そのためスピードは落とさない。しかも国道10号線は四家に向かって登り一方。小さな子連れ組には少々きつい。ところが母親は子供のことなどほったらかしで、どんどん先へ行ってしまう。仕方なく写真のように隊員がウオーキング・タオルで結んで引っ張る仕儀と相成った。結局途中からバスに乗り、休憩所で家に電話して、父親が車で迎えに来てチョンとなった。筆者はこの母親に、今時珍しい、愛情の故にこそわが子を谷に蹴落とすライオンの雌を見た。それは子供たちの歩き方で分かった。こういう子育てがここでは生きている。幸せな子供たちであった。

11月17日（日）47日目　155

平成14年11月18日(月)　48日目
宮崎県高城町・四家→→宮崎県JR宮崎駅　33キロ　16＋3名
宿泊先「ホテルケンジントン宮崎」へは徒歩5分

いつ、どこを

　08時34分　四家多目的研修集会施設出発 ①、すぐ右折し山道を行く
　09時06分　和石（ヨレシと読む）公民館着　（最小時間）休憩（11分出発）
　09時44分　大銀杏着　休憩（10時00分出発）③
　10時05分　去川関所 ②
　10時14分　右の旧道に入り、山下橋（大淀川）も山下トンネルもともに旧道を通る
　10時19分　トンネルを出て、唐崎橋（大淀川）を渡らず、左岸を川沿いに行く
　10時46分　面早流（モサルと読む）着　休憩（出発時間不詳）
　10時58分　大淀川第二発電所前通過
　11時07分　右から柚木崎橋（大淀川）を渡ってきた国道10号線に合流
　11時15分　川口橋（浦之名川）を渡る
　11時27分　交差点「赤谷」そばの久津良荘（クッラ）着　休憩（45分出発）、県道359号線を行く
　12時15分　狩野橋（内山川）を渡り、原園で国道10号線に合流
　12時27分　高岡町農村環境改善センター着　昼食休憩（13時15分出発）、国道10号線を
　　　　　　ゆく　（時刻不詳）　河川敷をゆく
　　　　　　河川敷終わり、国道10号線に戻る ④
　14時07分　ビタミン館／道の駅高岡着　休憩（20分出発）
　14時22分　花見橋（大淀川）を渡る　14時30分　宮崎市に入る
　14時40分　東九州自動車道をくぐり、倉瀬池池畔を経て宮崎西バイパスへ
　14時59分　生目（キメと読む）トンネルをくぐる
　15時05分　浮田公民館着　トイレ休憩（20分出発）
　15時47分　バス停「西の原」　15時57分　宮崎大橋（大淀川）を渡る
　16時30分　ゴール　JR宮崎駅

ハイライト

■四家というところ

いつも出発は地元JRの駅前広場である。例外があるとしても道の駅とか、役場前とかそれなりの場所が選ばれる。この日の出発地点ももちろん、JRこそ通っていなかったが、宮崎県高城町四家の多目的研修集会施設前の広場であった。しかしここはこの施設を除くと野っぱら以外に何も見えない素晴らしいところである。写真は、朝そこへ着くやいなやマイクロバスから飛び出

①

156　宮崎県

して、気分爽快、ソフトボールでもやろうじゃないかという気になったところ。宮崎県の歴史散歩曰く："四家は俗に平家落人集落といわれる。もしそうだとすれば、大淀川をさかのぼってここまできて定住したものだろうか。本八重地区は全集落が二見氏で、国道からは桃源郷に見える...."という書き出しで、この地区の住民は、井之上、二見、長峯、黒木の四つの姓氏であることから四家の村名が付けられたという伝聞を紹介している。

■去川の銀杏／去川の関所跡

去川のイチョウ（昭和10年12月24日国指定天然記念物）について高岡町教育委員会が建てた案内板曰く："このイチョウは、島津藩初代忠久公（1179年〜1227年）が当時、薩摩街道であったこの地に植えられたものと伝えられています。この事から推定しますと、樹齢は約800年と考えられます。幹の周囲約10m、高さ約41m、枝張りは東に約10.3m、西に約13.0m、南に約10.2m、北に約16.1mあります。幹は空に向かって大きくのびており、太い枝が少ないのがこのイチョウの特徴で、秋には多くの実を付けます。"とのこと。島津公お手植えの伝聞、枝張り、太い枝の少ないこと、いったい何をもって国は70年近くも前にこの銀杏を天然記念物にしたのかよく分からない。しかし美しい大樹である。去川の関所では門柱の礎石が唯一残っている遺跡（写真の真ん中下）

②　　　　　　　　　　　　　　　　　　　　　③

■草刈りをして下さった方々

現在の国道10号線は、大淀川に橋を架けて、できるだけきついカーブを減らして直線に近づけ、スピードを落とさず走れるようにしているが、旧道は大淀川に沿って、大淀川が曲がるように曲がっている。その旧道の草ぼうぼうを歩けるようにして下さった（おそらく）高岡町の方々。ここに全員分の写真を載せておけないのが本当に申し訳ない。草を刈り込んだばかりだなということは歩いていてみんなが気が付いた。

④

トピックス　その12

九州ウオークと川越え

「九州の川とウオーク」についてはトピックスその7ですでに触れた。その中でなぜ川にこだわるかといえば、北海道、本州、四国と違って九州は川でできているからだと述べた。九州はその降雨量と川の故に国内では他に類を見ない、外国みたいなものだとも言った。そこでここではウオークの過程でその川を越えて行くことについて考えたい。

■川を越える方法はいろいろあって、橋が架けてあってそれを渡る場合はもちろんのこと、それ以外にも渡し船（舟）で渡る、人の背で渡る、徒渉するなどさまざまである。相州箱根湯本の、箱根登山鉄道の湯本駅のすぐ手前には、三枚橋という名前の橋があって、東海道を京都方面へ上る旅人は、ここで早川の左岸から右岸へ移り、以後、早川の支流の須雲川沿いに一路芦ノ湖を目指す。これは早川の流れの中の手頃な大きさの石から石へ、分厚い板を三枚渡して、その上を渡ったから付いた名前といわれており、事実板を渡した様子を描写した古い絵図も存在する。橋にしても、川の下流と上流とでは違っていて、渓谷と呼ばれる上流へ行けば、渡し船こそなくなるが、そのかわり吊り橋や、ダムそのものが橋の替わりをしていたり、さらに道が険しくなれば、籠渡り、綱渡りなども昔は登場した。ウオークでの川越えはこれらのすべてを含むから面白いのではないだろうか。

たしかに今回の九州一周では、その一周の故に海岸線に沿う場合が多く、従って歩くコースは国道か県道が多く、当然自動車道路で川はすべて橋で越える。また、国道や県道にはすべて路線番号が付いている。今回使った道路地図では、路線番号のついた道はすべて色つきであるのに対して、地道は白・黒で記入してあってすぐ分かるようになっている。要するに今度の九州一周で川を越える場合はすべて橋で越えたということである。

初日に越えた洞海湾は、若戸大橋が人を歩かせないので、渡し船に乗った。写真は船尾から撮った風景である。これで分かるのだが、ひとたび橋が架かると、それまでの

①

川を越える手段はすべて除去されるかというとそうでもなく、併存する場合がある。江戸の隅田川はたくさんの橋で知られたらしいが、中でも吾妻橋はすぐそばを渡し舟も通っていたらしく、「あずま橋とは吾が妻橋よ、そばに私（渡し）がついている」という都々逸がある。ついでながらこの都々逸には更にその先があって、いきな下町芸者の吾妻下駄のカラコロに連れ添ういなせな若い衆を、「あずま下駄とは吾が妻下駄よ、そばに裸足（私）がついている」と詠んでいる。ここまで洒落のめしてもなお、江戸情緒を漂わせる腕前は大したものだが、この作者も若戸大橋では絶句するのみだろう。

■九州の昔の川越えの例を出そう。次の記述は、宮崎県の地名（平凡社）の「豊後街道」の道筋の記述で佐土原から北上するくだりである。少々長いがそれに値する記述である。

「近世の豊後街道の道筋は、．．．佐土原城下の東側を通り、一ツ瀬川にさしかかる。元禄国絵図では同川は広さ一町・深さ三尺で、歩渡とある。同川を児湯郡富田村へ渡り、同郡日置村から高鍋城を西に見て、同城北側を東流する小丸川(オマルガワ)を歩渡し、持田村に至る。同村内の阪本坂を上って、大池村・平田村・猪窪村・篠別府村(シノビュウ)を経て、名貫川を徒歩で渡り、都農町に至る。更に北上し心見川(ココロミ)・石並川を徒歩で渡り、美々津湊のある上別府村を経て、広さ一町四十間・深さ六尺の耳川を船で渡り、臼杵郡才脇村に至る。平岩村・財光寺村を経て塩見川を徒歩で渡り、門川村に入る。同村では東流する五十鈴川を船で渡り、加草村・伊福形村(イガタ)を経て、大瀬川を徒歩で渡ると、延岡城下の柳沢町に入る。同町から南町を東進したのち北進して五ヶ瀬川に架かる板田橋を渡り、．．．祝子川を船で渡り、．．．北川を徒歩で長井村に渡り、．．．」
といったぐあいである。その同じ豊後街道をわれわれも歩いた。われわれの川越えは：
「一ツ瀬川を日向大橋で渡り．．．小丸川を高鍋大橋で渡り．．．名貫川を都南橋で渡り．．．心見川を心見橋で渡り．．．石並川を？？橋で渡り．．．耳川を美々津大橋でわたり．．．塩見川を塩見橋で渡り、．．．五十鈴川を五十鈴大橋で渡り、．．．大瀬川を須崎橋で渡り．．．五ヶ瀬川を五ヶ瀬橋で渡り．．．」といったぐあいである。これでは浪漫も何もないではないか。
■もう一つ佐賀県の例を出そう。10月16日、行程15日目（休養日）に伊万里から唐津へ一人で歩いた。昔の唐津街道である。慶安2（1649）年に作成された「肥前一国道則帳」という資料にこの道が記載されている文言は図の通りである。この中で、壱里山とあるのは一里塚のことである。肝腎の川の越え方について、「石川陸渡」とか「小石川陸渡」とあるのが何を意味するのか、手元に専門的な参考資料がないのでよく分からない。石川や小石川については、日本国語大辞典に石川とは：「小石が多く底の浅い川．．．江戸時代、河川を大河、小河、石川、砂川、泥河、谷川に分けたうちの一つ」とあり、同じく小石川とは：「底に小石が多くころがっている川」とある。陸渡はおそらく"オカワタリ"と読むのであろう。示されている川の深さの数値からして、おそらくそのままジャブジャブ川の中を歩いたことを示しているのではないかと推測する。上記の箱根三枚橋から思うに、たとえ板一枚であろうとも渡せば、それは橋渡しだったのではないか。要するに、舟渡し、橋渡し、陸渡しと3種類あるわたりかたの一つと見るのが妥当なところだろう。

一　唐津城本ヨリ伊万里迄六里二十町、此間坂、内川五ツ。壱里山　和多田村ニ有。壱里山　徳末村ニ有。一　行合野村ノ川　広八間深凡三尺、石川陸渡。壱里山　古里村ノ川　広七間深凡三尺、小石川陸渡。一　井手野村ノ川　広六間深凡一二尺、小石川陸渡。壱里山　小麦原ニ有。一　大川野村ノ川　広四間深凡一二尺、小石川陸渡。一　伊万里村ノ川　広五間深凡一二尺、小石川陸渡。壱里山　伊万里村ニ有。

ジャブジャブと歩いて渡れそうな岸を探してウロウロするということは、現在でもわれわれが時々遭遇する事態である。こういうところに歩く醍醐味を味わう、それが浪漫ということではないか。

平成14年11月19日(火)　49日目
宮崎県JR宮崎駅→→宮崎県JR高鍋駅　33キロ　15＋3名
宿泊先「国民宿舎石崎浜荘」へはマイクロバスで戻る

いつ、どこを

08時33分　JR宮崎駅出発、駅構内を抜けて裏駅前をまっすぐ
08時40分　大島通りに出て左折
08時47分　青葉町の四つ角、メガネスーパーのところを右折
08時56分　バス停「上西中」
09時00分　檍橋（新別府川）を渡る
09時05分　県道11号線との交差点を左折
09時13分　新別府町と阿波岐ヶ原町との境の四つ角を右へ
09時18分　江田6号橋（江田川）を渡る
09時23分　バス停「試験場入口」先の松並木になったところを左へ
09時26分　バス停「公園道路入口」
09時33分　Cottage Himuka着　トイレ休憩（45分出発）
09時51分　Cottage Himukaの裏側へ抜け、松林の中の歩道をゆく ①
10時28分　海ぎわの道路に出る
10時39分　一ツ葉PA着　休憩（10時55分出発）
11時12分　一ツ葉有料道路料金所
11時37分　石崎浜荘着　昼食休憩（12時25分出発）
12時37分　県道372号線横断、直進
12時44分　JR日豊本線線路横断
12時45分　交差点「佐土原中溝」を右へ、国道10号線
12時52分　石崎橋（石崎川）を渡る
13時05分　JR日豊本線佐土原駅着　休憩（20分発）
13時29分　横断歩道「梅野」
13時36分　バス停／交差点「宮本」
13時51分　日向大橋（一ツ瀬川）を渡る　渡り終えて80m先を右折
13時59分　JR日豊本線線路をくぐる　三叉路を左へ　寺の先を左へ
14時11分　交差点「新冨町軍瀬」で国道10号線に戻る
14時29分　交差点（無名）に左18号線、右306号線とあり
14時31分　（その？）交差点を右へ　14時34分　交差点「富田八幡」
14時40分　エノクチ橋（鬼付女川）を渡る
14時48分　日向新富駅着　休憩（15時00分出発）、以後海側のバイパスを進み、堀之内
　　　　　で国道10号に戻る
15時50分　堀之内公民館で列詰め（55分出発）
16時10分　古港橋（宮田川）を渡り、宝酒造の右手をゆく
16時20分　ゴール　JR日豊本線高鍋駅

160　宮崎県

ハイライト

■松林

この日は午前中一杯松並木の中を歩いた。松林の中のキノコを探している人がいた。何十万本、何百万本の松の中でたった一本山芋の蔓の絡んだのを見つけた。退屈しきっていたところだったので写真に撮った。どうしてこんなところに？という疑問が湧いたからだが、おそらく小鳥が胃袋に飲み込んだムカゴが消化されずに排泄されてこの松の木の根元に落とされたのであろう。蔓の太さから見て、小鳥がムカゴを落としてから5年ほど経っている。もう子孫を増やすためのムカゴをあたりにまき散らし始めてもいい姿だと思うが来年またここを通ったときにどうなっているだろうか。

①

■シーガイア

シーガイアはseaGaea＝seagaiaで和製英語。seaは海、gaiaはギリシャ語のGaeaから取ったとのこと。GaeaはOceanusがオーシャン、つまり大洋であるのに対応して、大地（earth）の意味、従ってseagaiaは？！？！という意味である。

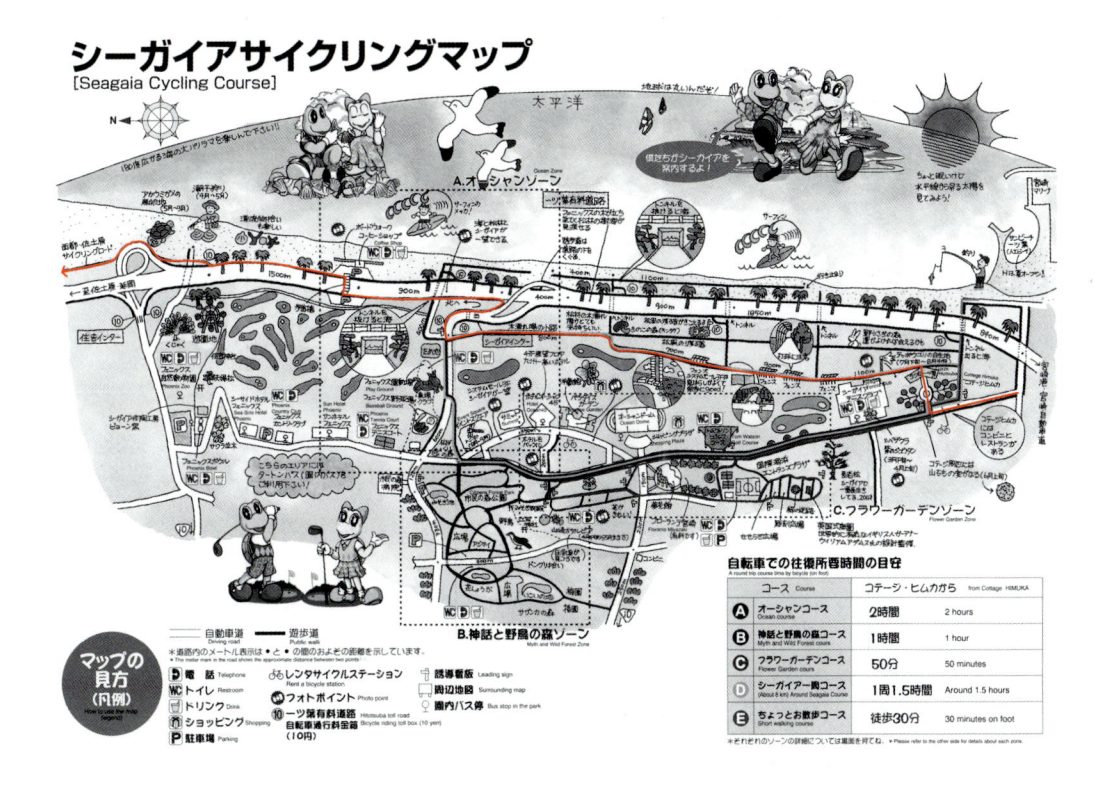

シーガイアサイクリングマップ
[Seagaia Cycling Course]

自転車での往復所要時間の目安
A round trip course time by bicycle (on foot)

	コース Course	コテージ・ヒムカから from Cottage HIMUKA
Ⓐ	オーシャンコース Ocean course	2時間　2 hours
Ⓑ	神話と野鳥の森コース Myth and Wild Forest course	1時間　1 hour
Ⓒ	フラワーガーデンコース Flower Garden course	50分　50 minutes
Ⓓ	シーガイア一周コース (About 8 km) Around Seagaia Course	1周1.5時間　Around 1.5 hours
Ⓔ	ちょっとお散歩コース Short walking course	徒歩30分　30 minutes on foot

※それぞれのゾーンの詳細については裏面を見てね。 Please refer to the other side for details about each zone.

11月19日（火）49日目

平成14年11月20日(水)　50日目
宮崎県JR高鍋駅→→宮崎県JR都農駅　20キロ　18＋3名
宿泊先「国民宿舎石崎浜荘」へはマイクロバスで移動

いつ、どこを

08時42分	JR高鍋駅出発
08時50分	高鍋保健所の先を斜め右に国道10号線への近道
08時56分	国道10号線へ出て右へ
09時00分	高鍋大橋（小丸川（オマルガワと読む））を渡る
09時10分	交差点「高河原」
09時39分	バス停「鬼ヶ窪」
09時52分	バス停／交差点「俵橋」
09時57分	ルピナスパーク着　休憩（10時15分出発）
10時20分	交差点「川南町川南」右折
10時52分	川南漁港通過、県道308号線をゆく ①
11時05分	バス停「一ツ松」
11時28分	サーフィンセンター（川南駅海側、伊倉浜自然公園内）で日向市ウオーキング・クラブ接待の豚汁昼食（12時15分出発）
12時22分	平田橋（平田川）を渡り、川南町浪掛の四つ角を右折、JR日豊本線に沿って県道302号線を行く
13時05分	都農町に入る
13時12分	都南橋（名貫川）を渡る ②
13時30分	ゴール　JR都農駅

ハイライト

■川南漁港／トロントロン

筆者が、道中、人の話に耳を傾けずにひたすらバス停ばかり追っかけているのを見て、本部隊員の清田さんが、トロントロンという名前のバス停があると教えてくれた。もしかするとそばを通るかも知れない、とのことで期待していたが、3キロほど手前で日向灘の方へ曲がってしまったので果たせなかった。休憩時に道路地図で見るとなるほど、川南町役場の近くにバス停「トロントロン」、交差点「トロントロン」、川南運動公園のそばにはトロントロンドームも描き込まれている。たしか西南戦争の時に、西郷軍が北へ敗走する時にこのあたりを通った、そのことに関わることだったらしいと記憶するが、思い出せなくなった。しかし「トピックス　その6」でも触れたような、妙な名前のバス停のひとつであることは確かだ。

大日本地名辞書の中で吉田東吾は、「都野郷　和名抄、児湯郡都野郷。〇今都農村、川南村是なるべし、高城の北東にして、山海の間なる小平野を占む。延喜式に日向国都農野馬牧というは、今都農村の牧内山にあたる歟。都農村は小駅にして、高鍋美々津の間に位置す。」と述べている。

写真①は、日向灘へ出て川南漁港の町を最初に見たところ。台地になっていて、左前方に下り坂になって、住宅街に入って行く。右側にJR日豊本線の線路が見え隠れしている。面白かったのは高い建物がまったくないことで、ふつうはこうした高台から見晴らすと、いくつか高い建物が目に付くはずなのだが、それがまったくない。何か異様な感じさえした。それが写真を撮った理由でもあった。

資料によれば、宮崎県の漁業は県北と県南に二分されていて、県の中央部は零細な沿岸漁業が多く、ほとんどの漁協が2％以下の漁獲量しかない、という。漁業種類別で見ると、川南地区は、かつお一本釣り以外の釣り、引き縄釣り、刺し網漁、パッチ網漁、マグロ以外の延縄漁など、すべて沿岸漁業に集中している。

■都南橋／名貫川／尾鈴山

国道10号線とJR日豊本線は並行している。鉄道鉄橋の橋桁のそばで男の人が網で何か掬っている。鈴木勲さんと二人で、大声で叫んで何を獲っているのか聞こうとしたが、聞こえているのかいないのか、まったく振り向きもしなかった。川で何か獲物を捕らえようとするとき、橋の下がいいことをさすがに心得ているらしい。筆者も子供の頃、横須賀線の大船←→戸塚間、あるいは大船←→藤沢間の鉄橋の下で、"かいぼり"をして鰻を食べきれないほど獲ったのを思い出した。このあたりの川はまだこうしたことが可能なことが歩いていて羨ましかった。この名貫川の水源は、尾鈴山という九州山地の南東端に位置してひときわ高い1405.2mの標高の山である。思い起こせば行程30日目、10月31日、九州山地の西側北縁を見た。それまで熊本平野、八代平野と平坦なところばかり歩いてきたわれわれの前方に傲然と立ちふさがった九州山地であった。それが今、今度は九州東側の南東端に九州山地が姿を現したというわけだ。10月31日は、いよいよこれから九州の南半分に足を踏み入れるのだという感慨があった。それが今、いよいよこれから北へ帰る。九州の北半分に足を踏み入れるという感慨がわいてくる一瞬である。この尾鈴山は、矢研滝、白滝などの滝で有名である。尾鈴山瀑布群として国指定の名勝となっている。

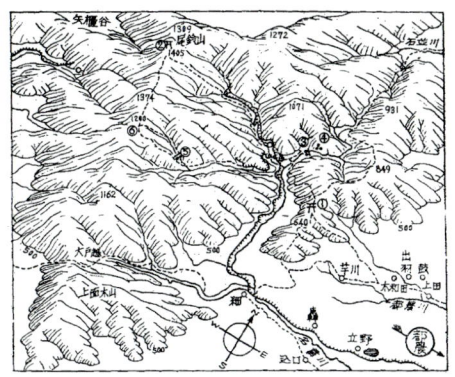

『日向の風土と観光』（鉱脈社）より

平成14年11月21日(木) 51日目
宮崎県JR都農駅→→宮崎県JR日向市駅　26キロ　23＋3名
宿泊先「ルミエール日向」へは徒歩で移動

いつ、どこを

08時40分	JR日豊本線都農駅出発、駅前の県道310号線を直進、バス通りに出て右折
09時00分	都農橋（都農川）渡り、国道10号線に合流
09時10分	バス停「岩山」
09時28分	交差点「都農町丸溝」
09時34分	バス停「心見」
09時35分	心見橋（心見川）を渡るところで右折
09時40分	県道366号線を右（東都農駅方面）へ、次いで県道30号線を左へ分岐
09時56分	交差点「寺迫」から100m先のセブンイレブン着　休憩（10時10分出発）
10時15分	日向市に入る
(時刻不詳)	道の反対側から女性が花束を投げるが、道路のこちら側まで届かない
10時52分	JR美々津駅着　トイレ休憩（11時00分出発）
11時10分	バス停「川向」そばの「美々津手漉き和紙」① ②に寄った後、石並川を渡り、JR日豊本線の鉄橋を渡る
11時20分	ビュー・ポイントで写真を撮ると通告、伊能ウオークでも撮ったとのこと
11時30分	美々津の古い町並み散策
11時36分	美々津軒着　昼食休憩（12時15分出発）③ ④
12時16分	美々津大橋（耳川）を渡る（このころから雨が降り始め、メモできない）
13時15分	JR南日向駅着　休憩（30分出発）
13時46分	バス停「土々呂毛」
(時刻不詳)	左手、県道226号線に入る
14時05分	赤岩橋（赤岩川）渡る
14時15分	国道10号線を避け、その左の道を歩いてきている
14時33分	塩見橋（塩見川）を渡ってすぐ右折、次いですぐ左折
14時42分	日向警察署表敬
14時44分	ゴール　JR日向市駅

ハイライト

■美々津手漉き和紙

案内パンフには：「宮崎県内に唯一残った手漉き和紙です。美々津の佐々木さん家族がその伝統を守り続け、今も和紙作りを行っています。美々津にもかつては石並川近くの集落に約60戸の手漉き和紙職人が住んでいました。佐々木さんの和紙は、「和紙処佐々木国吉」の商号を持つ父国吉からの技術伝承で、高知県の「土佐和紙」の影響を受けています。製品として障子紙や書道用紙、賞状用紙、懐紙、便箋、葉書、名刺などを作っています.....」とあって、〔手漉き和紙のできるまで〕を、原料から断裁までの11工程に分けて写真入り

164　宮崎県

で説明してある。

写真は作業所にお邪魔したときのもの。あとから宿泊先へ作品例を届けていただき、感激した。

①　　　　　　　　　　　　　　　　②

■美々津の歴史

写真③は美々津の廻船問屋河内屋で、現在は日向市歴史民俗資料館となっている。「美々津は、江戸時代から高鍋藩の商業港として栄えた町です。当時の美々津には数多くの商家が軒を並べていました。なかでも河内屋は有名な廻船問屋のひとつに数えられていました。この建物は安政2（1855）年に建てられたもので、広い間口と奥行きとをもち、構造上は平入造りに属し、一階の南側に通り庭を築き、正面には出格子や格子戸を設け、二階の正面には虫籠窓を設けるなど、典型的な商家造りの意匠を残しています」と案内にある。もう一枚の写真④は、昼食を遣わせて貰った美々津軒と美々津まちなみセンター。

③　　　　　　　　　　　　　　　　④

なお、「美々津で唄をうたうな」という俗諺がある。美々津は海路を通じて上方との結びつきが強く、最新流行の上方文化がここから伝わったので、美々津で唄をうたうと恥を掻くぞという意味らしい。ついでながら、「冨高で喧嘩をするな」、「高鍋で学者ぶるな」というのもあるとのこと。高鍋は歴代藩主が学問、教育を奨励したが、特に七代藩主高橋種茂が藩校明倫堂を設立して学問の振興をはかった。種茂の弟松三郎が、有名な米沢藩の上杉鷹山である。そのため高鍋で学者ぶると恥を掻くぞという戒めらしい。

平成14年11月22日(金)　52日目
宮崎県JR日向市駅→→宮崎県JR延岡駅　23キロ　26＋3名
宿泊先「延岡グリーンホテル」へは徒歩で移動

いつ、どこを

08時30分	JR日向市駅出発、県道226号線をゆく
08時40分	県道226号線を進む
08時52分	JR日豊本線の線路を渡って国道10号線方向へ、線路脇の細道を進む。日向市の警察署長さんがリポビタン30本を接待。以後、JR日豊本線の線路、及び庄手川に架かる橋を渡り返しながら進む
09時00分	JR日豊本線線路を左へ渡る
09時02分	アライ橋（庄手川）を渡る
09時05分	丸山橋（庄手川）で川を渡り返して右岸を進む
09時14分	梶木橋　しばらく線路際（進行左側）を歩いた後、国道10号線に戻る
09時25分	バス停「梶木」
09時29分	交差点「南町南」
09時37分	門川町総合文化会館着　トイレ休憩（50分出発）国道10号線を行く
09時52分	五十鈴大橋（五十鈴川）を渡る
10時15分	左へ県道229号線、右へ県道232号線を分岐
10時16分	鳴子川を渡る
10時22分	丸山川を渡る
10時25分	海浜総合公園着　トイレ休憩（35分出発）、宮崎日向ゴルフコース脇を通る
10時45分	加草大橋を渡る
11時19分	国道10号線に復帰
11時26分	交差点「土々呂町」で左県道49号線、右県道224号線と交差
11時27分	バス停「土々呂」
11時37分	土々呂臨海公園の中の運動場着　昼食休憩（12時30分出発）①②③
12時47分	交差点「旭が丘」で国道10号線に戻る
12時58分	沖田橋（沖田川）を渡る
13時10分	交差点「平原町」の二股を左へ
13時29分	JR南延岡駅着　休憩（45分出発）
13時50分	JR日豊本線線路ぎわに出て浜川を渡り、線路沿いにゆく
14時10分	大瀬川岸に出る
14時16分	須崎橋（大瀬川）を渡る
14時20分	五ヶ瀬橋（五ヶ瀬川）を渡る
14時30分	ゴール　JR日豊本線延岡駅

ハイライト

■はまぐり碁石

日向は「はまぐり碁石」で有名なのだそうだ。実は筆者はそれを知らず、日向に着いてからも気が付かず、日向ウオーキング・クラブの会長さんから、"日向名物ですからお土産に"といわれて、白・黒の石を一個づつあしらったキーホルダーをいただいてから、多少資料で勉強をした。「日向灘沿岸をゆく」の著者三又喬氏によれば、"...はまぐりの育つ小倉ヶ浜は日向市の中央を流れる塩見川河口から、南へ約四キロのびる浜辺で、かつて日本一を誇った分厚い碁石の原料スワブテはまぐりは、この小倉ヶ浜だけに棲息し、貝殻も明治、大正期にかけては浜辺一帯からいくらでも採取することができた。機械化による採取法の進歩とともに原料不足となり、現在はメキシコ産の貝殻に頼っている"とのことである。

■日向式ホスピタリティ

九州七県、どこでも女性ウオーカーのホスピタリティのたいへんなおかげをこうむった。その一部分は、佐賀県、長崎県のステージのところですでに触れた。このことはまず最初に断らなければならないが、宮崎県女性ウオーカーのホスピタリティは、動きが組織的だという点で、他に例を見ないものである。宮崎県以外の県のホスピタリティは、おおむねひとりひとりのボランタリイな貢献に基づくものだが、宮崎県の場合は、昼食用の材料・道具類の一切を車に積んで、朝、出発会場で一行を見送るとすぐ車に分乗して、昼食会場に向かい、そこで豚汁その他大ご馳走の準備に掛かる。実は、去る20日もそうだった。だから昼食会場の五キロも手前からいい匂いがし始めて、われわれは目の前の人参を追いかける競馬馬みたいな心境になって、セッセと歩くことになる。その用意周到ぶりは写真をご覧いただけば分かろうというものである。ご覧なさい、みんな美人でしょうが。食後、写真の後方に写っている土手を越えた入り江で写真を撮った。たらふく食べた満足が顔の表情に出るのはやむを得まい。

①

②　③

11月22日（金）52日目　167

トピックス　その13

案内の案内　2

ウオークの過程で、貰ったり拾ったりして多くの資料を手にすることになる。貰ったその場で処分するわけにもいかないので持って歩くが、結局目を通さずに捨てることになるものが多いのではないか。その点、ここにあげた案内の方が後の使い勝手が広いといえる。

■老木
生木の老木は頻繁に案内の対象となる。樹の種類としてはクスノキやイチョウが多いようだ。後者では去川の大イチョウや、有田町弁財天社の大イチョウなどだが、前者はそれこそ枚挙にいとまのないほどである。神社・仏閣の境内に生えている場合が圧倒的だからということもあろう。野原に生えているだけのは案内の対象にはならないことは象徴的だ。

■橋
眼鏡橋の多い土地柄ということもあり、古い橋への案内も多い。車両交通の負担に耐えられないということで国道・県道に"道を譲った"結果、文化財化したので、破損や流失で無くなったわけではない。中には、甲突川の橋のように、水害の後、道路工事の一環として観光施設として移築された例もある。新しい長い橋は、それはそれで案内の対象となる。

■峠と坂
名前のない坂や峠があって、汗水垂らして上りつめても何の説明もないと気落ちがする。特に峠などは休憩所として選ばれやすく、そこで一息入れるからなおさらだ。だから鈴田峠やピントコ坂など今なお印象が鮮明だ。説明があると、和田越えや腹切坂のように遊園地の滑り台程度でも記憶に残るが、説明がないとその場の腹立ちで終わってしまう。

■九州自然歩道
歩いている道の前方を突如横切ったり、あるいは今歩いている道がそれだと、案内板で突如教えられたりする。案内は丸太などでいかにもそれらしく作ってある。地図が添えてあることが多い。自然歩道の最大のメリットは、それによってわれわれが歩いている方の道は、実は不自然歩道なのだということを思い起こさせてくれる点にある。

①

②

③

④

168　トピックス

■駅前シンボル

駅前はゴールと翌朝の出発式でいやというほど時間がある。駅前シンボルは立体構造でなければ、単なる看板では誰も見ない。三毛門駅前のかぼちゃはユーモラスだが、この種の白眉は「東芝」の始祖で日本のエジソンと称される田中久重を顕彰するため久留米駅前に作られた「からくり太鼓時計」だ。誰もが時刻に神経質になる駅前にいかにもふさわしい。

■民話

地域に伝わる民話を漫画入りで文章化し大きな掲示板に掲げている。場所は豊後高田の田染の里という昔の荘園で、「才叡山の土蜘蛛の話」、「才叡山高山寺の焼仏の話」など4点を立ち読みしたが、一連番号からすると付近に20点はあるらしい。空海の道ウオークでは讃岐で同様のものを見た。多少隊列から遅れても読み終わらせるだけの内容がある。

■合戦跡

九州は西南戦争を始めさまざまな国内戦の場となったため、その跡をできるだけ生々しく残そうとする動機がかたちに現れる。西南戦争の際の弾痕の跡の案内など至る所にある。戦国時代の合戦跡も多い。多くの場合文章の他に各陣営の陣立てや攻防を表す地図を添えてある。特徴は、案内する当事者に学者はおらず、地元の郷土史研究者団体であることだ。

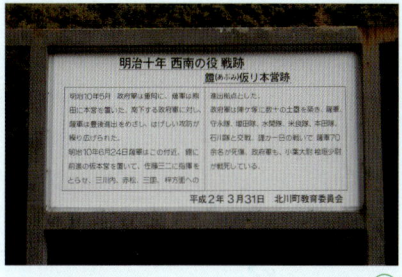

■自然現象

自然現象の中には、人々に珍しさや不思議さへの好奇心を誘うものがあり、それらに対する案内もまた厖大な量が存在する。代表的な、典型的な例は不知火だが、その珍しさ不思議さには、読んで納得するかどうかは別としてかならず科学的な説明が付いている。出水市のツル観察センターや串木野金山などのように一大観光資源になっている場合もある。

■宿で

宿では宿泊客への案内がさまざまな方法で掲示される。「冷えた空の冷蔵庫です。当ホテルでは、お客様に御自由に利用していただくために、中味はお入れ致しておりません…生もの等、臭いの出やすい物の保存はご遠慮下さい… ご出発後の飲食物は処分させて戴きます…. 支配人」という紙片を冷蔵庫に貼ったシングル・ルームがあった。

トピックス　169

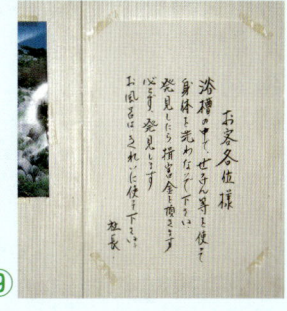

平成14年11月23日(土)　53日目
宮崎県延岡市　休養日
宿泊先「延岡グリーンホテル」

いつ、どこを
魔の休養日症候群の日がまた来た。11月12日、知覧から手蓑峠を下って鹿児島へ向かう。ふだんならもうとうに見えるはずの桜島が見えない。一行の中の誰かが「黄砂」という言葉を口にするのを聞いた。翌日、テレビでも鹿児島が黄砂に覆われたニュースがあった、と聞いた。翌々日、鹿児島を去る14日にも、桜島が黄砂に覆われたことは写真で紹介した。休養日症候群もこの黄砂のように筆者を襲うが、黄砂よりひどいのは、頭の中にまで侵入して脳味噌まで覆ってしまうことである。

ハイライト
■今山八幡神社例大祭
朝食の後、しばらくして退屈のあまり、明日の出発場所など確かめんものと外出し、城山公園を一巡した。帰り道、ちょうど五ヶ瀬川にかかる板田橋のところで、御輿と出会った。これは今山八幡神社のお祭りである。このおやしろについて、宮崎県の歴史散歩の記述は次の通りである。曰く：．．．．高千穂通りの大鳥居から花崗岩の石段を上りつめたところに鎮座している。751（天平勝宝3）年、県領主土持直綱が宇佐八幡を勧請して創建したと伝えられる。奈良時代以降、延岡の地が宇佐八幡宮領となった関係からであろう。1578（天正6）年、大友宗麟に焼かれ、1587（天正15）年に高橋元種が再建した。例祭は11月25日で昔は神事能が奉納された。1607（慶長12）年に元種が仁王門のそばに座席を設けて奉納、見物したのがその起こりという．．．．百四十余の石段は1段1本もので、海運関係者が航海安全を祈願して奉納したものである。境内の玉垣には伊予・大阪・播磨・防州などの商人の名が見られる、とある。
引用した記述の中に"例祭は11月25日で"とあるが、御輿を見たこの日はその二日前だから、祭りは何日か続くのであろう。

■「歩」の字
乗り物に乗っての一人旅で、カバンの中に文庫本などの愛読書を入れて置いて、折に触れて読むという人は多いし、事実、新幹線の中などでよく見かける。しかし歩きでは荷物はできるだけ減らしたいし、同じ携行するなら地図の方が優先順位がずっと高い。今回も道路地図は、一県一冊で七県分、荷物に詰めさせて貰った。本の替わりに、出雲名物じゃないが、荷物にならぬ時間つぶしに公案がある。公案は本来禅の用語で、「広辞苑」と「日

本国語大辞典」ともに"禅宗で参禅者に出す課題。仏祖の言行のうち、修行者にとって意義深いものや、暗示に富むものを撰んで課題としたもので、難問が多い。"と、ほぼ同様の記述をしている。筆者も、禅宗の修行僧には及びもないが、ウオーカーとしての公案をいくつか持っている。一不審もって参ると「歩の字の心や如何に」というのがある。「ホの字の心」なら色気もあり、ほほえましく、"わたしゃあんたに惚れとるばい、惚れとるばってんいわれんたい"と答えも明瞭だが、老いの世を歩くくらいしか能のない身には、「歩の字の心」がせいぜいだ。

藤堂明保氏の漢字語源辞典を見ると「歩」という字は「止」の字の部首に属している。以下、「止」、「歩」、「足」、の解字のところを引用する。「正」という字の解字も面白いからついでに載せる。

これで見るともっとも基本となる足の象形文字がまずあってそれが「止」の字、その上に矩形を乗せて「正」の字、足の象形文字を二個持ち出してきて、一方をひっくり返して上下に配置したのが「歩」の字、また、足の象形文字の上に楕円形をのせて「足」の字となるようだ。「止」の解字は"足の形を描いた象形文字で、足がじっとひと所にとまることを示す。趾(アシ)の原字"とある。「歩」の解字は、"右の足＋左の足の会意文字で、左と右の足をふみ出すことを示す。足の面を字面に近づけてぱたぱたあるくこと"とある。

これからすると、足は左右二本あるから歩けるので…ということになり、マンガチックではあるがまことに理に適っている。面白いのは「足」の解字で、"ひざからあし先までを描いた象形文字で、関節がぐっとちぢんで弾力をうみ出すあし"とある。してみると足の象形文字の上の楕円形は膝小僧らしい。左膝に爆弾を抱えていて、ウオークの時に必ずつけることにしている筆者のサポータも、膝小僧のところがピョコンと矩形状に顔をだすようになっている。休養日で"足止め"を食ったので、"歩くことは止まること"という筆者愛用の駄洒落付き拙文解字をご披露に及んだ次第。

『漢字語源辞典』（學燈社）より

平成14年11月24日(日)　54日目
宮崎県延岡市　宮崎県大会（城山公園）　10キロ　123＋2名
宿泊先「延岡グリーンホテル」へは徒歩で移動

いつ、どこを
 10時02分　城山公園の広場出発
 11時00分　吉野町で大瀬川と分かれ、延岡市市街地の方へ折り返す
 11時26分　西階（ニシシナと読む）運動公園着（薩摩揚げとペットボトルの水で）休憩
 (時刻不詳)　ガンガン石 ②
 (時刻不詳)　ゴール　城山公園広場

ハイライト
■河川敷団体歩行
この日は、城山公園を出発後、大瀬川左岸の河川敷に沿って遡行、吉野町で大瀬川から離れて折り返した。これまで県大会のコースもいろいろあったが、はっきりと河川敷を遡行したのはこの日が初めて。写真は、河川敷堤防外側を進む一行①と、ガンガン石②。叩くと確かにガンガンという音がする。

①

②

■五ヶ瀬川遡行
大瀬川＝五ヶ瀬川には特別の思い出がある。広島県福山市に本部のある「全国河川遡行クラブ」という歩く会の催しで、水源近くまで遡行したことがあるからである。この会は、全国の一級河川を全部遡ってやろうという、野心的な目標を掲げていて、年に2本づつ"片付けて"五ヶ瀬川がその20本目であった。遡行といっても川の中をじゃぶじゃぶ歩くわけではないが、初日はあいにくの土砂降り、さらにこの会は、食料と寝袋持参とのことで荷が重く、難行苦行であった。

筆者がこの会に関心を寄せている理由は大きく二つある。一つは、会の催しの後、参加者から作文を募って文集を刊行することで、それがなかなか力のこもった、しっかりした内容のものだということである。一人A4用紙2枚までという、手頃な分量である。五ヶ瀬川遡行のときに寄せた拙文「鯉のぼりの唄」を、主催者に無断でここに掲載させていただく。

もう一つの理由は、筆者にとってはなかなかの重大事で、それは現代におけるウオークの原点を捜し求めるという立場からすると、河川遡行というのはどうも、時代を超えてウオークの本質に迫る何かをそこに見出す可能性が有るのじゃないか、そう思っているからである。特に、今回の九州一周が、当然のことながら、海岸に沿って歩くことになるのと対照的で、両者の比較という視点からも興味深い。ただし、理屈をこねれば、河川遡行は一方向の行動（この点は川下りもそうだが）で、遡行した後どうするという問題が残る。どうしても辺鄙な山奥がゴールとなるから、ゴールしたその場所から帰りのバス輸送を都合せねばならず、そのことがゴールの地点と時間を左右する。もちろん主催者が福山とゴールとの間の往復用のバスを手配してはいる。この一方向性という問題をどう考えるか、納得できる理屈が欲しい。

鯉のぼりの唄

住所：神奈川県鎌倉市高野25-10
氏名：井上 如（イノウエ ヒトシ）
年齢：68歳
背番：431

1．弓取り式

ヨイショをいうなら早いほうがいい。全国河川遡行クラブのどこがいいか。

まず第一に、同じ川を二度と通らないらしい。だから参加してもフレッシュな気持ちでチャレンジすることができる。遡行に限らず道歩きは最初の一回だから、初回だから面白いそのもない。第二に、羅字の見えないキセルみたいなところがいい。スタート地点というか、吸い口のところでチェックしたあとは、ゴール、つまり羅音のところでお待ちしますという歩行スタイルが何ともいえない。そのキセルもまた、石川五右衛門の持っているサツマイモみたいなのもありゃあれば、お姐さんが吸い付けて回してくださる朱雀字のキセルもある。途中にチェックポイントというものもあるとのことだが、それが隠してあって、なかなか見つからないのがついでながらまたいい。私などはぜんぶ無視した。第三に、地図がディジタルなのがいい。地図はほんらい空間を連続量として描写し、見る人にアナログ情報を提供するもので、なんとかマーチや、なんとかウオークのスタートで配られるほとんどがそれだが、全国週行クラブの地図は、二叉路、三叉路などでの選択を矢印で示しただけのディジタル性に特徴がある。第四に、以上をすべて総合して、全体としてクイズ性に満ちているのがいい。譬えていえば、ただ歩くだけでなくオリエンテーリングを加味してあるとでもいおうか。始めての通りだから間違うが、通勤・通学路じゃあるまいし、間違うからこそ歩くに値するのだし、吸い口と羅音とを繋ぐ自由は自分のものだし、そもそも地図がいかに信用できないかを発見する楽しさにまさる喜びはない。

初参加者として三級に格付けされた。これから毎回歩くつもりだが、ずっとこのまま三級（Thank you）でいたい。以上ヨイショ終わり。

2．鯉のぼり

川は上ると下るで大違い。下りなら気楽なもので、船頭さんの自慢ののどを肴にいっぱいやりながら、紅葉を愛でるという風流そのものだ。それはちょうど福山から延岡へ向かうバスの中で飲めや歌えの大騒ぎで、まだ一歩も歩かないうちからすっかり出来上がってしまうのとよく似ている。一方川を上るとなると、前日の酔いはどこへやら、国境を目指す難民もかくやとばかり、ぴしょ濡れ、ずぶ濡れ、身の哀れに泣き濡れながら、ただ黙々とゴールを目指す行列となる。何の祟りか。週行クラブというより素行不良クラブではないか。

川魚は流れの速い清流で産まれ、海で育ち、産まれた源流に戻って産卵し、使命を終えて力尽きる。産卵から孵った稚魚のうちのほんのわずかは、九死に一生を得てふたたび海へ下り、かくてサイクルが繰り返される。一方誰だか知らないが、おそらく川へ飛び込んで死のうと思った人生の破産者であろうか、この正気の沙汰とは思われない、押し合いへし合い遡行する魚の必死の形相に何か感動を覚え、勇気づけられたのではないか。行く手に滝があれば、落ちに飛びつこうと山の中からピョンピョン跳ねる、成功するまで何度でも跳ね続ける。うまいこと滝を登り終えた魚は後をも振り向かず先を急ぐが、死ぬまで跳ね続ける魚もいるだろう。その姿は、国道218号線にたどり着こうとして夕暮れ迫る急坂を、重いザックに潰されそうになりながら這い登るどこかのホームレスの群となんとなく似ているから面白い。鯉のぼりは、川魚にいのちの尊さを教えられたものが発明したに違いない。

しかしご隠居に鯉の滝登りの掛け軸を見せられて、ボラが素麺を食っていると評した熊さんの眼力も捨てがたい。一流登山家も真っ青という身なりで出で立ちで、途中の温泉に寄って暖まって、♪♪天竜下ればしぶきがかかる～♪♪などとご機嫌でいっぱいやって、あとは乗り物でという人生も捨てがたい。要するに「上っても、下っても、面白い」というべきか。そうでないと、"酒も煙草ものまないで、唄も踊りもやらないで"いると、ひとの三倍ぼけることになるのだそうだ。

3．HG氏のこと

宮崎県は、九州の他の県から「木材有れど人材無し」などとぼろくそにいわれてきたが、幕末・明治の頃ならいざ知らず、全国津々浦々、いまや我が国は人材を棄却する可能性などまったく失ってしまった。そうであればむしろ豊かな森林資源に恵まれている方がずっと貴重な存在ではないか。五ヶ瀬川の遡行途中でも、山々がきれいに枝打ちされた杉林で覆われているありさま（スギミッ！）を目にすることができた。二日目のゴールの「水の館」の傍らに並んで立っている二本の杉の大木を、豚汁をすすりながら見上げて、感嘆の声を挙げている人がいたが、これには私もひとかたならず大いに賛同した。

それからまた、人材無しどころか、わずか一日半の難行苦行のさなかでも、何人かの延岡の人と言葉を交わすことができたが、みんな、裸でつき合うたら、本州などにはいない、どっしりとした存在感のある人たちであった。司馬遼太郎は、経済成長期以後の日本をダメにした、感染力の強い病原菌を「自己肥大」と名付け、この失敗はまた繰り返される、おそらく今後100年に一度出会うとすら何度も直らないだろうと予言した。しかし今回行き合った宮崎県人は、この自己肥大から自由な、その意味で今の日本には稀な人々であった。

その中の一人、私同様やはり初参加のHG氏とは初日の午前中を一緒に歩いた。ふだんは、犬の散歩やっと1キロ歩く程度だとのこと。だからいつも一緒に散歩する奥さんは、97キロと聞いて驚嘆し、参加をさせまいとしてすがりつかんばかりだったという。初日の午後は別府温泉になってしまったが、ゴールで再会すると完治したとのこと。ご年輩の74歳である。のぞき込んだがそのおだやかな顔に疲労の色は見えなかった。二日目、ゴールの「水の館」でまた一緒になった。そっと拡げて私に見せた手には血がべっとり着いていた。転んでね、と話すこの小柄の、誇り高き先輩の声は低く、落ち着いていた。さわい私も転んだ。細かい礫が埋まって血だらけの掌を見せた。途中で少し伴走車の世話になったとかで諦めかけていた完歩賞を貰うと、少し安心した様子で、女房に見せます、といってバスへ向かった。奥さんによろしくと、およそ場違いなことばを、去って行く戦友の背中にささやくのが、気圧された私にはやっとだった。

11月24日（日）54日目

平成14年11月25日(月)　55日目
宮崎県JR延岡駅→→大分県JR宗太郎駅　32キロ　26名
宿泊先「宇目キャンプ村」へはマイクロバスで移動

いつ、どこを

08時11分	JR延岡駅出発、駅前を右へ、県道16号線
08時26分	祝子橋（祝子川）を渡る
08時38分	バス停「稲葉崎」、すぐJR日豊本線の踏切渡る
08時44分	交差点「稲葉崎町」で左折、国道10号線に沿う右手の坂道を登る
08時55分	和田越え ①
(時刻不詳)	大峡川を渡った先で右折、線路を渡り国道10号線に合流、左へ
09時15分	国道10号線の下をくぐって右側に出る
09時20分	交差点／バス停「差木野町」
09時29分	北川町に入る
09時35分	ヤマザキショップ（バス停「三足」のそば）着　休憩（50分出発）
10時23分	JR日豊本線線路左手のバイパス（旧道）を進む
10時30分	ふたたび国道10号線へ
10時35分	「道の駅北川はゆま」着　休憩（50分出発）
11時20分	交差点「笹首」の先、郵便局の所右へ
11時24分	バス停「曾立」
11時25分	北川町中央公民館着　昼食休憩（12時10分出発）
12時14分	熊田橋（北川）を渡る
12時25分	バス停「元郵便」
12時36分	バス停「伊良原」
13時16分	瀬口公民館着　休憩（30分出発）
13時36分	白木橋（小川）を渡る
13時40分	市棚橋（小川）で渡り返す
13時44分	JR市棚駅通過、　13時45分　バス停「刈鉢」
14時06分	右へ県道43号線を分岐
14時14分	小川と鐙川の合流点手前でJR日豊本線線路をまたぐ
14時17分	葛葉生活改善センター着　トイレ休憩（30分出発）
14時45分	JR日豊本線線路をくぐる
14時52分	鐙仮本営（西南の役跡）通過
15時12分	宮崎県／大分県の県境のJR日豊本線鉄橋をくぐり、同時に切込大橋（切込川）も渡る
15時15分	大分県宇目町に入る
15時22分	赤松大橋（赤松川）を渡る
15時28分	オシノキ橋渡る
15時32分	JR日豊本線宗太郎駅着　ゴール ② ③

ハイライト

■和田越え合戦場跡

朝9時少し前、和田越えにさしかかった。西南戦争の激戦地の一つ、和田越え合戦場跡を通るためである。宮崎県の歴史散歩の記述は次の通り、曰く：〝1877（明治10）年8月15日、長尾山から和田越・無鹿に連なる山々に布陣する薩摩軍（兵約3500）と、樫山・稲葉崎・粟野名・大武一帯に布陣する政府軍（兵約5万）との間に激戦が展開され、敗退した西郷隆盛は北川町俵野の民家を本陣として再起をはかったが、ついに兵を解散し、8月17日深夜、政府軍の重囲をついて可愛岳（エノダケ）（標高728m）を突破、高千穂方面に脱出した。〟とある。写真は8月15日朝の両軍の布陣を描いたもの。林の中を行く旧道沿いで暗い。そばに、延岡西南学会という組織が、平成四年になってから建てた「西郷隆盛初めて戦場に立つ」という標題の石碑がある。

■宗太郎駅

JR日豊本線の宗太郎駅がこの日のゴールで、宮崎県から大分県への引継ぎが行われた所だが、それはそれは寂しいところだよとあらかじめ聞かされていた。写真①は、下りホームへ行くための横断歩道橋の上から撮ったゴールの風景。柱の根元の所で完歩証を渡している様子が見える。この駅が人の昇降の少ない駅だということは自動販売機がないことから推測できるが、どうしてどうして立派な駅だ。筆者が日頃乗り降りしているJR横須賀線の北鎌倉駅（関東の駅百選の一つ）は駅というより停車場だが、やはり屋根無し野ざらし、宗太郎駅同様に上り下り別々のホームだが、横断歩道橋などなくて、電車が通った後、線路の上をぞろぞろと歩いて渡る。宗太郎駅などで驚いていてはいけない。

なお、昨24日から、隊員へ渡す色紙に一言寄せるようにと隊長補佐から依頼があったので、〝エイ！エイ！オーッ！〟と書いて署名しておいた。

11月25日（月）55日目　175

大　分　県

11月26日（火）　　第56日目　　JR宗太郎駅→→JR佐伯駅
　　27日（水）　　第57日目　　JR佐伯駅→→JR津久見駅
　　28日（木）　　第58日目　　JR津久見駅→→JR臼杵駅
　　29日（金）　　第59日目　　JR臼杵駅→→佐賀関
　　30日（土）　　第60日目　　佐賀関→→JR大分駅
12月01日（日）　　第61日目　　大分県大会
　　02日（月）　　第62日目　　休養日
　　03日（火）　　第63日目　　JR大分駅→→JR別府駅
　　04日（水）　　第64日目　　JR別府駅→→JR中山香駅
　　05日（木）　　第65日目　　JR中山香駅→→JR宇佐駅
　　06日（金）　　第66日目　　JR宇佐駅→→JR中津駅
　　07日（土）　　第67日目　　JR中津駅→→JR行橋駅

12月08日（日）　　第68日目　　JR行橋駅→→小倉城

トピックス　その14　照葉樹林
　　　　　　その15　飛車と角
　　　　　　その16　ゼッケン

『大分合同新聞』2002年11月26日

九州一周浪漫ウオーク一行が宇目町入り
デイリー隊員を募集

野邦彦県ウオーキング協会長に大会旗が引き継がれた。

ウオーキングで九州を一周する「九州一周浪漫ウオーク」の一行が二十五日、宮崎県境を越え、宇目町のJR宗太郎駅に到着した。一行は近藤米太郎隊長＝千葉県八千代市＝ら九州一周をしている十一人と、宮崎県延岡市から一日だけ参加したデイリー隊員計二十六人。同駅で日高敏日向ウオーキング協会長から荻野邦彦県ウオーキング協会長に大会旗が引き継がれた。

一行は十月二日に六十一周する「九州一周浪漫ウオーク」の一行が二十五日、宮崎県境を越え、宇目町のJR宗太郎駅に到着した。一行は近藤米太郎隊長＝千葉県八千代市＝ら九州一周をしている十一人と、宮崎県延岡市から一日だけ参加したデイリー隊員計二十六人。同駅で日高敏日向ウオーキング協会長から荻

一行は十月二日に六十八泊六十九日の日程で福岡県北九州市を出発。九州を一周し、十二月八日に北九州市に戻る予定。

これまでにデイリー隊員、県大ウオーキング会員含め約千九百人が参加している。

実行委員会では二十六日の出発地JR宗太郎駅をはじめ県内の出発地ごとにデイリー隊員を募集している。参加料は大人三百円（小中学生二百円）。受け付けは当日午前七時半から同八時の間に各出発地で。

また、十二月一日午前九時から大分市の大分川弁天大橋下流左岸で県大会ウオーキングを開催。大分川堤防や元町石仏など約十キロのコースを歩く。同大会参加料は大人五百円（小中学生二百円）。申し込みは当日、会場で。

デイリー隊の出発地は次の通り。
▽二十六日 JR宗太郎駅▽二十七日 佐伯駅▽二十八日 津久見駅▽二十九日 臼杵駅▽三十日 佐賀関町役場▽十二月一日 大分県庁▽二日 別府駅▽三日 中山香駅▽四日 宇佐駅

『西日本新聞』2002年11月27日

「九州一周浪漫ウオーク」
県内ルートがスタート
宇目町から 1日参加者も募集

九州各県を歩く「九州一周浪漫ウオーク」の県内ルートが二十六日、スタートした。初日は、二十八日までの三日間（三十七キロ）を歩き、九州一周浪漫ウオーク」の一行＝直川村仁田原

宇目町を出発し、佐伯市を目指して歩く「九州一周浪漫ウオーク」の一行＝直川村仁田原

県南部ののどかな景色を楽しんだ。

日本ウオーキング協会の設立四十周年記念事業。北九州市を発着点に六十八日をかけて約千四百キロを左回りに歩く。六十八日をかけて約千四百キロを左回りに歩く。二十六日は宇目町―佐伯市内ルートが二十六日、スタートした。初日は、二十八日までの三日間（三十七キロ）を歩き、沿道の住民にウオーキングの魅力をPRする。

一行は、全コースを歩く本部隊員、県内だけのステージ隊員、一日だけ参加するデイリー隊員からなり、午前八時にJR宗太郎駅（宇目町）を出発。午後四時すぎJR佐伯駅（佐伯市）に着いた。

県内ルートは、十二月二日以外の毎日、十三キロから三十キロを歩き、十二月六日の宇佐市―中津市間（二十七キロ）で締めくくる。同協会はデイリー隊員を募集している。参加料は一般三百円。高校生以下二百円。日程や出発場所の問い合わせは、九州一周浪漫ウオーク実行委＝03（3295）1002。

（西日本新聞社提供）

『大分合同新聞』2002年12月3日

小春日和…136人が挑戦

10キロコース、会話楽しみ

九州一周浪漫ウオーク

九州一周浪漫ウオークで大分川河川敷をスタートした一行

「第1回歴史と文化のKYUSYUを歩こう―九州一周浪漫ウオーク」の大分大会（大分合同新聞後援）は1日、大分川河川敷の弁天大橋下を発着点とする約10㌔で開催された。136人が参加。加者は2人いる。来年は完歩者がたくさん出ることを期待している」とあいさつ。荻野邦彦隊長補佐（五九）＝県ウオーキング協会＝が「合わせて200人を超える参加があった。多くの仲間と健康のために歩き、大分川のよさを見てほしい」と呼び掛けた。

一行は午前10時にスタート。会話を楽しみながら、仲良く歩いた。2日は休養し、3日から県北経由でゴール分市に到着した。

浪漫ウオークは日本ウオーキング協会が「九州にウオーキングのメッカをつくろう」と初めて企画。10月2日に福岡をスタート、佐賀、長崎、熊本、鹿児島、宮崎を歩き、11月25日に大分入り。宇目、佐伯、津久見、臼杵、佐賀関を経由して、前日に大分市に到着した。

開会式では、近藤米太郎隊長（六五）＝千葉県＝が九州一周を歩いた参加者の「7県すべてを歩いた仏や平和市民公園などのコースを歩いた。

好天の下、元町石好天の下、元町石

『同』2002年11月29日

津久見駅から臼杵駅へ出発

浪漫ウオーク一行が津久見から臼杵へ

九州を歩いて一周する「九州一周浪漫ウオーク」（近藤米太郎隊長）の一行が二十八日、津久見市のJR津久見駅前を出発し、臼杵市のJR臼杵駅まで約十八㌔を歩いた。

同ウオークは日本ウオーキング協会の主催。十月二日に北九州市の小倉城前をスタート。九州を一周し小倉城に戻る千三百七十七㌔を、十二月八日に達成する予定で歩いている。二十五日に宮崎県から宇目町に入った。

津久見市からの出発には、豊後水道ウオーキング協会（上田孝吉会長）、番匠川歩こう会（松木貴喜代表）らも加わった三十人が、臼津峠を越え臼杵駅に向かった。近藤隊長は「大分県に入ってトンネルや上り下りが多いが、景色は抜群です」と話している。

（大分合同新聞社提供）

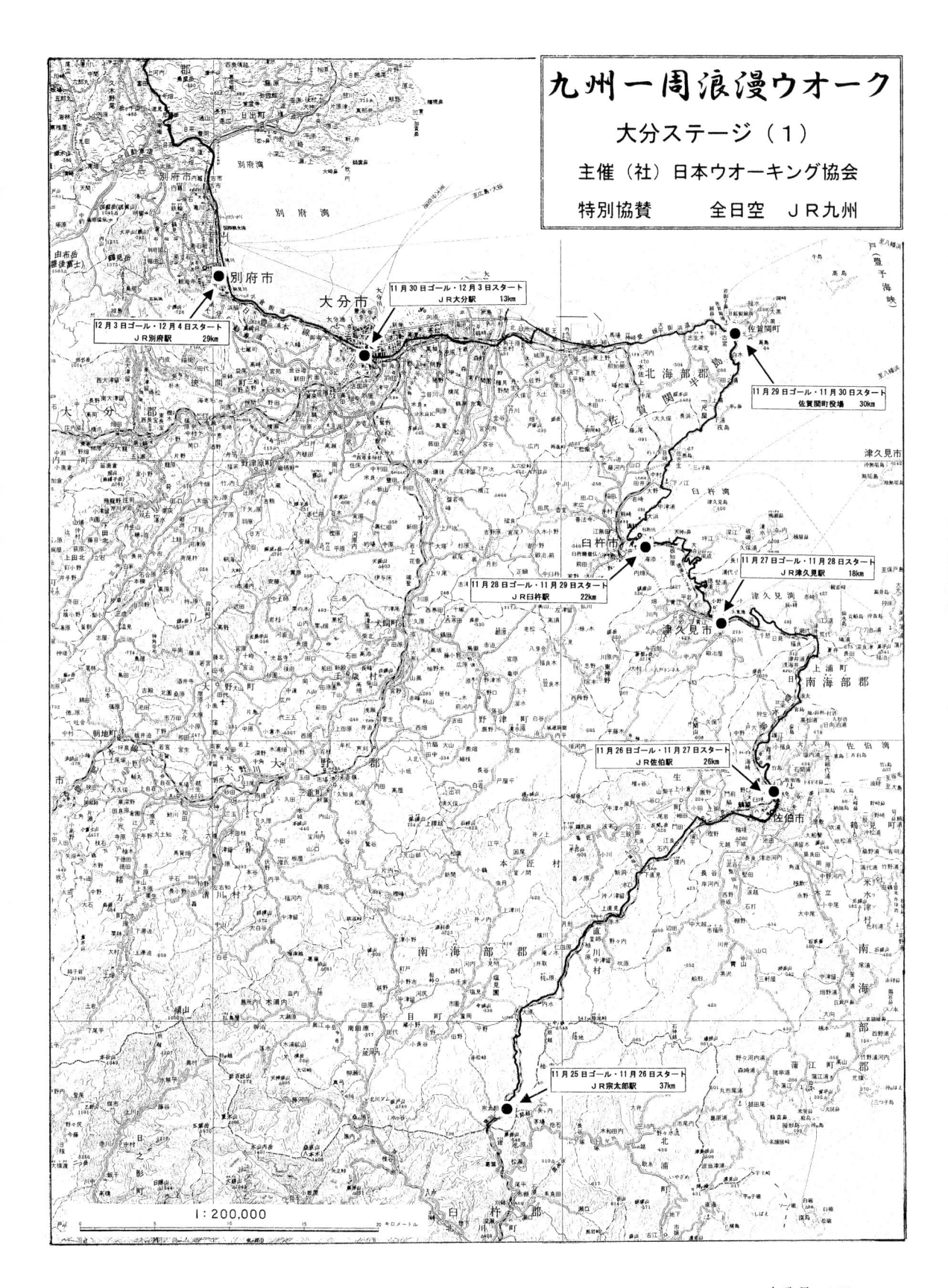

九州一周浪漫ウオーク
大分ステージ（1）
主催（社）日本ウオーキング協会
特別協賛　全日空　JR九州

- 12月3日ゴール・12月4日スタート　JR別府駅　29km
- 11月30日ゴール・12月3日スタート　JR大分駅　13km
- 11月29日ゴール・11月30日スタート　佐賀関町役場　30km
- 11月28日ゴール・11月29日スタート　JR日杵駅　22km
- 11月27日ゴール・11月28日スタート　JR津久見駅　18km
- 11月26日ゴール・11月27日スタート　JR佐伯駅　26km
- 11月25日ゴール・11月26日スタート　JR宗太郎駅　37km

1:200,000

《大分県　歩く浪漫》

"月日は百代の過客にして、行きかふ年もまた旅人なり。舟の上に生涯を浮かべ、馬の口とらえて老いを迎ふる者は、日々旅にして、旅を住みかとす"（芭蕉：奥の細道・序）
「九州一周浪漫ウオーク」（以下ウオークと略称）で、"かつて誰か歩いた道"にわれわれは出会い、横断し、分かれ、そしてわれわれの道を歩んだ。その出会い、横断、分かれを地図上で降り返りつつ、その"かつての誰か"が、実はいつの日かのわれわれ自身であるという想い、これ以上の歩く醍醐味があろうか。

✾✾

■宗太郎駅の乗降客

JR日豊本線宗太郎駅は、宮崎県WCから大分県WAへの引継式が行われたところで、そのことは行程55日目、11月25日のところで述べた。そこに写真も2枚載せた。この駅をサミしい駅だという人がいるが、筆者が日頃乗り降りするJR横須賀線の北鎌倉駅は、もっとサミしい。しかし確かに違うところもあって、それは乗降客数である。宗太郎駅は一日あたり平均5人と聞いた。わが北鎌倉駅は数え切れない。連結両数も15両とかそういうのである。トピックスその4でも触れたが、サミしい思いの中に連結両数も入るかも知れない。気になって後で少し調べた。
葦書房から1995年に出た「九州の峠」という書物には、61個所の峠が紹介されている。その61番目、いちばん最後が宗太郎越である。そこに駅の乗降客に関する面白い、しかも貴重な記述がある。曰く：
この路［国道10号線］は比較的新しく、馬がやっと通れるほどの道ができたのは、明治27（1894）年頃からである。この付近が脚光をあびるようになったのは、国道になったり鉄道が大正末頃ここを通ったことによる......　日豊線は大正5（1916）年には佐伯まで、同11年3月26日重岡に達した。更に翌年には重岡――市棚間が結ばれ、日豊本線の全線が開通した....　また大正12年12月15日、今の宗太郎駅に宗太郎信号場が設置されたが、旅客乗降の取り扱いはしていない。そこで昭和6（1931）年8月28日の重岡村村会では、宗太郎駅に乗降場設置を誓願する請願書を出している。それによると、
（前略）宗太郎ニ乗降場ノ設置ヲ見ンカ、北川村字下塚ノ戸数七五戸、宗太郎ヲ距ル二一町北浦村大字三河内ノ三百戸、宗太郎を距ル二里及至四里北川村字鐙十七戸、宗太郎ヲ距ル七合重岡村字水ヶ谷ノ九戸、宗太郎ヲ距ル二里ノ村民ガ直接利益ヲ受クルノミナラズ、宗太郎ニ於テ官行造林並ニ民業ニ従事スル乗降客、一年ヲ通シテ一千名ヲ下ラザル見込ニ御座候.....　依テ速カニ....　乗降場を設置セラレ候様御取計相成度,...
とある。この請願書が認められて、一年後の昭和7年12月6日、宗太郎信号場で旅客乗降の取扱が開始されて旅客駅に昇格した。昭和22,3年頃までは、北浦町梅木・歌糸などの人々も宗太郎峠を越えて国鉄を利用していた、という報告もある。それが県道43号線の整備に伴ってバスや自転車で延岡方面に出るようになってから自然に廃れていったらしい。「九州の峠」のこの項を執筆した著者は、自分で東側から峠を越えて見たときのことを書いている。掲載した地図に、上記の文中に登場する地名（下塚、三河内、鐙、水ヶ谷）

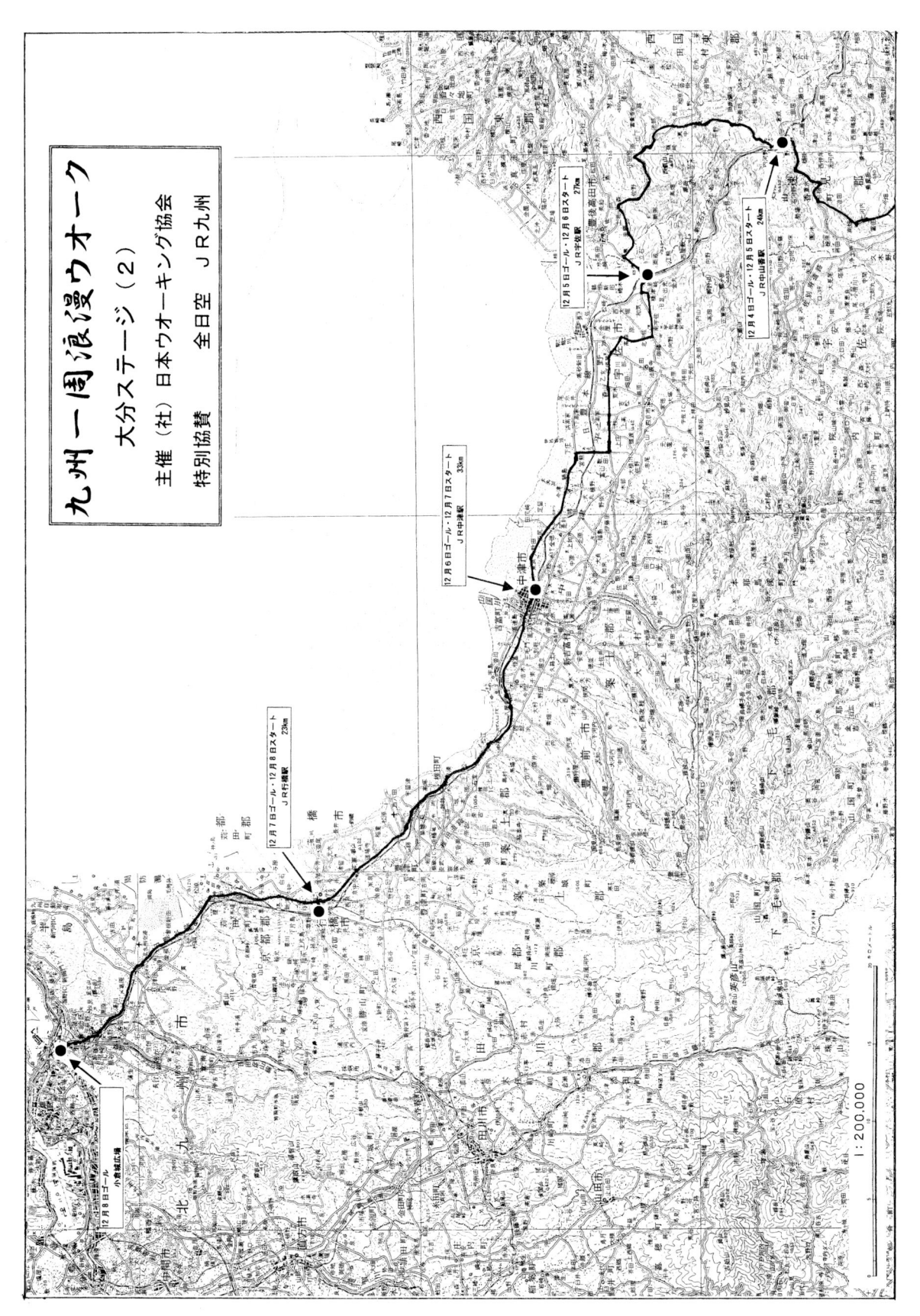

九州一周浪漫ウオーク
大分ステージ（2）

主催 （社）日本ウオーキング協会
特別協賛 全日空 JR九州

- 12月5日ゴール・12月6日スタート 27km JR宇佐駅
- 12月4日ゴール・12月5日スタート 24km JR中山香駅
- 12月6日ゴール・12月7日スタート 33km JR中津駅
- 12月7日ゴール・12月8日スタート 23km JR行橋駅
- 12月8日ゴール 小倉城広場

1:200,000

大分県　181

に印を付けた。それにしても上記の嘆願書の記述は興味深い。75＋300＋17＋9＝401戸の家があり、造林や民業に従事する者で年間千名の乗降客があるから駅を作れと村が決め、嘆願したらそれが通って駅ができたというのだから、時代の移り変わりを感じさせることおびただしい。

今手元にデータがないので、等高線からの目測であるが、宗太郎駅の標高はおよそ100メートル、宗太郎越えのそれはおよそ300メートルである。峠の東側からの登りは北川町大字河内名矢ヶ内というところで、上記のこの項の執筆者がそこの古老から聞いたところでは、峠を越えて宗太郎駅まで40分かかるとのことである。おそらく梅木や歌糸から歩いていって宗太郎駅で汽車に乗るには二時間以上掛かったのであろう。東の水ヶ谷の人々も分水嶺を越えて切込川に出て宗太郎駅へ向かったであろうから、やはり駅まで二時間は歩いたであろう。その程度のことはもちろん昔はいくらでもあった。今問題は11月25、26日われわれが鐙川を遡り重岡から佐伯に向かったときには、宗太郎駅の、地図に示したような東西の集落から乗降客を集めていた事実がまったく視野に入っていなかったということである。だから宗太郎駅を理解するためには、西は水ヶ谷から、東は梅木や歌糸から宗太郎駅まで歩いてみることだ。その上で改めて鐙川を遡って宗太郎駅を通り過ぎるとき、その時初めて"月日は百代の過客にして行きかふ年もまた旅人"ということが、つまり歩く醍醐味が実感できるに違いない。写真は、「九州の峠」所載の宗太郎峠の写真である。

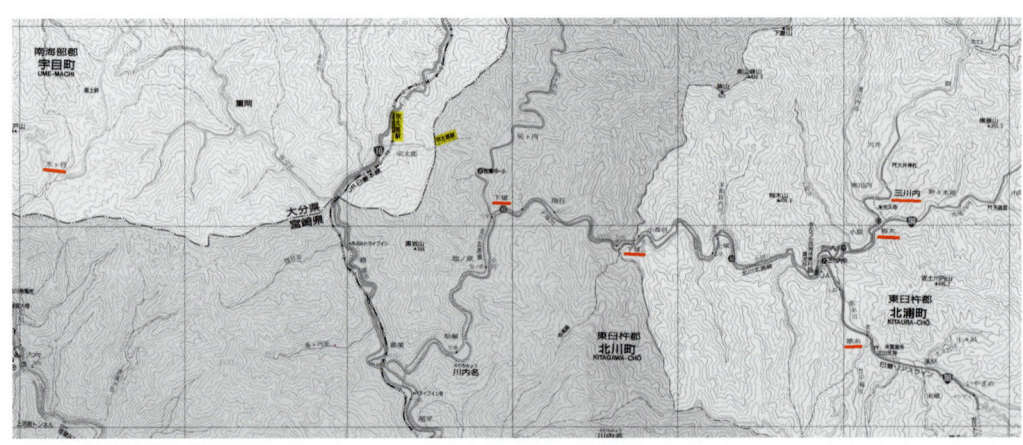

宮崎県北川町側から見た宗太郎峠。

地図使用承認©昭文社第04E003号

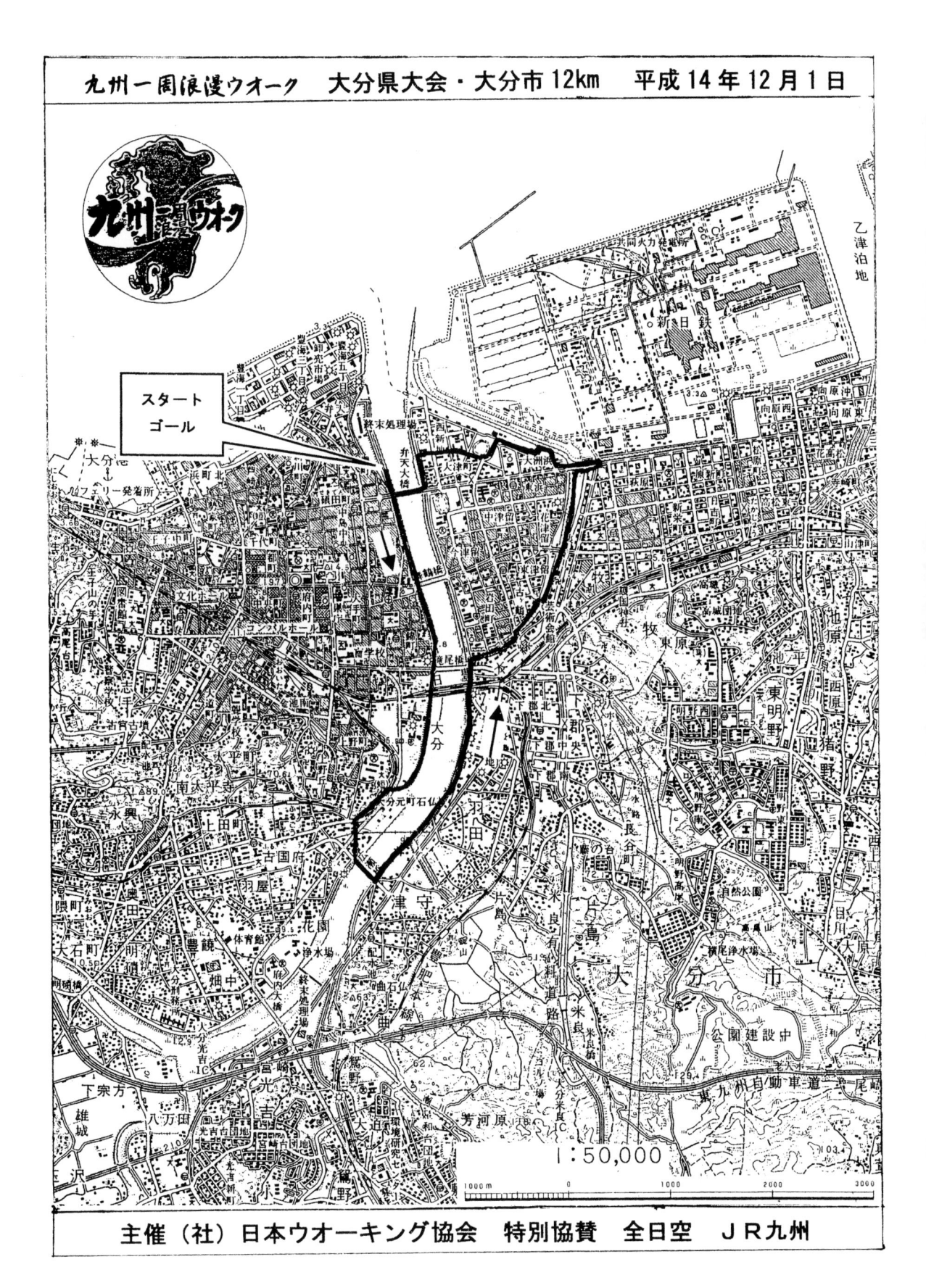

九州一周浪漫ウオーク　大分県大会・大分市12km　平成14年12月1日

スタート
ゴール

1:50,000

主催　(社)日本ウオーキング協会　特別協賛　全日空　JR九州

平成14年11月26日(火)　56日目
大分県JR宗太郎駅→→大分県JR佐伯市駅　37キロ　21＋2名
宿泊先「ビジネスホテルサンセイ」へはマイクロバスで移動

いつ、どこを

08時02分　JR日豊本線宗太郎駅出発 ①
08時10分　鐙川にかかるこの日の最初の橋を渡る
09時27分　JR日豊本線豊岡駅手前で鐙川から離れる
09時28分　JR日豊本線豊岡駅着　休憩（40分出発）
09時45分　左（宇目町役場方向）へ県道49号線を分岐
10時17分　長迫隧道通過
10時46分　バス停「岸ノ上」
（時刻不詳）左へ県道609号線を分岐
11時33分　スーパー「アトレ（Attlait）」着　昼食休憩（12時15分出発）
12時44分　バス停「間庭」
13時01分　バス停「道越（ドウゴエと読む）」
13時12分　JR日豊本線直見駅着　休憩（25分出発）
13時35分　弥生町に入る
13時52分　バス停「江良」
14時15分　COSMO Station ガソリンスタンド着　トイレ休憩（18分出発）
14時20分　バス停「門田（カンタと読む）」
14時25分　番匠大橋（番匠川）を渡って三叉路を右へ
14時34分　バス停「下小倉」、その後番匠川左岸の河川敷をゆき、長瀬橋の手前で掘り割り添いに進み、市街地に入る。
15時29分　交差点「大手前」先から左に入り、山沿いに「歴史と文学の道」を進む ② ③
15時53分　ゴール　JR日豊本線佐伯駅

ハイライト

■鐙川と橋の関係

県境を越えてからも、JR日豊本線、国道10号線はともに鐙川をさかのぼる。以下は、宗太郎駅出発以後、鐙川に架かる国道10号線の橋の名前と通過時刻である。
‖08時10分　わにぶちばし　‖08時12分　うきいわばし　‖08時13分　たちばなばし　‖08時16分　こいけばし　‖08時24分　すいじんばし　‖08時25分　みきくすばし　‖08時31分　じゃかつらばし　‖08時34分　もみじぶちばし‖08時37分　とりのすばし　‖08時40分　こあらいばし　‖08時47分　かつらやぶばし　‖08時49分　あゆたにばし　‖08時50分　なしきばし　‖08時51分　まもりぎばし　‖08時56分　ながのはし　‖08時58分　いぬなきばし　‖08時59分　さとうばし　‖09時10分　りゅうとうばし　‖09時11分　あかみねばし　‖09時13分　まみあなばし　‖09時15分　しいどばし　‖09時24分　すいしゃばし　‖09時25分　とくながばし　‖09時27分　鐙川から離れる。

この後、鐙川は道から離れ、水源が右手の山から流れ落ちてくることを確認した。そして一分後の09時28分　豊岡駅着　休憩（40分出発）した。多くの橋がそうであるように、これらの橋も名前をひらがな綴りで示した位置と、漢字表記の位置と、建設年月日を示した位置とがそれぞれ異なる。歩道はないが、道の右側を歩いた結果こうなった。

この日の朝は、出発直前になって、宗太郎駅前の元国鉄職員というオッサンの話を聞いたりして出発が遅れた上に、上記のようなメモを取りつつ歩いたので、隊列から1キロ近く間が空いた。アンカーに感謝せねばならないが、手応えはあった。

■ハチミツ採り

宗太郎駅前広場のすみに並べてある奇妙なものである。みんなが体操をしている間近付いて見ていたら誰か土地の人がハチミツ採りの道具だと教えてくれた。そういわれて気が付いたが、空海の道ウオークの時にも、山裾に仕掛けてあるのをたくさん見た。各家ごとに自家用のハチミツを採るのだということであった。しかし仕掛ける前の、製作段階、準備段階のを見るのは初めてだ。杉の丸太を適当な長さに切って、中を割り抜いてあって、さてこれからどうするのだろうか。底は文字通り筒抜けである。

■龍鼎山養賢寺専門道場

佐伯市の山沿いの道は落ち着いた趣がある。この寺についてそばの案内板には次のようにある。「この寺は、慶長十（1605）年、佐伯藩初代毛利高政公が鶴屋城の創築及び城下町づくりと時を同じくして、毛利家の香華院（菩提寺）として創建したもので、開山第一祖は京都妙心寺から大観慈光禅師を招き、臨済宗妙心寺派に属する。虚空高々と銅瓦葺きの大屋根がそびえる本堂、．．．．本堂に続く閑静な大書院、大屋根そそり建つ古風な庫裡、方桁造りの位牌堂、江湖専門道場としての禅堂、白亜塗り込めの経堂など伽藍うち並び、四百年近い歴史のたたずまいを深々と示している。．．．．なお、この山際通り一帯は、「歴史と文学の道」として整備し、歴史的環境保存地区に指定されています。」とのこと。写真右は寺から振り返ったところの風景。

11月26日（火）56日目

トピックス　その14

照葉樹林

■カリフラワー

照葉樹林については、植生としての照葉樹林、縄文人の食糧資源としての照葉樹林、照葉樹林文化論など、さまざまに論じられており、どれにも関心はあるが、一方でそのどれもそれほど深い関心ではなく、真面目でもない。さりとて不真面目でもないので、要するに歩いていて照葉樹林は美しく力強く、独特の感動を見る者に与える、そのことがまず第一にいいたい。景観としての照葉樹林礼賛とでもいおうか。歩く醍醐味と言う立場からはどうしてもそうなる。

例えば田嶋直樹さんの「九州自然歩道を歩く」の80ページ、日付でいうと西暦2001年3月5日（月）行程33日目（晴）の文章を見よう。

「照る葉の道　この一帯［綾南川］の原生林は、日本一の照葉樹林と称され、九州中央山地国定公園に指定されている。"照る葉の樹"と書いて照葉樹。なんて美しく心に響く言葉なのであろうか。照葉樹の葉は厚く、つやがあり［より専門的には葉の表面におけるクチクラ層の発達］、その名は葉表が日光を反射して光るところから付いた。照葉樹は、ヒマラヤ南麓からブータン、中国雲南高地、揚子江南部高地を経て西日本に至る。高木ではカシ、シイ、クス、中木では赤い花の咲くツバキ、低木ではサザンカが代表的だ。......これまでの九州自然歩道は、植林された杉の木の針葉樹林道に慣れてしまっているが、均等に並ぶ木々より天然の植生、日光が当たらない高木より日光が当たる照葉樹の方が落ち着く。おまけに花粉にも悩まされない。

... 橋［照葉大吊橋］を渡ると、森林の中には町営のお土産屋と資料館の照葉樹林文化館と食堂があった。

.... 今夜もまわりに人は誰もいなくなった。テントの外は見渡す限り原生林、フクロウらしき鳥の鳴き声がこだました。少し気味が

①

（田川日出夫氏撮影）②

悪くなった。」

照葉樹林の真っ直中に身を置いたときの受け止め方はさまざま有ろう。しかし筆者はこの田嶋氏と同じ立場で照葉樹林なるものを受け止めたい。繰り返すが、つまり風景としての、あるいは景観としての照葉樹林である。

景観を愛でるという立場もあって、筆者は自分では照葉樹林のことを"カリフラワー"と呼んでいる。写真①はトカラ列島中之島の照葉樹林で白黒写真からの複写、写真②は屋久島国割岳の斜面のカラー写真からの複写であるが、どちらにしろ照葉樹林の美しさ、力強さは見て取れると思う。写真①については、「手前の樹木は太陽光を反射して白く光っている。手前は左端からヤマモモ、ウラジロガシ、カラスザンショウ、奥はスダジイとタブノキ。」と解説があるのだが、複写してもなお樹形からおよその区別ができるのも照葉樹ならではだ。(写真①と②及び下の図は『日本の自然地域編7九州』(岩波書店)からの引用である)

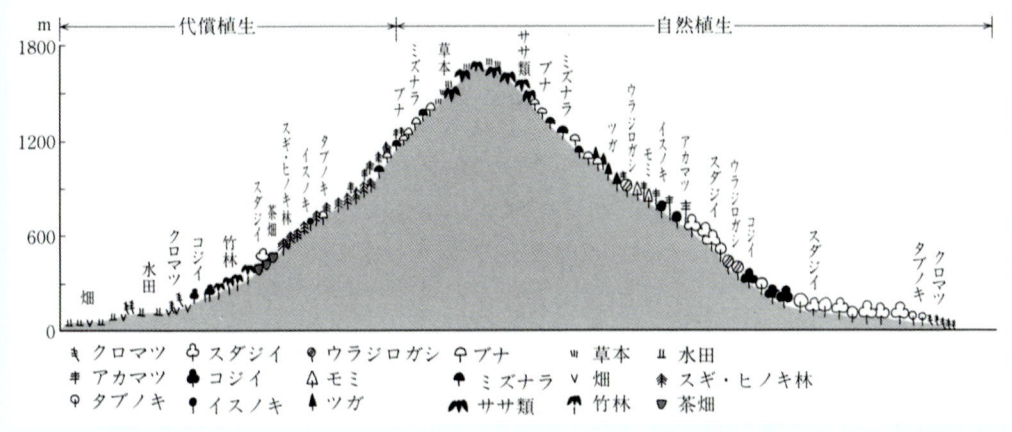

しかし実際に歩いていて出くわす照葉樹林は、このように純粋ではない。人の手が加わっているからである。その点で図は、九州の植生帯の概念図で、素人にとってたいへんありがたい。この図の解説には「九州の高い山岳は火山が多く、植生は遷移の途中相を示している。非火山地の自然植生をまとめると図の右側に示すようになる。人の干渉によってできた代償植生は左側のようになる。」とあるが、実際に歩きながら眺める山々の自然景観はこの解説にいう代償植生だと思う。特に左右の違いの最大のアイテムは竹林であって、写真③は、12月4日、別府から北上して国道10号線から県道24号線へ分岐する直前、小浦の交差点から北側の山を撮ったもの。まさに山の下半分は竹林に覆われている。このほか、代償植生にある茶畑、スギ・ヒノキ林にも、頻繁に出くわした。この九州の植生帯の概念図には、18種類の樹木がそれそれの特徴を示す絵によって、しかもそれぞれの標高と合わせて表現されておりたいへん判りやすい。特に、自然植生と代償植生とを対比できるように工夫されており、これから九州を歩くときに携えていて勉強するのには"もってこい"だ。

平成14年11月27日(水)　57日目
大分県JR佐伯駅→→大分県JR津久見駅　26キロ　23＋2名
宿泊先「ホテルニュー玉屋」へはマイクロバスで移動

いつ、どこを
　08時30分　　JR日豊本線佐伯駅出発、国道217号線を北へ
　08時38分　　佐伯トンネル ① ②
　09時14分　　太平洋セメント佐伯工場遠望 ③ ④
　09時16分　　JR日豊本線海崎駅の横を通過
　09時18分　　2本ある国道217号線のうち、右側、セメント工場用のバイパスをゆく
　09時30分　　トンネル通過（このトンネルの名称は、西側の入り口には戸穴（ヒアナと読む）とあり、東側出口には笹良目（ササラメと読む）とある。地元の人（笹良目側）に尋ねても両方正しいという。
　(時刻不詳)　バス停「笹良目」
　09時49分　　JR日豊本線狩生駅着　休憩（10時05分出発）
　10時10分　　トンネル（名無し）通過
　10時16分　　バス停「古江」
　10時23分　　バス停「ヒグホシ」
　10時25分　　ヒグホシトンネル（長さ10数メートル）通過
　10時27分　　浪干トンネル（これも短い）通過
　10時30分　　上浦町に入る
　10時33分　　沖に蜃気楼が見える
　11時55分　　バス停「浅海井（アザムイと読む）入口」
　10時57分　　マリノポリス公園着　昼食休憩（11時50分出発）
　12時10分　　殿山トンネル
　12時19分　　津井トンネル
　12時30分　　バス停「津井越」
　12時37分　　網代トンネル
　12時42分　　日代（ヒシロと読む）駅着　休憩（55分出発）
　12時59分　　日代トンネル
　13時09分　　日見トンネル
　13時44分　　バス停「千怒崎峠」
　13時51分　　津久見総合運動公園着　休憩（14時05分出発）
　14時50分　　ゴール　JR日豊本線津久見駅

ハイライト
■ウオークコースのモデル化
昨日以来、歩きながらあれこれ考えた。特に宗太郎駅以降、鐙川に架かる橋を何度も渡りながら遡行する国道10号線のコースのことを考えた。あのようなウオークは今回の九州

188　大分県

一周では初めてのことだったし、山の中の橋が海岸通の橋といかに違うかを経験したのがいかにも新鮮だったからである。あれこれ考えた結果として大事な結論に到達し得たと思ったのは、「ウオーク・コースのモデル化」ということであった。実際には存在しないモデルのコースをいくつか考えて、そのコースを特徴付ける要素を選んで具体的に記述する。抽象的な記述では役に立たない。そして、その記述内容を現実に当てはめてみて、それによって実際のコースの記述を実効性のあるものにする試みである。モデルは一つに限らない。当面例えば、峠越えコース、旧街道コース、海岸コース、巡礼道コース、遡行コースなど5～6コースがすぐに思いつくところだ。そしてさっそく今日は海岸を歩くコースなので、実際にその気になって海岸を観察してみようと思った。

■海岸コース記述の事例

写真上の2枚は、佐伯トンネルを出て間もなくの三浦造船のあるあたり。写真下の2枚は大石崎を廻って、バス停「百山」のあたりから撮ったもの。写真④の鉄塔からすると、電力は山のあなたから来るのか。

海岸線は入り江と半島と岬とから成る。経済的利用価値の高い入り江に海岸線は存在しない。鉱業か、工業か、漁業かがそこに定着している。写真③は太平洋セメントの工場だが珍しく独立した城のように見える。一般には工場は群として地域的なコングロマリットになっている。

なお、津井の分岐は、四浦半島の岬を巡って行く道と、トンネルで半島の根元を通り抜けて越える道との分岐である。半島を越える二つの方法の典型的な例として記録することにした。

地図使用承認©昭文社第04E003号

11月27日（水）57日目

平成14年11月28日(木)　58日目
大分県JR津久見駅→→大分県JR臼杵駅　20キロ　33＋2名
宿泊先「ホテルニュー玉屋」へはマイクロバスで移動

いつ、どこを
- 08時33分　JR津久見駅出発 ①
- 08時44分　山沿いの旧道（昔のメインストリート）をゆく
- 09時06分　川沿いだったのを川から離れ国道217号線に沿う
- 09時10分　バス停「平岩」
- 09時16分　水晶山トンネル（全長497m）をくぐる
- (時刻不詳)　交差点　直行は県道707号線、左へ県道217号線をゆく
- 09時27分　戸高鉱業社厚生会館着　休憩（45分出発）
- 10時36分　臼津トンネル（素堀り）手前の公園着　休憩（45分出発）
- 10時40分　"国境のトンネルを抜けると臼杵市だった" ③ ④
- 11時45分　上浦小学校化学実習室着　昼食休憩（12時30分出発）
- 13時05分　バス停「水ヶ浦」
- 13時15分　バス停「下り松」を過ぎて株式会社臼杵造船所前通過 ②
- 13時22分　ゴール　JR臼杵駅
- 14時00分〜　臼杵の石仏見学 ⑤

ハイライト
■入り江から入り江へ

前日、11月27日、佐伯から津久見まで歩いた。はじめ海岸線を行き、四浦半島の根元をトンネルで越え、また海岸線を行き、津久見駅へゴールした。この日も同じパターンが繰り返された。津久見駅からスタートし、青江川に沿って進み、徳浦から半島（名称不明）の根元を徳浦トンネルで越えて、あとは臼杵駅まで海岸線を歩いた。27日は海岸線部分が長く、28日は半島の付け根部分を越えるのにかなりを要したのが違うといえば違う。二日とも港から港へであり、市の中心から市の中心へであり、入り江から入り江へであり、工業地帯から工業地帯へであった。写真①は津久見駅出発直後、左手に見える採石場の風

①　　②

景。手前の川は青江川の支流。素人で確かなところは分からないが、セメント用の採石と、道路工事用の採石とでは様子が違う。写真②は、臼杵駅少し手前、臼杵造船所の風景。
■津久見島を望む
徳浦トンネルを抜けて臼杵市側を大泊へ向かって下る途中から臼杵湾を撮った（写真③④）。徳浦トンネルへ向けて登る途中で、何度も津久見湾岸の風景を振り返ったのに、そしてそれに値する展望が開けていたのに、写真を撮らなかったのは不注意だった。右手前方に浮かぶ島はまん丸い津久見島。

③   ④

■臼杵石仏
石仏そのものもさることながら、いちばん面白いのはその発見物語である。

⑤

地図使用承認©昭文社第04E003号

平成14年11月29日(金)　59日目
大分県JR臼杵駅→→大分県佐賀関町　23キロ　26名
宿泊先「永昌館」への移動は徒歩で移動

いつ、どこを
　08時32分　JR臼杵駅出発、駅前をまっすぐ
　08時39分　交点「臼杵警察署」左折
　08時46分　左へ県道33号線を分岐、中須賀橋（臼杵川）を渡り、すぐの交差点を右へ
　08時54分　臼杵大橋（末広川／熊崎川）を渡る
　09時09分　バス停「津留」
　09時15分　坂を登った三叉路を左へ
　09時36分　「ハイキングコース→大浜」との道標あり
　09時40分　延命水 ①
　09時58分　少年自然の家着　休憩（10時15分出発）②
　10時39分　臼杵市立豊洋中学校着　トイレ休憩
　11時15分　バス停「くろしま入口」
　11時44分　佐賀関町に入る
　11時48分　バス停「相浜」
　11時52分　一尺屋の多目的集会所着　昼食休憩（12時35分出発）
　12時47分　バス停「上浦」
　12時59分　バス停（ただし名称不明）
　13時31分　バス停「玉井」
　14時00分　ゴール　浄土真宗本願寺派徳応寺 ③

ハイライト
■海岸コースから等高線コースへ
この日のウオークも海を見ながらではあったが、必ずしもこれまでの二日間のように海面すれすれではなくて、海抜100メートル前後の高さの道から見下ろして眺めた海である。そこで気が付いたことがある。すなわちウオークコースのモデルとして、海岸コースを設定するよりも等高線モデルの方が優れていて、海岸コースはその応用だということである。海岸コースももちろん等高線コースだが、海岸以外にも山中の農道などに等高線を縫うコースはいくらもある。海岸モデルではなくて、等高線モデルを立てることで海岸も、山中も両方そこへ含め、海岸歩きや山の中腹歩きはその応用としてとらえる方が良い。更に、海岸コースは不可避的に半島を越えるが、その際の上り下りは、それはそれでまた別の、たとえばアップダウン・モデルとでもいうものの応用として理解する方が良い。このように理解することで、これまでのよく似た二日間のウオークは、等高線モデルとアップダウン・モデルの組み合わせとしての海岸コースの具体的な事例という結論になる。
写真①は、「ハイキング・コース大浜」の途中にある水飲み場。ただし右手の白っぽい立て札には、「検査の結果、この水は飲めません　○○保健所」としてある。喉がカラカラ

① ②

に渇いたハイカーがこれを何と読むか。このギリシャ神話的な風景が何ともいえない。写真②は、ハイキング・コースの終点、少年自然の家から眺めた東九州造船のドック。道はここから下って、また海抜0メートルに近い海辺を佐賀関まで歩くことになる。右下の写真は佐賀関港に貼りだしてあるイラスト・マップ。ヤジリのような先端部分だけでなく、イラスト全体が佐賀関半島であるのが面白い。いわば、佐賀関半島は二重になった半島である。半島というと先端部分ほど細くなると思いこんでいたが、そしてそれはそれで正しいが、一方で、根元の部分がくびれている半島はいくらもある。そして佐賀関町の場合、中心部分がそのくびれた部分がまさにそれだというのが面白い。しかも更にそのくびれを南から北へ♂

抜けるのにトンネルは要らない。距離が短く、高度もほとんど無い。地球温暖化が進んで海面の水位が上昇すれば、このヤジリは島になる可能性がある。ヤジリの東に浮かぶ高島がそれを暗示している。

地図使用承認©昭文社第04E003号

11月29日（金）59日目 193

平成14年11月30日(土)　60日目
大分県佐賀関町→→大分県JR大分駅　30キロ　23＋2名
宿泊先「ホテルOita21」へはマイクロバスで移動

いつ、どこを

08時10分	佐賀関町役場前出発、国道197号線を西へ ① ②
08時22分	バス停「金山」
08時29分	トンネル手前で国道197号線からそれて右折
08時31分	鉄道廃線跡（日本鉱業の幸崎～日鉱佐賀関 ③ ④ 間）をゆく
08時50分	バス停「辛幸」、鉄道廃線跡歩き ⑤ ⑥ は終わり（廃線跡はまだ続くが）
09時05分	バス停「小志生木（ゴジュウキ）」
09時07分	国道197号線を左に外れたトンネルに入る（これも廃線跡）
09時13分	海側に出る
09時20分	道の駅「佐賀関」着　休憩（35分出発）
10時14分	寺崎郵便局前通過
10時23分	バス停「馬場」
10時25分	大分市に入る
10時32分	国道197号線を離れて右へ曲がる
10時35分	バス停「細（ホソ）」（めずらしい名前）
10時38分	本田川添いに右に曲がる
10時53分	舞子浜日吉原緩衝緑地着　休憩（11時05分出発）
11時15分	玉ノ瀬大橋（丹生川）を渡る
11時42分	交差点「大在」を左へJR日豊本線大在駅に向かう
12時03分	JR日豊本線大在駅前を左へ3分で浄土真宗本願寺派長光寺着　昼食休憩（45分出発）
13時11分	鶴崎橋（大野川）を渡る
13時30分	乙津橋（乙津川）を渡る
14時04分	JR日豊本線高城駅着　休憩（14時15分出発）
(時刻不詳)	出発後、駅の北川に出て国道197号線を西へ
(時刻不詳)	舞鶴橋（大分川）を渡る
(時刻不詳)	交差点「昭和通り」を左折
15時22分	ゴール　JR大分駅

ハイライト

■ヤジリのくびれ

佐賀関町は佐賀関半島のくびれた部分が中心である。そしてくびれの北側が日鉱佐賀関精錬所であり、南側は佐賀関漁港である。北側と南側とで風景ががらりと変わるところがまた面白い。写真①と②は、南側の佐賀関漁港である。漁港そのものも南に向いており、写真①はその西側を、写真②は180度振り返って東側を撮った。11月27日以来、さまざま

な港湾施設を見ることができた中に、漁港を加えることができた。二枚の写真で、漁船を岸壁に浮かべてもやっておく場合と、陸に引き揚げておく場合とがあることが分かる。

① ②

写真③は、29日、日鉱佐賀関精錬所の全景が見えるところまで歩いて行って撮った。

③ ④

■軽便鉄道廃線跡

写真⑤は、30日朝、出発して間もなく、別の角度から精錬所の全景を撮るとともに、手前の道路が、精錬所へ鉱石（人も乗せた）を運んでいた軽便鉄道の廃線跡を撮った。写真⑥は、海沿いのその廃線跡を歩きながら、そろそろ精錬所も見納めという地点で、佐賀関方向を振り返って撮った。海岸コースといっても、これはきわめて特殊な例である。

⑤ ⑥

トピックス　その15

飛車と角

　ウオーカーについて毀誉褒貶を云々する時、あるタイプの典型として刮目すべきだと考える人については、どんどん取り上げてポルトレを試みるが、単なる事例に過ぎないと思うときには無視して黙っている、筆者はそういうことにしている。人類学者は文明と文化とを峻別する。文明は西欧文明とか、中国文明というように普遍性を備え、周囲への影響力によってその存在を証明する。それに対して文化は影響を受ける一方である。早い話が、我が国は日本文化の国である。文明は典型であり文化は事例である。これから取り上げる二人は、もちろん、それぞれのタイプの典型だと思う。

■安藤正一氏（マサイチ）

　健脚である。だから毎日われわれと一緒に歩くだけでは彼の足が黙っていない。もっと、もっとと、むずかるらしい。そこでゴールしてから、われわれはやれやれとばかりにマイクロバスに乗るところ、かれは一人で宿まで歩く。今回の九州一周の歩行距離結果は、1492キロというのが公式の記録だが、安藤さんは朝の宿から出発地点までの歩きと、夕方のゴールから宿までの歩き、更に休養日になると蛍光たすきを掛けて、「朝は朝星夜は夜星、昼は梅干のお握りを頬張りながら」歩くから、小倉のゴールで聞いたところでは、それらを全部足すと1161キロになるという。団体歩行の分と併せて合計2653キロになる。特に一人のときは、競歩選手のスクラッチ・ウオークで時速8キロ以上で歩く。
　信号機の多いところでは、宿へ急ぐマイクロバスと抜きつ抜かれつとなる。たまげた脚力である。彼のおかげで、そこいら辺の無邪気な健脚自慢がすっかり影を潜めてしまったのは、愉快を通り越して痛快であった。
　しかしそれだけなら単なる健脚事例であって典型ではない。畢竟するに安藤さんは自彊術の達人である。筆者はそこに典型を見る。だから取り上げた。筆者が最初にオヤ？と思ったのは、10月7日（行程6日目）福岡県営春日公園野外音楽堂での昼食の時である。それまでも小倉出発以来、団旗は安藤さんがずっと捧げて護持していたがその安藤さんの姿が見えない。われわれは見晴らしと日当たりの良い音楽堂の芝生の上で食事をしたが、探したら安藤さんは少し離れた植木の根元にいた。団旗を立てかけるためである。安藤さんは決して団旗を横に寝かしたりしない。また常に団旗の石突のそばで食事をするということをその時以来確認した。
　写真は、こんどは11月30日（行程60日目）14時15分、JR日豊本線高城駅裏口である。休憩後の出発時刻で、安藤さんは雨の中で一人団旗を濡らさぬよう右手に抱えて出発の合図を待っている。この写真は盗み撮りだから本人は知らない。安藤さんは人前を取り繕ったりする人ではないから、一事が万事こうなのである。一挙手一投足すべてこうなのであ

①

る。立ち居振る舞いのすべてがこうなのである。安藤さんのすべてを律しているのはこの自彊精神であって、歩きに伴うもろもろはその一つの現れに過ぎない。安藤さんが我々に与えた影響の最たるものはその食事だが、それは余りにも私事に亘るので割愛する。とにかくたいへんな人である。

■郷之原充郎氏
鹿児島県は姶良郡姶良町の人である。野宿をしながら全行程をわれわれと一緒に歩いた。ゴールするとマイクロバスに積んであった、キャスター付きの所帯道具を受け取って、それを引きずってどこかへ消えて行く。翌朝は出発地点へ何事もなかったような顔をして現れ、ふたたびその所帯道具をバスに積み込むのである。野宿をしながら歩くということそれ事態も難行であろうが、それだけなら若い人をはじめ、決して少なくはない。四国遍路では毎日大勢出会う。郷之原さんが人と違うのは、野宿歩きの経験から自分の哲学を醸成し、熟成させていることである。みちみち話をする、その言葉の端々にそれをうかがうことができる。また、野宿が一区切り着けば、「野外生活の記録」という紀行シリーズにその経験を結実させる。酒でいえば大吟醸である。頂戴して今筆者の手元にあるのは、「四国遍路ひとり歩き同行二人」と今回の九州一周の記録「第1回九州一周浪漫ウオーク テント生活・野宿の記録」の二冊だが、どちらも淡々としたスタイルで書かれている。なかでやはり野宿ならではの観察と経験が光るのがたまらない魅力である。さいわいなことに、郷之原さんの紀行も拙稿同様日記風である。従って今回の九州一周については、日毎の記述の比較が可能である。実は頂戴するとすぐにそれをやってみたのだが、思わず唸ってしまうほどの発見が次々に出てくる。この"いたずら"が終わったら何よりも先にやってみたいと思っているのが、実はそれなのである。

■飛車と角
将棋を面白くしているのは飛車と角である。他の駒は、役所とか会社の職場で働くサラリーマンと一緒で、与えられたそれぞれの役割を果たしている間に、相手の歩にいじめられたり、池の鯉が麩を食うように相手の飛車や角にパクッと食われたりする。一番哀れなのは玉で、単なる足手まといだ。「ヘボ将棋 王より飛車を 可愛がり」はなんか分かるような気がする。玉さえいなければ他の駒ももっと暴れられるのに、というわけだ。飛車角落ちの将棋はだから見ていても、やっても面白くない。スポーツでいうと練習に相当する。面白いのはやはり試合の方だ。

安藤さんと郷之原さんはどちらがどっちということはないが、要するに今回の九州一周をことのほか面白くした飛車と角である。このお二人が参加されなかったら、筆者などは朝から飲んでいたかも知れず、そうしたらメモや写真や地図への書き込みは無かったはずで、まがりなりにもこうした記録、紀行をまとめることができたのもお二人のおかげということになる理屈である。

平成14年12月01日(日)　61日目
大分県大分市　大分県大会　13キロ　101名
宿泊先「ホテルOita21」

いつ、どこを

10時10分　弁天大橋（大分川）下流左岸河川敷出発 ①、そのまま左岸河川敷を遡行
10時32分　滝尾橋（大分川）の下をくぐる
10時35分　JR日豊本線／JR豊肥本線鉄橋をくぐる
10時50分　国道10号線／JR久大本線を渡る
10時52分　元町石仏
11時12分　広瀬橋（大分川）を渡り、右岸河川敷を下流へ向かう
12時00分　平和市民公園着　休憩（30分出発）
13時10分　ゴール　弁天大橋堤防

ハイライト

■県大会

大分県大会は大分川の左岸河川敷ウオークを基本に遡行し、元町石仏や岩屋寺石仏を拝んでから右岸を下降し、裏川放水路沿いに平和市民公園内を進み、次いで運動公園内の、思い出の森、愛鳥の森、ふるさとの森、まなびの森、市民の森を歩いてから、弁天大橋を渡ってゴールした。市の中心部を歩くにしては、眺めのいい河川敷と木立の中が中心でのんびりできた。参加者数も多かった。写真は、出発前の記念写真である。

■都市と河川

11月27日からウオーク・コースのモデル化ということを目指して、観察と考察を重ねてきた。昨11月30日のウオークはその前日までとは様相を異にし、海岸線ではあるが、むしろ郊外から市街地へという変化が著しいものであった。大分市の市街地へ入るに連れて、それまで設定し得る筈のモデル・コース、すなわち：峠越えコース、旧街道コース、海岸コース、巡礼道コース、遡行コースは、みな自然の風景を対象としたもので、どれも大分市には当てはまらない。戸惑いながら歩いていたところへ大野川を渡り、次いで大分川を渡った。そこで気が付いたことは、大きな都市は大きな河川が流れ込む地域に発達しやすいという単純な事実である。もちろん例外も多いが、今回の県大会が開催された地方の大都市を例に取ると、熊本市、延岡市、そしてこの日の大分市がそれに該当する。

もっと大事なことは、海岸コースと河口とを見ると、半島の先ッポへ流れ込む川はないので、川はいつも入り江に、湾に流れ込む。このことは、河川の遡行と下降モデルを考えるときに、要素となる条件ではないか。このことからある

①

一つのことが思い浮かぶ。それは、前に入り江から入り江へという海岸コースの単位、構成要素を考えた。これとまったくおなじように、ある河川の遡行を入り江に流れ込んでいる河口からスタートして、いま支流は考えないことにして遡行を続け、その水源に至る。そして山の頂上を共有している別の水源から下降を始め、別の入り江に至るというコースである。

これは、等高線モデルがかなり汎用性があるのに対して、海岸コースがその応用であるのと同様に、アップダウン・モデルの汎用性に対する一つの応用として、河川の遡行／下降コースということを暗示しているのではないか。具体的に大野川に例を取ると、JR豊肥本線の三重町駅から豊後清川駅へ掛けて、百枝トンネルを抜けるあたりで奥岳川が大野川に合流する。その奥岳川を水源まで登り詰め、障子岳（1703m）と祖母山（1756.4m）の鞍部に出る。以後北西へ少し縦走して、国観峠からふたたび北へ下って緒方川の源流へ出る。以後はできるだけ緒方川に沿って、沈窪滝のあたりで大野川に合流するまで歩く。この合流点は、遡行を始めた奥岳川と大野川の合流点からわずか3キロの距離である。

この仮定のコース設定は、本流ではなく支流と支流との間の遡行と下降であるが、原理は同じだ。つまり、海岸コースは半島の根元をトンネルなり、峠なりで越えない限り、岬を廻ることになるが、支流を遡行して尾根を歩いてまた別の支流へ下って本流へ合流するコースを歩くことは、海岸コースのちょうど逆を試みることである。片方は等高線モデルの応用例、もう一方はアップダウン・モデルの応用例ということになるのではないか。

ただし今回の九州一周では、内陸部へ入って行くことはほとんど無かった。特に河川を遡行して尾根筋を辿り、また別の河川に沿って下って来るというコースは、当然のこととして皆無だから、これ以上突き詰めて考えることはあまり意味がない。あくまでも地図上でのシミュレーションに過ぎない。

しかし、以上の拙論からついでに思い浮かぶこととして、自然条件だけを対象としたとき、はたして等高線モデルと、アップダウン・モデル以外に、基本となるモデルがあり得るのだろうか、という疑問である。

平成14年12月02日(月)　62日目
大分県大分市　休養日
宿泊先「ホテルOita21」

いつ、どこを

今日を入れて日程はあとまだ7日間残っている。しかし、小倉城へゴールする前、歩いている今のうちに、今回の九州一周がなんだったかを、おぼろげにでもいいからまとめておく方がいいという経験知がある。ゴールしてからは今からは予想も付かないまったく新しい発想が浮かんで、同時にコースにいたときのことをどんどん忘れて行くからだ。毎日少しづつ歩き繋ぐ生活が課してくる縛りは貴重なものだ。そこでこの日は、一日中部屋に閉じこもってチビリチビリ飲りながら、あれこれ考えた。以下はこの日のメモの清書である。

ハイライト

考えを巡らすべき領域は三つあると思われる。一つ目は記録を巡る今回の経験と結果の分析、二つ目は、歩く対象としての道／コース、三つ目は、歩く足／上半身である。もちろん後の二つは密接不可分離だが、どちらに軸足を置くかによって視点が異なるものと見た。以上の三つについて、とりあえず個条書き的に次のようなポイントが摘出し得る。

■記録

1. 手書きメモは、まずはよく頑張ったと思う。団体歩行では、記録のためにいかにズッコケても限度がある。その範囲内ではまずまずだった。途中で悩んだ問題は、日程が捗るに連れて、すでに書き留めたメモに対する読み返しが必要になるが、検索手段を講じている余裕がなかったため、繰り返しが多く、内容に新しい発見が乏しい。
2. 写真は、初めてデジカメを使うという暴挙がやはり禍した。これからの猛訓練が必要だ。しかし、撮った写真は液晶モニタを見てレビューできるということは、腕前の巧拙に関わらずデジカメの大きな利点で、これが上記メモ取りの欠点を補った。
3. 道路地図は、冊子をばらして歩くコースの当該部分だけにして、描き込み用に起こした複写と併せて、日常、携帯した。道路地図には現在位置の同定手段と、歩いたコースを描き込んで後日に備える手段と二重の機能を期待している。これは間違っていないが、そのために二種類の地図を用意することがはたして妥当か、要検討である。
4. 手書きメモ、写真撮影、道路地図の利用は、三位一体は理想に過ぎるにしても、相乗効果は、行程の途中であれ、終わってからの紀行のまとめの段階であれ、期待すべきものだ。この点での結果はこれから明らかになるべきことである。
5. 上記の問題点の中で、自宅にいる間の準備段階でどこまで問題点を軽減できるかが次回以降への課題となるはずだ。歩く行為そのものは全体の三分の一でしかなく、歩いた結果のレビュー、歩く前の準備がそれぞれ他の三分の一を占めるからだ。

■道／コース

1. 川と橋
   足を運ぶコースに沿っていえば、九州の特徴は川と橋の絶え間のない連続である。そ

れが他に例を見ない大量の降水量に基づくことはすでに述べた。九州は川でできている。これが、今後も含めたウオーカーの立場からの九州一周の最大の特徴である。
2. プログラムの多様性
一日に歩く距離、歩くスピード、出発／ゴールの時刻、そうしたウオークの運営上の問題は自分の関心の埒外である。一方、地方大会、休養日、本部隊ウオーク、ステージ隊、エリア隊、デイリー隊など、プログラムの多様性が二番目の特徴である。
3. 風景
足ではなく目で歩くコースに沿っていえば、植生、特に照葉樹林の力強い盛り上がりと、神社仏閣の境内に生えている老大木が印象的だった。旧街道を歩いたり、名所旧跡に立ち寄ったりもしたが、そうした風景から学ぶには事前の準備が不足だった。
4. 長丁場
一日に歩く距離は短くとも、それを何十日も続けて、繋いで行くことによって初めて分かる何かがある筈だ。どうも有るらしいとまでは分かっているが、それに言語的表現を与えることに成功していない。おそらくこれからも成功の見込みはない。
5. ウオーク・コースのモデル化
残りの生涯で、現存する道の一兆分の一も歩けないだろう。そうであれば、現実には存在しないモデル・コースを創り、実際の歩きはそのモデルの有効性の実証であるという実験的な歩きを試みたい。終盤になってそのことに気付き、取り組みを開始した。

■足／上半身
1. 荷物
長丁場とは、ふだんの生活をフィールドに移すことだと隊長は言う。履いていった靴が行程の終盤になって底が減ってきて、砂利道が歩けなくなった。テープを靴底に貼って歩いたが半日ももたない。途中で買い換えなかったのは生活感覚の欠如だ。
2. 食事／焼酎
食事は出されたものを食べるのが基本であった。ポリタンクに詰めた飲料水は大いに重宝させて貰った。料理の写真撮影は、捲土重来が必要である。焼酎については特に言うべきことはない。よく呑んだ。
3. ウオーカー
腰で歩くウオーカー、一般のウオーカー、上半身で歩くウオーカーの三種類はやはり識別し得る。団体歩行における男女の行動の違いに特に新しい発見はない。多様なプログラムに応じて多様なウオーカーと会ったことが収穫であった。
4. ズッコケ隊
結団式でお断りして、毎日、アンカーの旗の前に出ないように気を付けながら歩いた。団体歩行の長短、一人歩きの長短を相補させようという試みは、だいぶコツが分かってきたように思う。
5. 浪漫
歩くことは二足歩行による空間移動である。決め手は二足歩行ということにある。それを長い距離続けていると、時間経過がその空間移動の過程に忍び込んでくる。更に歩き続けて行くと、その時間経過が多次元化する。その時浪漫が生まれる。歩く浪漫のコツはここにあるのだと思う。

平成14年12月03日(火)　63日目
大分県JR大分駅→→大分県JR別府駅　13キロ　34＋3名
宿泊先「花菱ホテル」へは徒歩で移動

いつ、どこを

- 08時30分　JR大分駅③出発、国道10号線を別府方向へ
- 08時56分　交差点「王子南」通過
- 09時02分　交差点「東生石」、右へ行くと大分港
- 09時06分　右に、建物の間から海と船が見える
- 09時10分　交差点「西大分駅前」通過
- 09時14分　海岸に出る
- 09時55分　JR田の浦着　休憩（10時10分出発）
- 10時29分　バス停「高崎山⑤」（水族館マリーンパレス）横
- 10時52分　別府市に入る
- 11時27分　ゴール　JR別府駅②

ハイライト

■判かったモンジャありませんよ

写真は、ホテルOita 21のシングル・ルームの狭いテーブルの真上の壁に掛けてあった棟方志功の版画の複製である。何しろこの部屋では、丸一日半閉じこもって今回の歩きをまとめようとしていたので、ため息を付きながら何度となく上を見上げてこの彫られたモンゴンを読むことになった。この日の朝、部屋にオサラバする記念にと撮った。昨夜の"まとめ"についても棟方志功に見透かされているような気がして、「こんな事を書いて［まとめだなんて］瞞着川の河伯にヤラレて居るんじゃ無いかなあ、判ったモンジやありませんよ　ホンマに」という気になった。しかし"ワカル"を棟方志功は「判る」と綴る。じぶんはこれまでほとんど「分かる」と書いてきた。ナルホド、使い分けた方が良いかなという気がして、勉強させて貰った。

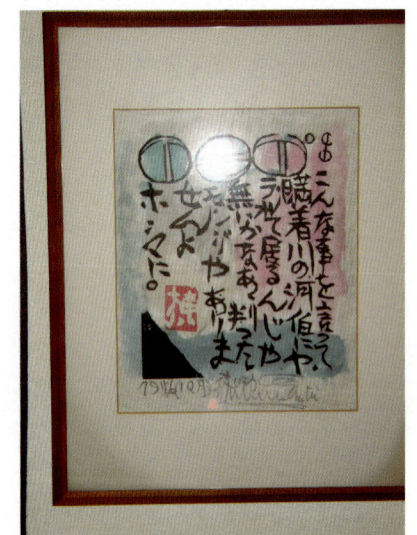

■大分駅と別府駅

大分駅と別府駅はどちらも賑やかで、どこか似たようなところもある。もちろんこれまでも久留米駅、長崎駅、熊本駅、宮崎駅など殷賑きわまりない駅はあったが、大分と別府のようにわずか13キロの距離でそれらが肩を並べることはなかった。別府湾湾岸ベルト地帯それ自体が一大観光地である上に、湯布院や、久住山など後背地も豊富な観光資源に恵まれていることの証だろう。本部隊員もそろそろ留守家族への土産を意識しだしたようで、休養日には一斉に宅急便の手配に飛び出していったことであった。

②　　　　　　　　　　　　　　　　　③

■道幅一杯の法則

ずっこけて歩くということは、隊列を後ろから撮るということだ。数多撮った写真の中に隊列の前から撮ったものは一枚もない。横から撮ったものが数枚有るだけで後はぜんぶ後ろからだ。写真の左は、一番左にいる見慣れない服装のオッサンを撮ったもので、道路拡幅工事の現場の人だ。案内しましょうといって一緒に歩いてくれた。右側の写真の行く手の山は高崎山（628m）である。もうひとつこの二枚の写真から判ることは、道幅が広いと隊列は五列でも、八列でも横一杯に広がるということで、今回の九州一周でそれを観察するのは海の中道（10月4～5日）についでこれが久しぶりの二回目で、あとは道路は広いが、車のためにすみに押しやられて、一列になりっぱなしだった。一列や二列の時はまえにも触れたように「金魚の×××」の法則が働く。今回のこれは「道幅一杯の法則」と呼ぶとすると、だいぶ隊列行動が判ってくることになる。

④　　　　　　　　　　　　　　　　　⑤

■地獄一周浪漫ウオーク

別府で泊まった宿は海辺であったが、有名な地獄巡りは山側、鉄輪(カナワ)にある。鬼山地獄、カマド地獄、山地獄、鬼石坊主地獄、海地獄、坊主地獄、白池地獄、龍巻地獄など。どのルートを通って地獄に堕ちるか選択に迷うほどだ。大分県の歴史散歩のコラム"湯のまち別府"曰く：別府を訪れる多くの人が見学する地獄めぐりは、油屋熊八の草案になるもので、国際観光都市別府の表看板としての人気は今でも衰えていない。行程18.5km、バスで2時間半のコースである。噴気・熱湯をさまざまに噴出する地獄の中でも、鉄輪の九州横断道路沿いにある坊主地獄（県指定天然記念物）は一見の価値がある．．．．

12月03日（火）63日目

平成14年12月04日(水)　64日目
大分県JR別府駅→→大分県JR中山香駅　30キロ　25＋3名
宿泊先「ホテルパブリック21」へはマイクロバスで移動

いつ、どこを

- 08時30分　JR別府駅出発、県道32号線を海の方向へ
- 08時45分　国道10号線を越えて昨夜泊まった花菱ホテルの横を通って海岸へ
- 09時20分　上人ヶ浜公園
- 09時29分　上人ヶ浜公園トイレ着　トイレ休憩（33分出発）
- 09時50分　バス停「亀川亀陽泉前」
- 09時56分　JR亀川駅着　休憩（10時10分出発）
- 10時32分　バス停「胡麻ヶ坂」
- 10時42分　県道24号線へ左折、すぐ豊岡トンネル（434m）に入る
- 10時53分　山口橋（三川）を渡る
- 11時25分　オオクラバシ
- 11時46分　南畑公民館着　昼食休憩（12時35分出発）
- 12時52分　今畑神社前通過 ①
- 13時05分　豆腐造り用湧水「山豆苑」、「水の口湧水」着　休憩 ②
- 13時31分　三六橋（熊ヶ倉川）を渡る
- 14時05分　ハナムスビバシ（久木野尾川）を渡り県道42号線に合流　バス停「日指(ヒサシ)」着　休憩（20分出発）③ ④ ⑤
- 14時25分　バス停「宮平」（山香町福祉バス）
- 14時40分　バス停「長田」（高田観光バス）
- 15時06分　バス停「下貫井」
- 15時25分　ゴール　JR中山香駅

ハイライト

■遡行下降モデル

この日は、別府の北、小浦の交差点から国道10号線を外れて県道24号線に入り、豊後豊

①

②

岡に流れ込んでいる三川を遡行した。11月26日、鐙川を遡行した時と違って、県道24号線は終始三川の右岸を行く。それも左手遙か下に三川の流れを聞きながら歩く高巻きコースである。そして、南畑公民館で昼食を済ませてからは、今度は24号線を外れて地道を北に、やがては杵築市を経て海に注ぐ八坂川の源流を下ることになった。はからずも小規模ながら遡行／下降コースを試行する機会に恵まれたのである。

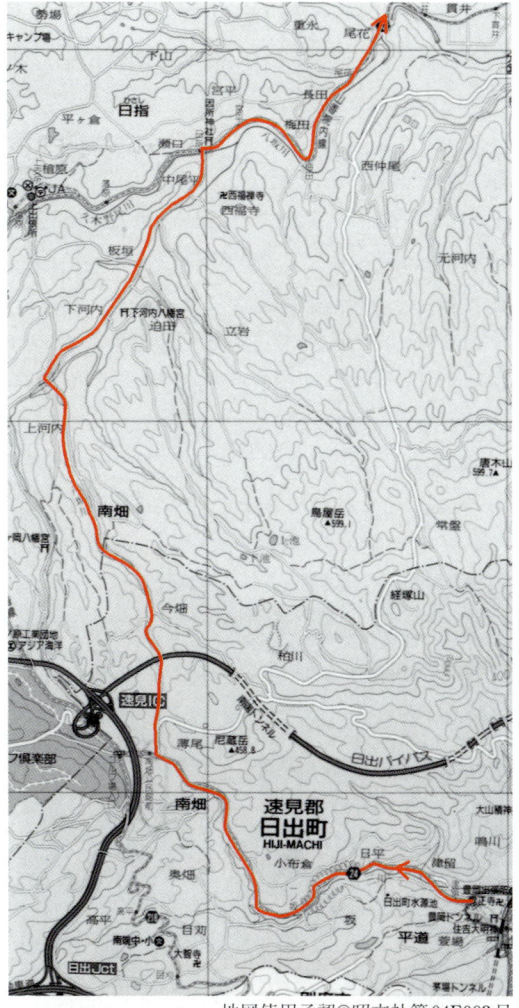

地図使用承認©昭文社第04E003号

前ページ写真左は、八坂川の源流近く今畑地区の案内板である。わずか12戸の住宅が所帯主の名前で示されている。場所は今畑神社の前。二個所の水色の丸印は水源とある。
写真右は、更に川を下ると豆腐を造っているところがある。水が自慢で、地元の人が水を汲みに来ている。筆者は水汲み場の裏手へ潜り込んで水源を見つけて写真に撮った。写真③は、棚田というよりも河岸段丘はまた別の等高線かと思って撮った。場所は下河内八幡宮の前後である。写真④は因所神社の三叉路のすぐ手前。廃墟である。宅地の跡に竹が茂り、階段だけが残る。写真⑤は瓢箪を干している風景。

12月04日（水）64日目　205

トピックス　その16

ゼッケン

■人柄三題──ユーモア

ゼッケンという言葉はどこから来たのかまだ判っていないらしい。広辞苑は：「(語源に諸説あるが未詳)スポーツ選手や競走馬が付ける、番号を書いた布。また、その番号」としている。一方日本国語大辞典は：「(ドイツZeichenが英語を経て入ったものか)スキー、スケートや陸上競技で選手が胸や背につける番号を書いた布。またその番号。番号札。〔補注〕スカンジナビア地方で牛馬を放牧する際、その首に所有者の名や番号を付した金属の札をさげたものをゼッケンと称していた。これが放牧地付近でスキーを行うスキーヤーの番号布の呼び名となり、スケート、陸上競技にも使われるようになったという。」とある。ウオーカーにも使われるようになったとは、書いてないが、どこやらウオーク、なんとかマーチのスタートを見ていると、先頭の方に、人より速く歩けば偉いかと思っている無邪気な連中が固まっているが、なるほど、あれは人というよりもむしろ競走馬と思えば合点がゆく。他に取り柄がないということも影響していよう。これからご紹介するのは、ぜんぜん違う人種である。人の先頭に立つことなど飽き飽きしたという人達である。念のため。

①　　　　　　　　　　　　　　②

写真②はトピックスのジョニー・ウオーカーでも御登壇いただいた、宮城・多賀城市の和田晃さん。写真①は和田さんにとっての最終日のゼッケンである。遊園地のご様子から推察いただけるようになかなかのユーモアの持ち主で、エリアごとに参加されたため、ゼッケンもその都度新調した。つまりその都度〈一言メッセージ〉もあたらしくしたということである。最終日、鹿児島へ向かう途中でおねだりをして、薩摩半島を歩かれた部分の〈一言メッセージ〉をぜんぶ譲っていただいたので以下にご紹介する。順序はあるいは間違っているかも知れない。

1. 今日からエリア隊です。薩摩半島をカゴ仕舞いまで　よろしく
2. 金峰山に見送られ　今日も歩きは　長丁場　疲れは溜り　ゴールでは　風呂より何より枕先き
3. 真暗先(枕崎)から起きあがり、　今日は長距離気を引き締めて。　昼は白波工場

となれば気もゆるみ　試飲するのも仕方なし。　ゴールは日暮れ　真黒バス(マイクロ)になるのかな。
4. 知覧？知らん。　と言う若者が増えている。　歴史は繰り返すと云うが、何時か来た道に戻らないよう、平和の道を歩くことを語り継ぐ私達でありたい。
5. 指宿や　親指ばかり　雑魚寝する　歩けば小指の　菜の花盛り　（今春の「菜の花マーチ」のメッセージ）

手に取ってみると判るのだが、〈一言メッセージ〉のスペースに、あらかじめ数えたメッセージの字数に合わせて升目を付けて一字一字丁寧に書き込んである。人柄である。

■人柄三題──誠意
熊本県WA会長、宮川契子さんのゼッケン。県の会長さんだから忙しい。特に東松山のスリーデーマーチを直前にして、鹿児島県への引継を待たずに東京へ行かねばならぬ。10月30日は宮川さんにとっての最終日、松崎から八代へ歩いたときのものである。文面からその篤厚な人柄が偲ばれる。天草の富岡港でお目に掛かったときは、これとは違う文面だったようにフト思ったが、尋ねなかった。後で写真を見たら、何のことはない、この日はゼッケンを二枚重ねにして歩いておられたらしい。惜しいことをした。

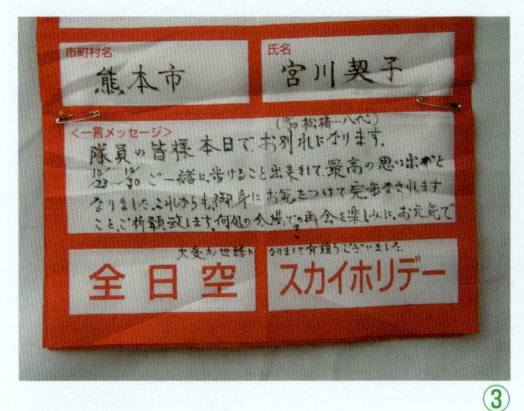

③　④

■人柄三題──夢路
今回の九州一周は「浪漫ウオーク」と名付けられている。だから参加者が「浪漫」をどのように受け取り、どのように追及し、それをどのように具体化するかには興味があった。しかしすくなくともゼッケンの表現にそれを表現した人は、この清末さんまではいなかった。日時は12月5日（行程65日目）14時20分、割掛遺跡史跡公園での休憩が終わって出発となったちょうどその時刻である。若いお嬢さんである。しかもごみために鶴である。ピカ一といってもいい。この日は風が強く、ゼッケンを撮ろうにもすぐ翻ってしまう。そばの人に押さえて貰った。その人に前から撮らなくちゃ失礼だといわれた。まったくその通りなのだが、すでに隊から遅れ始めたし、躊躇している間に逃げられてしまった。

■宣伝隊？
筆者自身はゼッケンに何も書かないで歩いた。書くとみんなそれを読んでしまって、肝腎の赤い字を読まなくなる。ウオークの一行は、沿道の人の目に何か異様なものに写るらしく、ずっこけて一人で歩いていると色々聞かれる。そのお声掛かりを少しばかり集めたが、傑作は、「靴屋の宣伝隊かい？」というものであった。

平成14年12月05日(木)　65日目
大分県JR中山香駅→→大分県JR宇佐駅　27キロ　27＋3名
宿泊先「ホテルパブリック21」へはマイクロバスで移動

いつ、どこを

08時33分　　JR中山香駅出発
08時49分　　国道10号線の裏道をゆく
(時刻不詳)　交差点「下市北」で国道10号線を横断し広域農道を登る
08時56分　　甲尾山橋（立石川）を渡る
09時24分　　"左折ポイント"で列詰め休憩（熊野磨崖仏へ1.6キロという道標）
09時30分　　熊野磨崖仏への旧道（参道）へ合流
09時44分　　胎蔵寺着　熊野磨崖仏登拝（10時15分出発）① ②
10時55分　　真木大堂着　トイレ休憩（11時03分出発）
11時17分　　バス停「相原」
11時24分　　田染橋（桂川）を渡り、すぐ安養寺
11時37分　　バス停「横峯」
11時44分　　田染荘 ③
11時47分　　新イワシタ橋（小崎川）渡る
12時12分　　バス停「小田原」
12時35分　　バス停「矢原」
12時46分　　河内小学校体育館着　昼食休憩（13時30分出発）
13時59分　　バス停「上来縄（カミクナワ）」で左折してバイパスをゆく
14時05分　　割掛遺跡史跡公園着　休憩（20分出発）
14時49分　　国道213号（本道）へ戻る
14時53分　　宇佐市に入る
15時02分　　バス停「西木」
15時14分　　交差点「岩崎」で国道10号線に合流、左へ
15時16分　　岩崎橋（向野川）渡る
15時20分　　ゴール　JR宇佐駅
（ゴール後、宿へ向かう途中、宇佐神宮登拝）④

ハイライト

■熊野磨崖仏

この日はまず熊野磨崖仏に寄っていこうということになって、中山香駅を出て間もなく速見地区広域農道を登った。本来の参道は立石川の支流を遡行すが、この農道の方が新しい道だ。磨崖仏は分水界を越えたすぐ先にあり、従ってこの日も旧道を通っていれば遡行／下降のコースだが、前半は農道コースとなった。
写真右は大日如来像といわれている。入り口で大人拝観券200円を払うと呉れる解説パンフによると：全身高さ6.8m、脚部を掘ってみると石畳が敷かれ、地下に脚部が埋没して

いるのではなく半立像であり、尊名は大日如来と云われているが、宝冠もなく印も結んでいないので薬師如来ではないかとみるむきもあるが、やはり大日如来の古い形では無かろうか．．．．とある。写真左の不動明王については：総高約8m、大日如来と同じく半立像で下部はあまり人工を加えていない。右手に剣を持ち、巨大且つ雄壮な不動明王であり、左側の弁髪はねじれて胸の辺まで垂れ、両眼球は突出し鼻は広く牙を以て唇をかんでいるが、．．．憤怒相はなく、やさしい不動様．．．．とある。

■田染荘

磨崖仏の山から下る道が川に沿う、その川が本流である桂川に合流したすぐ先が田染(タシブ)の里である。豊後高田ライオンズクラブが建てた案内に：「田染の里には、11世紀から16世紀まで田染荘と呼ばれる宇佐八幡宮の荘園があった。荘園と呼ばれる土地は当時全国にあったが、今にその面影を残している場所はほとんどない。田染の谷々には、荘園領主の宇佐八幡宮によって造られたと考えられる富貴寺や真木の大堂のみ仏はもちろんのこと、小崎や大曲のように、中世の荘園の世界をほうふつさせる場所が点在している。田染の里では、今も中世のムラを体感できる。」とある。

写真は宇佐神宮の由緒書きだが、冒頭に「宇佐神宮は全国八幡宮の総本宮」とある。筆者は鎌倉生まれの鎌倉育ちで、こんにちに至るまで余所に住んだことがない。鎌倉の鶴岡八幡宮境内を通って小学校へ通った。それ以来親しみを感じ続けてきた。しかしこの解説には、八幡神が外来神であることが書いてない。朝鮮半島から来たことが書いてない。

平成14年12月06日(金)　66日目
大分県JR宇佐駅→→大分県JR中津駅　27キロ　34＋2名
宿泊先「中津サンライズホテル」へは徒歩で移動

いつ、どこを

08時30分　JR宇佐駅出発
08時39分　国道10号線の左側の裏道をゆく
08時45分　寄藻橋（寄藻川）を渡る
09時00分　国道10号線に合流、　09時04分　バス停「伏田」
09時15分　交差点「宇佐神宮入口」、次の交差点を右折、地道を辿ってバス通りへ
09時40分　県立歴史博物館入口着　休憩（55分出発）
10時11分　駅舘大橋（駅舘川）を渡る
10時34分　交差点「農道2号線」、　10時36分　黒川大橋（黒川）渡る
10時54分　県道529号線と交差
11時02分　宇佐市農業者トレーニングセンター着　休憩（15分出発）
11時32分　伊呂波大橋（伊呂波川）を渡る
11時43分　四つ角を右折、北進
11時54分　JR日豊本線をまたぐ
12時10分　双葉の里着 ①　昼食休憩（55分出発）、県道23号線をゆく
13時12分　中津市に入る
13時23分　今津大橋（犬丸川）を渡る
13時37分　バス停「小路」、　13時40分　バス停「唯専寺前」
14時04分　舞手川を渡った先のローソン着　休憩（15分出発）
14時32分　二股を左折、県道23号線
14時35分　自見大橋（自見川）渡る
14時50分　JR日豊本線ガード前を右折
15時00分　ゴール　JR中津駅

ハイライト

■双葉の里
パンフレットに双葉山のプロフィールが出ている。曰く：双葉山定次　本名／穐吉定次（アキヨシサダジ）　生年月日／明治45年2月9日　出身地／大分県宇佐郡天津村布津部（フツベ）（現宇佐市大字下庄）　初土俵／昭和2年3月場所入幕／昭和7年2月場所　最終場所／昭和20年11月場所　最高位／横綱　身長／179cm（5尺9寸）　体重／約128kg（34貫）

① 双葉山が安芸の海に負けたとき、筆者の家では

親兄弟揃って丸一日興奮していたのを覚えている。司馬遼太郎は、宇佐八幡が女の巫の中心地だったことに関連して双葉山に言及し、相撲に無関心な自分でさえその強さと人柄を尊敬していたが、双葉山が爾光尊という名の新興宗教の女教祖のおこした爾宇教に、囲碁の呉清源八段に誘われて入信したことはショックだったと述べている。しかし工藤美代子という人が書いた「双葉はママの坊や」を高く評価して、いよいよ双葉山が好きになったともいっている。むろん呉清源も双葉山も、その後、夢から醒めたと付け加えている。

■山国川の渡し

豊前の街道をゆく会が編纂した「中津街道」にはこの渡しについて次のように記述している。曰く：山国川の下流には、「小犬丸の渡し」と「広津の渡し」の二つの舟渡しがあった。小犬丸の渡しは吉富町小犬丸から小倉口へ至るものであった。この舟渡しは、治助という男が三文の渡し賃をとっていたことから「三文渡し」とも呼ばれていたという。広津の渡しは、吉富町広津と中津市の外馬場を結んでいた。

図は少々見難いが、同資料に掲載されている、その渡しについての図である。題して、「中津藩主帰城の図」の復元図とある。手前側が小犬丸村、つまり小倉側、向こう側が中

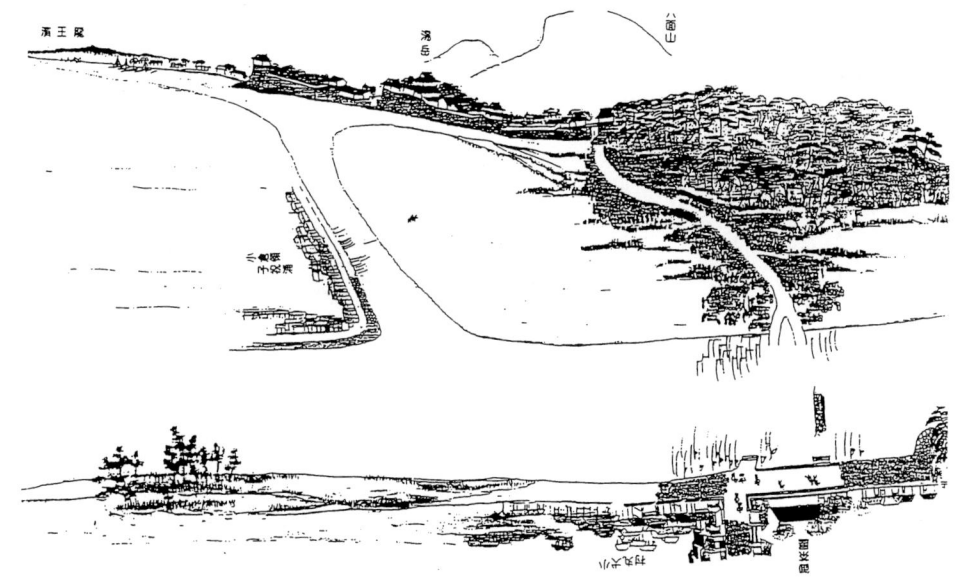

『中津街道』（豊前の街道をゆく会）より

津である。解説に次のようにある。曰く：参勤交代または領内巡見の帰り、小犬丸村（福岡県築上郡吉富町）の「御茶屋」で休憩の後、藩主の御座船が高瀬川（山国川）を渡ろうとしている光景である。手前小犬丸村側の見送りの人達、外馬場側（中津市）には家臣を始めて町方有志が出迎えている。図中に「小倉領小祝浦」（左手中程）とある。小祝浦が小倉領だった貞享3（1686）年〜慶応3（1867）年の作画である。作者不明、とある。

この同じ資料には、また、山国橋について曰く：山国橋（通称、国道橋）山国川に橋が架けられたのは明治37年のこと。しかし、木造橋だったため、老朽化がはげしく、架橋から28年が経過した昭和7年8月に改修工事に着工、昭和9年2月に竣工した。橋架工事一覧表をみると、全長214.4メートル。幅員は、是までの倍の8メートル。橋脚12基のうち福岡県側の6基には丸形の空間を設けて、県境の見分けができるようにした、とある。

平成14年12月07日(土)　67日目
大分県JR中津駅→→福岡県JR行橋駅　31キロ　54名
宿泊先「中津サンライズホテル」へは徒歩で移動

いつ、どこを
(雨降りとクリップボードごと記録を無くしたため、メモ無し)
　10時30分　道の駅「豊前おこしかけ」着　昼食休憩（11時15分出発）
　12時32分　JR椎田駅着　休憩（45分出発）
　13時20分　JR築城駅着　休憩（30分出発）
　14時15分　JR新田原駅着　休憩（30分出発）
　15時35分　ゴール　JR行橋駅
　17時30分～　焼鳥屋「赤ちょうちん」で打ち上げ式

ハイライト
■油断
　この日は本降りの雨だった。大分県から福岡県への引継式がJR日豊本線の三毛門駅の狭い構内で行われた。式の後すぐ出発となった。駅前に地場の名産であるでっかい三毛門カボチャがあったので、すぼめた傘を脇へ置き、この日の分のメモと地図と参加者の栞を挟んだクリップ・ボードを駅前の小さな台の上に置き、カボチャの由緒書きを入れて急いで写真を撮った。雨が強くなったので、傘を開いて、クリップ・ボードのことはケロリ忘れて一行の後を追った。傘を置いた場所とクリップ・ボードを置いた台とが離れていたのがいけなかった。忘れ物に気が付いたのは道の駅「豊前おこしかけ」だった。戻ろうかと一瞬思ったがすぐ諦めた。行程の67日目にしてこんなヘマをやらかした自分が腹立たしかったが、すぐ気を取り直し、行橋に着いたらボードを探すことにした。宿へ荷物を放り込むとすぐ街へ出て、菓子パンを一個買って、ついでに文房具屋の場所を聞いて、パンを頬張りながら直行した。あった。緑色のにした。その後ずっとそれを使い続けている。しかし今でも大分県の道路地図は宇佐、中津、豊前が5ページほど抜けており、失ったメモは復元のすべが無く、参加者の栞はもう余部がないとのことで隊長補佐の荻野さんに頼んで後からコピーをとって送って貰った。写真のカボチャが、何も知らぬげにひょうきんな顔を半分覗かせてくれているのがせめてもの救いになっている。

■花の301
　よく呑み、よく遊び、よく騒いだ仲間である。左は京都から参加した吉田茂二さん、右はご存知、空海の道ウオークその他で名を知られた名リーダーの鈴木勲さんである。今回の本部隊員は全部で8名だが、一番最初に申し込んだのが筆者で、参加者名簿は申し込み順

につくられた結果、筆者がその先頭に名前が載った。結団式の挨拶で、名簿は先頭だが、歩く方はずっこけるので毎日のゴールはビリですよと挨拶したのを覚えている。宿へ着くと部屋は各階の01番から名簿順に割り振られることになり、必然的に筆者は下二桁が「01」となることが多かった。その中でも特に3階が多かったのだ。それが301の由来である。しかもワルいことに吉田さんが申し込み順2番で、従って相部屋の時は吉田さんと一緒が一番多い。二人気が合って、はしゃぎすぎてたびたび当局からお目玉を喰らい、ついに鈴木さんがお目付役、あるいは牢名主としてドッカと間に入ったというわけ。

吉田さんは旨いツマミを見つける名人で、部屋ばかりでなく食堂へも持ち込んでその都度喝采を博した実績の持ち主。鈴木さんは、宿へ着くと大きなザックから手品のように焼酎を出してくる。どこで手に入れるのか判らない。酒屋へ首を突っ込んでいる所など見たことがない。にもかかわらず宿へ着き、部屋に落ち着くと必ず手つかずの新銘柄をやおら持ち出してくる。筆者はもっぱらお二人にご馳走になってばかりいて、非常に肩身が狭い。いまでも恐縮している。

■打ち上げ式

ゴールの前日、つまりこの日、5時半から宿の近所の焼鳥屋「赤ちょうちん」で打ち上げ式が行われた。翌日は無事にゴールできたことを祝う盛大な式典が、大会関係者、地元関係者、JWA役員さん等出席のもとに行われるとかで、打ち上げ式はその前日、行橋市でとなった。翌日の式典出席のJWAの役員さんもこの打ち上げ式に参加した。式と云ってもそれは名ばかりの飲み会で、楽しく、云いたいことが一杯で、あっという間に終わってしまった。

写真左は、10月1日、つまり出発前夜の小倉での式典、右はこの日のゴール前夜の打ち上げ式。カタや九州厚生年金会館の宴会場、カタや焼鳥屋、カタや洋食コースにビールで次から次へお歴々のご挨拶、カタや挨拶抜きで焼き鳥にビール、日本酒、焼酎、ウイスキー水割り、酎ハイの飲み放題。カタや盛り下がり、カタや盛り上がった。

12月07日(土) 67日目 213

平成14年12月08日(日)　68日目
福岡県JR行橋駅→→福岡県北九州市・小倉城　107＋3名
宿泊先「九州厚生年金会館」へは徒歩で移動

いつ、どこを

08時43分　JR行橋駅出発
08時56分　亀川橋（長峡川）
09時14分　小波瀬橋（小波瀬川）を渡る
09時21分　県道212号線を左に分岐
09時29分　交差点「御所山古墳前」
09時38分　JR苅田港線をまたぐ
10時00分　宇原神社鳥居前通過
10時05分　JR苅田駅着　トイレ休憩（20分出発）、JR日豊本線線路ぎわをゆく
10時41分　JR日豊本線線路を左へ渡り、直進
10時55分　線路から250メートル、信号の四つ角を右へ、県道254号線をゆく
11時07分　JR朽縄駅（中央公園）着　休憩（20分出発）
（時刻不詳）国道10号線に出て左へ
11時40分　交差点「下貫」、　11時55分　交差点「田原」
12時15分　バス停「宮ノ下」、　12時33分　バス停「東蜷田」
12時40分　総合農事センター着　昼食休憩（13時20分出発）、国道10号線をゆく
14時00分　バス停「高坊」
14時05分　JR城野駅着　休憩（15分出発）
14時43分　交差点「三荻野」の横断歩道橋で道路の左側に渡り県道266号線をゆく
15時09分　ゴール　小倉城

ハイライト

■蜃気楼

平凡社の百科辞典によれば蜃気楼とは：「光の異常屈折現象の一つ。地面または海面付近の空気が著しく熱せられるか冷やされたとき、空気密度が高さとともに著しく変わる。このようなとき遠方の地物は光線の異常屈折によって一つのものが二つに見えたり、地面が水面のように見えたりする。このような現象を総称して蜃気楼という。」と説明した上で、1）地面が異常に熱せられる場合、2）海面が空気の温度に比べて著しく低い場合、3）水平方向に温度差がある場合の三種類を区別している。写真は、行程57日目、佐伯から津久見へ向かって海

①

岸を歩いていた午前10時33分、浪太鼻を廻って上浦町に入って間もなくの地点で撮ったものである。遠景の島と島との間に見える三つの足のない小さな島は実際には存在しない（地図で確認済み）が、上記のどの種類の蜃気楼か判らない。

ゴール近く、長い列の後ろの方を歩いていたら横断歩道橋でしゃがみ込んだ参加者がいた。鈴木勲氏と一緒に付き添って歩いていたら、列詰めで本部隊員は前に来るように合図があった。しかしとうてい間に合わなかった。ズッコケ隊にふさわしい幕切れであった。ゴールでは並んで"ご挨拶"をするように事前に言われていた。68日間も歩いていればそれなりの感慨もあろうという気配りであろうが、あまりの長丁場で、却って何も思いつかない。けっきょく、次のように申し上げたことがメモ書きとして残っている。

「（自分は）神奈川県の鎌倉から来た井上といいます。先程から石垣のところにおられる太鼓の人たちが、寒そうにしていて気の毒でなりませんが．．．．。ここにおられる皆さんすべての方々のお世話になって一周することができました。ありがとうございました。ひとことで九州の毒に当たった状態です。さしたる解毒剤もないままで、あした、後ろ髪を引かれる思いで小倉を去ります。いろいろありがとうございました。」

② ③

■ 小倉の蜃気楼

写真左は、出発前日の10月1日、宿（九州厚生年金会館）へついてすぐ、部屋の窓から外の風景を撮った。写真右はゴールした12月8日。もう一晩泊まることにした同じ宿が、また同じ部屋だった。外を見たら同じ風景だったので面白半分に撮った。後で二枚の写真を比べると、建設中の赤茶けた建物が出発前は小倉城とほぼ同じ高さだったのが、ゴールした日は大部高くなって、小倉城がおもちゃみたいに見える。このことがなかったら、筆者にとって68日間の浪漫の旅は蜃気楼以外のなにものでもなかった筈だ。

右下の写真は、二度お世話になった個室を12月9日朝撮ったもの。チェックアウトして小倉駅へ向かう時、城内を抜けた。足はもう一度一周するといって聞かない。上半身だけで駅へ向かう。蜃気楼歩きだ。

④

216　九州一周浪漫ウオーク

行　程

引用・参考文献

資　料
新春座談会
長丁場
第1回「九州一周浪漫ウオーク」に参加して

謝　辞―あとがきにかえて―

行　程

1. この行程表の作成に際し、距離、参加者数のデータは、隊長補佐荻野邦彦氏作成の公式記録に準拠した。一方、出発／ゴール到着時刻は筆者の計測によっている
2. 悪天候や出発／ゴール到着時の急用などにより、記録が不可能なときがあった。その場合は「不明」と記入した

日／月／日（平成14年）	歩行区間	距離（km）	出発／ゴール時刻	参加者数	宿泊先

《福岡県》

01／10月02日（水）	北九州市小倉城（出発）→福岡県芦屋町役場	23km	08:37／15:25	88名	国民宿舎ひびき
02／10月03日（木）	福岡県芦屋町役場→西鉄津屋崎駅	29km	08:30／不明	30名	国民宿舎つやざき
03／10月04日（金）	西鉄津屋崎駅→JR海の中道駅	27km	08:35／16:20	27名	休暇村志賀島
04／10月05日（土）	JR海の中道駅→福岡城跡	25km	08:32／15:20	28名	アークホテル本館
05／10月06日（日）	福岡県民大会	10km	不明／不明	139名	アークホテル本館
06／10月07日（月）	福岡城跡→JR二日市駅	19km	08:26／不明	30名	アークホテル本館
07／10月08日（火）	JR二日市駅→小郡市役所	17km	08:30／13:37	60名	スパリゾートホテル
08／10月09日（水）	小郡市役所→JR久留米駅	16km	09:06／13:20	56名	スパリゾートホテル
09／10月10日（木）	休養日（ホテルから豊後街道へ単独歩行）	不明	08:30／15:20		スパリゾートホテル
10／10月11日（金）	JR久留米駅→JR佐賀駅	30km	08:00／15:01	55名	第一栄城ホテル

《佐賀県》

11／10月12日（土）	佐賀県大会	10km	10:00／不明	90名	第一栄城ホテル
12／10月13日（日）	JR佐賀駅→JR武雄温泉駅	34km	08:03／16:10	40名	御船山観光ホテル
13／10月14日（月）	JR武雄温泉駅→JR有田駅	21km	08:30／14:30	37名	御船山観光ホテル
14／10月15日（火）	JR有田駅→JR伊万里駅	21km	08:30／不明	29名	ウエルサンピア伊万里
15／10月16日（水）	休養日（ホテルから唐津駅まで単独歩行）	不明	07:54／13:06		ウエルサンピア伊万里
16／10月17日（木）	JR伊万里駅→JRハウステンボス駅	27km	08:52／15:50	39名	九十九観光ホテル

《長崎県》

17／10月18日（金）	JRハウステンボス駅→JR彼杵駅	21km	不明／13:45	34名	九十九観光ホテル
18／10月19日（土）	JR彼杵駅→JR大村駅	21km	08:45／不明	29名	大村セントラルホテル
19／10月20日（日）	長崎県民大会	10km	10:00／不明	81名	大村セントラルホテル
20／10月21日（月）	JR大村駅→JR諫早駅	15km	08:30／11:56	36名	ヘルシーパル諫早
21／10月22日（火）	JR諫早駅→JR長崎駅	28km	08:30／15:59	40名	ホテルサンルート長崎
＊22／10月23日（水）	JR長崎駅→長崎県茂木町・茂木港	30km	07:28／09:31	25名	（天草へ）

《熊本県》

＊22／10月23日（水）	熊本県富岡港→五和町役場	30km	10:52／不明	37名	天草プリンスホテル
23／10月24日（木）	本渡市役所→倉岳町棚底港	20km	10:03／15:07	28名	国民宿舎松島苑
24／10月25日（金）	倉岳町棚底港→松島町運動公園	23km	10:02／15:30	23名	国民宿舎松島苑
25／10月26日（土）	JR三角駅→不知火町役場	24km	08:40／不明	25名	リバーサイドホテル
26／10月27日（日）	熊本県民大会	10km	09:54／不明	74名	リバーサイドホテル
27／10月28日（月）	休養日（薩摩街道探訪）	不明	07:25／11:35		リバーサイドホテル
28／10月29日（火）	JR熊本駅→JR松橋駅	20km	08:30／14:55	25名	八代グランドホテル
29／10月30日（水）	JR松橋駅→JR八代駅	26km	08:30／14:45	26名	八代グランドホテル
30／10月31日（木）	JR八代駅→JR肥後田浦駅	27km	08:37／不明	16名	八代グランドホテル
31／11月01日（金）	JR肥後田浦駅→JR津奈木駅	27km	09:30／16:14	17名	湯の児温泉山海館
32／11月02日（土）	JR津奈木駅→JR出水駅	27km	09:52／不明	22名	出水温泉宿泊センター

〈鹿児島県〉

33	11月03日 (日)	休養日 (ツルの飛来地及び出水の薩摩武家屋敷祭)	不明	08:50／不明		出水温泉宿泊センター
34	11月04日 (月)	JR出水駅→JR阿久根駅	22km	08:30／14:06	27名	グランビュー・あくね
35	11月05日 (火)	JR阿久根駅→JR川内駅	31km	08:30／15:5	22名	ホテル太陽パレス
36	11月06日 (水)	JR川内駅→JR串木野駅	13km	08:30／11:13	30名	国民宿舎串木野さのさ
37	11月07日 (木)	JR串木野駅→鹿児島県金峰町	33km	08:07／15:40	20名	いな穂館
38	11月08日 (金)	鹿児島県金峰町→JR枕崎駅	28km	08:30／14:48	24名	グリーンホテル福住
39	11月09日 (土)	JR枕崎駅→JR指宿駅	37km	07:50／16:19	24名	休暇村指宿
40	11月10日 (日)	鹿児島県大会	11km	10:10／12:35	54名	休暇村指宿
41	11月11日 (月)	JR指宿駅→鹿児島県知覧町	35km	07:30／15:05	24名	休暇村指宿
42	11月12日 (火)	鹿児島県知覧町→JR鹿児島駅	36km	07:35／16:16	21名	ステーションホテルニューカゴシマ
43	11月13日 (水)	休養日 (外出せず)				ステーションホテルニューカゴシマ
44	11月14日 (木)	JR鹿児島駅→JR加治木駅	21km	08:35／14:06	25名	霧島観光ホテル
45	11月15日 (金)	JR加治木駅→鹿児島県牧園町霧島温泉	37km	07:37／16:25	26名	霧島観光ホテル
46	11月16日 (土)	鹿児島県牧園町霧島温泉→JR西都城駅	39km	07:30／16:35	27名	ウェルサンピア都城

〈宮崎県〉

47	11月17日 (日)	JR西都城駅→宮崎県高城町四家	32km	08:37／16:50	27名	ウェルサンピア都城
48	11月18日 (月)	宮崎県高城町四家→JR宮崎駅	33km	08:34／16:30	19名	国民宿舎石崎浜荘
49	11月19日 (火)	JR宮崎駅→JR高鍋駅	33km	08:33／16:20	18名	国民宿舎石崎浜荘
50	11月20日 (水)	JR高鍋駅→JR都農駅	20km	08:42／13:30	21名	ルミエール日向
51	11月21日 (木)	JR都農駅→JR日向市駅	26km	08:40／14:44	26名	延岡グリーンホテル
52	11月22日 (金)	JR日向市駅→JR延岡駅	23km	08:30／14:30	29名	延岡グリーンホテル
53	11月23日 (土)	休養日 (城山公園散策)				延岡グリーンホテル
54	11月24日 (日)	宮崎県大会	10km	10:02／不明	125名	宇目緑キャンプ村
55	11月25日 (月)	JR延岡駅→JR宗太郎駅	32km	08:11／15:32	26名	宇目緑キャンプ村

〈大分県〉

56	11月26日 (火)	JR宗太郎駅→JR佐伯駅	37km	08:02／15:53	23名	ビジネスホテルサンセイ
57	11月27日 (水)	JR佐伯駅→JR津久見駅	26km	08:30／14:50	26名	ホテルニュー玉屋
58	11月28日 (木)	JR津久見駅→JR臼杵駅	20km	08:33／13:22	35名	ホテルニュー玉屋
59	11月29日 (金)	JR臼杵駅→大分県佐賀関町	23km	08:32／14:00	26名	永昌館
60	11月30日 (土)	大分県佐賀関町→JR大分駅	30km	08:10／15:23	25名	ホテルOita 2 1
61	12月01日 (日)	大分県大会 (終日塾居)	13km	10:10／13:10	105名	ホテルOita 2 1
62	12月02日 (月)					ホテルOita 2 1
63	12月03日 (火)	JR大分駅→JR別府駅	13km	08:30／11:27	38名	花菱ホテル
64	12月04日 (水)	JR別府駅→JR中山香駅	30km	08:30／15:25	27名	ホテルパブリック2 1
65	12月05日 (木)	JR中山香駅→JR宇佐駅	27km	08:33／15:20	30名	ホテルパブリック2 1
66	12月06日 (金)	JR宇佐駅→JR中津駅	27km	08:30／15:00	36名	中津サンライズホテル
67	12月07日 (土)	JR中津駅→JR行橋駅	31km	不明／15:35	54名	中津サンライズホテル
68	12月08日 (日)	JR行橋駅→北九州市小倉城 (ゴール)	不明	08:43／15:09	不明	九州厚生年金会館

※10月23日の行程は前半が長崎県、後半が熊本県と2県にまたがる。記録はそれぞれ別個に記入した。ただし、歩行距離 (30km) はその合計の数値である

引用・参考文献

1) 引用文献と参考文献の区別はしない
2) 書誌作成の過程で全体を次の3群に分けて作業をした
   A 特に重視して頻繁に使用したシリーズ、あるいは単行書。シリーズ名もしくは任意に設けたいくつかのカテゴリーのもとに分けた
   B 辞典・事典類
   C 一般書。九州全体、もしくは各県別にまとめた
3) 刊年は和暦、西暦に統一せず、文献に記載の通りとし、それぞれ和暦、西暦を括弧に入れて補った
4) 次の4点の資料は、汗水垂らしてともに九州を歩いたウオーカーの手になるものという意味で、筆者にとっていわば別格である。従って最初に掲げた

永渕　誠　　長崎街道宿場巡り一人旅　―小倉常磐橋～長崎奉行所跡間23宿場235km 10日間―　平成13（2001）　49p.
永渕　誠　　唐津街道宿場巡り一人旅：伝説と万葉との遭遇　―唐津城～門司大里宿間13宿135km6日間―　平成14（2002）　60p.
郷之原　充郎　　四国遍路ひとり歩き同行二人：野外生活の記録　平成13年7月18日～9月12日　―空海の史跡を尋ねて―　n.d.　58p.
郷之原　充郎　　第1回九州一周浪漫ウオーク：テント生活・野宿の記録　平成14年10月2日～12月8日　―福岡→佐賀→長崎→熊本→鹿児島→宮崎→大分―　n.d.　50p.

道路地図
［道中携帯して、現在位置の確認に用いた道路地図は次の通り］
昭文社　福岡県広域・詳細道路地図　2002　111p.（県別マップル40）
同上　佐賀県広域・詳細道路地図　2002　112p.（県別マップル41）
同上　長崎県広域・詳細道路地図　2002　128p.（県別マップル42）
同上　熊本県広域・詳細道路地図　2002　152p.（県別マップル43）
同上　鹿児島県広域・詳細道路地図　2002　152p.（県別マップル46）
同上　宮崎県広域・詳細道路地図　2002　128p.（県別マップル45）
同上　大分県広域・詳細道路地図　2002　136p.（県別マップル44）

新全国歴史散歩シリーズ
［次の7県分を参照した］
福岡県高等学校歴史研究会編　福岡県の歴史散歩　山川出版社　1989　285p.（新全国歴史散歩シリーズ40）
佐賀県の歴史散歩編集委員会編　佐賀県の歴史散歩　山川出版社　1995　267p.（新全国歴史散歩シリーズ41）
長崎県高等学校教育研究会社会科部会編　長崎県の歴史散歩　山川出版社　1989　235p.（新全国歴史散歩シリーズ42）
熊本県高等学校社会科研究会編　熊本県の歴史散歩　山川出版社　1993　274p.（新全国歴史散歩シリーズ43）
鹿児島県高等学校歴史部会編　鹿児島県の歴史散歩　山川出版社　1992　285p.（新全国歴史散歩シリーズ46）
宮崎県高等学校社会科研究会歴史部会編　宮崎県の歴史　山川出版社　1990　258p.（新全国歴史散歩シリーズ45）

大分県高等学校教育研究会社会部会編　　大分県の歴史散歩　山川出版社　1993　250p.
（新全国歴史散歩シリーズ44）

歴史の道調査報告書
[九州の各県教育委員会等が「歴史の道調査報告書」をシリーズで刊行しており、九州の旧街道、主要河川の流域を歩く際の基本資料となるものである。今回旅先で熊本県及び鹿児島県の一部分を入手したが、帰宅後執筆の参考にすることができたものは更に少ない。しかし基本的な資料であるので、入手し得た分を次に掲げる]

熊本県文化財保護協会　　熊本県歴史の道調査　―豊後街道―　昭和57（1982）　225p.（熊本県文化財調査報告書・第54集）
熊本県教育委員会　　熊本県歴史の道調査　―日向街道―　昭和58（1983）　68p.（熊本県文化財調査報告書・第60集）
熊本県文化財保護協会　　熊本県歴史の道調査　―薩摩街道―　昭和58（1983）　71p.（熊本県文化財調査報告書・第60集）
熊本県文化財保護協会　　熊本県歴史の道調査　―豊前街道―　昭和58（1983）　59p.（熊本県文化財調査報告書・第60集）
熊本県文化財保護協会　　熊本県歴史の道調査　―天草路―　昭和59（1984）　118p.（熊本県文化財調査報告書・第66集）
鹿児島県教育委員会　　大口筋・加久藤筋・日向筋　平成6（1994）　298p.（歴史の道調査報告書　第2集）
鹿児島県教育委員会　　南薩地域の道筋　平成8（1996）　306p.（歴史の道調査報告書　第4集）
鹿児島県教育委員会　　大隅地域の道筋　平成9（1997）　235p.（歴史の道調査報告書　第5集）

司馬遼太郎「街道をゆく」シリーズ
[九州の道を扱った次の4冊を持参して、折に触れて読んだ]
司馬遼太郎　　肥前の諸街道　蒙古塚・唐津　1983（昭和58）　202p.（街道をゆく　11）
同上　　島原・天草の諸道　1987（昭和62）　291p.（街道をゆく　17）
同上　　肥薩のみち　1978（昭和53）　292p.（街道をゆく　3）
同上　　中津・宇佐のみち　1994（平成6）　292p.（街道をゆく　34）

長崎街道
河島　悦子　　長崎街道　―伊能図で甦る古の夢―　ゼンリン　1997（平成9）　167p.
図書出版のぶ工房編　　長崎街道
　1　大里・小倉と筑前六宿　平成12（2000）　127p.（九州文化図録撰書　1）
　2　肥前佐賀路　平成13（2001）　142p.（九州文化図録撰書　2）
　3　肥前長崎路と浜道・多良海道　2002（平成14）　142p.（九州文化図録撰書　3）
松尾　卓次　　長崎街道を行く　福岡市　葦書房　1999（平成11）　190p.
丸山　雍成編著　　長崎街道　―鎖国下の異文化情報路―　日本放送出版協会　2000（平成12）　226p.
松尾　昌英　　伊能大図による「筑前の長崎街道」の追跡　北九州市（福岡県）　みき書房　1997（平成9）　114p.（「筑前の長崎街道」改訂版）
佐賀新聞社　　新景旧景長崎街道　佐賀　佐賀新聞社　1999（平成11）　219p.
藤井　和夫　　長崎街道ひとり旅　北九州（福岡県）　裏山書房　平成5（1993）　155p.
稗田　朴三編　　北方郷往還筋長崎街道通路年表　n.d.　28p.（北方町史年表より抜粋）
多良海道地図作成委員会［編］　　長崎路　多良海道　諫早街道　諫早市（長崎県）　平成12（2000）　63p.

その他旧街道

河島　悦子　　唐津街道　—大里から博多へ　そして唐津へ—　　福岡市（福岡県）　海援社　1999（平成11）　147p.
吉田　五雄、黒岩　竹二共著　　島原藩主長崎監視の道　　諫早市（長崎県）　島原殿さん道の会　平成13（2001）　63p.
松尾　卓次　　島原街道を行く　　福岡市（福岡県）　葦書房　1997（平成9）　224p.
秋月街道ネットワークの会編　　秋月街道をゆく　　福岡市（福岡県）　海鳥社　2001（平成13）　119p.
豊前の街道をゆく会編　　中津街道　—小倉と中津を結ぶ豊前の道—　2000（平成12）　85p.（豊前の街道をゆく　1）
川上　茂治　　佐賀の街道　佐賀市（佐賀県）　ふるさと社　昭和57（1982）　365p.

自然歩道

西日本新聞社　　九州自然歩道　上中下　　昭和51〜52（1976〜1977）3冊
田嶋　直樹　　九州自然歩道を歩く　福岡　葦書房　2001（平成13）　226p.
塩田　幸助　　ナチュラル・ウオーカー　—長崎県九州自然歩道ガイド—　長崎　長崎新聞社　2002（平成14）　207p.（長崎新聞新書005）

鉄道廃線跡

宮脇　俊三編著　　鉄道廃線跡を歩く　Ⅰ　失われた鉄道実地踏査60　JTB　1995（平成7）　191p.（JTBキャンブックス）
宮脇　俊三編著　　鉄道廃線跡を歩く　Ⅱ　実地踏査消えた鉄道60　JTB　1996（平成8）　191p.（JTBキャンブックス）
宮脇　俊三編著　　鉄道廃線跡を歩く　Ⅲ　今も残る消えた鉄路の痕跡60　JTB　1997（平成9）　186+38p.（JTBキャンブックス）
宮脇　俊三編著　　鉄道廃線跡を歩く　Ⅳ　実地踏査失われた鉄道60　JTB　1997（平成9）　223p.（JTBキャンブックス）

辞典

新村　出　　広辞苑第三版　　岩波書店　昭和58（1983）　2669p.
日本国語大辞典第2版　同編集委員会編　　小学館　2000〜2002（平成12〜14）14冊
藤堂　明保編　　学研漢和大字典　　学習研究社　昭和53（1978）　1740+90p.
藤堂　明保著　　漢字語源辞典　　学燈社　1969（昭和44）　914p.
諸橋　轍次　　中国古典名言事典　　講談社　昭和47（1972）　1020p.

地名辞典

佐賀県の地名　平凡社　1980（昭和55）　583p.（日本歴史地名大系第42巻）
長崎県の地名　平凡社　2001（平成13）　1115p.（日本歴史地名大系第43巻）
熊本県の地名　平凡社　1985（昭和60）　1013p.（日本歴史地名大系第44巻）
鹿児島県の地名　平凡社　1998（平成10）　1031p.（日本歴史地名大系第47巻）
宮崎県の地名　平凡社　1997（平成9）　765p.（日本歴史地名大系第46巻）
大分県の地名　平凡社　1995（平成7）　1117p.（日本歴史地名大系第45巻）
吉田　東吾　　大日本地名辞書（増補）　　冨山房　昭和46（1971）　8冊

事典

世界大百科事典　平凡社　1988（昭和63）　31冊
国史大辞典　同編集委員会編　吉川弘文館　昭和54（1979）〜平成9（1997）17冊
仲井　幸二郎、西角井　正大、三隅　治雄共編　民俗芸能辞典　東京堂　昭和56（1981）　618p.

九州全般
九州の道 ―いま・むかし― 建設省九州地方建設局監修 福岡市（福岡県） 葦書房 1994（平成6） 279p.
甲斐 素純他著 九州の峠 福岡 葦書房 1996（平成8） 325p.
平岡 昭利編 九州 地図で読む百年 古今書院 1997（平成9） 181p.
内嶋 善兵衛他編 九州 岩波書店 1995（平成7） 198p.（日本の自然 地域編 7）
町田洋他編 九州・南西諸島 東京大学出版会 2001（平成13） 355p.（日本の地形 7）
松尾 芭蕉 おくのほそ道 元禄15（1702）［冒頭部分］
神崎 宣武編 旅と食 ドメス出版 2002（平成14） 278p.

福岡県
武野 要子 博多―町人が育てた国際都市― 岩波書店 2001（平成13） 215p.

佐賀県
松尾 テイ 肥前伊万里の昔話と伝説 ―松尾テイ媼の語る昔話― 宮地武彦編著 三弥井書店 1986（昭和61） 502p.

長崎県
ケンペル, エンゲルベルト著 江戸参府旅行日記 エンゲルベルト・ケンペル著, 斉藤信訳 平凡社 1977（昭和52） 371p.（東洋文庫303）

熊本県
麦島 勝 川の記憶 球磨川の五十年（写真集） 福岡市（福岡県） 葦書房 2002（平成14） 217p.

鹿児島県
浜崎太平次翁之略伝（第7版） 鹿児島市 浜崎経子 平成14（2002） 36p.
村永 薫編 知覧特別攻撃隊 ―写真・遺書・日記・手紙・記録・名簿― 鹿児島ジャプラン 1991（平成3） 122p.
国立歴史民俗博物館 近現代の戦争に関する記念碑（「非文献資料の基礎的研究」報告書） 佐倉市（千葉県） 国立歴史民俗博物館 平成15（2003） 948p.
村上 光信 ザビエル巡礼ガイド鹿児島編 ―日本のキリスト教のルーツを訪ねて― ドン・ボスコ 1999（平成11） 92p.
鹿児島県高等学校教育研究会地理歴史・公民部会地理分科会編 鹿児島地図紀行 ―地形図で探る郷土の自然と人々の生活― 鹿児島市（鹿児島県） 徳田屋書店 平成10（1998） 142p.
出水市教育委員会編 出水の文化財 出水市（鹿児島県） 平成14（2002） 126p.

宮崎県
三又 喬 日向灘沿岸をゆく ―黒潮路ロマン397キロ― 福岡 海鳥社 1997（平成9） 213p.
全国河川遡行クラブ編 五ヶ瀬川遡行記（挑戦第20回） 福山市（広島県） 同クラブ 2002（平成14） 106p.
綜合文化協会編 日向の風土と観光 宮崎市 鉱脈社 1997（平成9） 281p.（みやざき21世紀文庫 15）

大分県
大嶽 順公 国東文化と石仏 大嶽順公文、渡邊信幸写真 木耳社 昭和45（1970） 145p.
大分市歴史資料館編 江戸紀行 ―名所・名物・旅模様― 大分市（大分県） 2001（平成13） 50p.［第20回特別展カタログ］

新春座談会

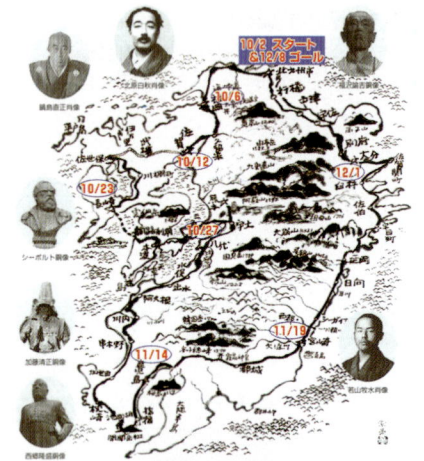

座談会 夢の九州を
第1回九州一周浪漫ウオーク完歩

2003年 第2回大会 開催日程

- 3月22日　実行委員会（佐賀県・吉野里）
- 4月1日　日程発表　参加者募集開始
- 8月1日　参加者決定
- 10月4日　出立式（佐賀城）
　佐賀—長崎—熊本—鹿児島—宮崎—大分—福岡—佐賀
- 12月7日　ゴールイン（佐賀城）

ふるってご参加下さい！

多彩な顔ぶれで

――沖永良部島の先生ご夫妻もおられました。

近藤　居酒屋で食事をしているとき、お酒を飲んでいる所で独自の文化を持っていますね。

井上　福島さんご夫妻ですね。沖永良部島でなきょろきょろ店のメニューを見ていて、どこから来たと言われる。その方と話をしたら、と言うと、南西諸島のイメージというか、土着ということで、いまの方が払われたとしてってことが何度かあったっていう。（笑い）。延岡市では、すごく景色かったんです。そんな格好で寒くないか？ や、九州一周をしているんだ、と言ったら、ジャンバーをくれるんですよ。宮崎を出るまではそれを着ていました。LL版で大きかったのです（笑い）。

荻野　みんなに有田焼の皿を頂いたり、八代でイグサの汗取りを頂いて、リュックに全行付けて歩きました。

井上　私はヒモを長くして、座ブトン代わりして、昼休みに敷いて使いました。

神話と国際性

――JR九州始め、多くの方々や企業のご協力。

後藤　月星化成さんはじめ、ご協力、ご協賛いただいた企業の方々には、本当に感謝しています。

今回は特に、東京・京都・奈良に次ぐ日本で四番目の九州国立博物館が、民間の力を借りながら設立されるということで、この大会に合わせて、地元の方のみならず全国の方々や企業のご協力が。

後藤　JR九州始め、多くの方や企業のご協力、ご協賛いただいた企業の方々には、本当に感謝しています。

井上　邪馬台国から始まって、江戸時代の長崎は歴史と神話の里、日本の歴史と神話になってきた九州でもありますね。

――九州は歴史と神話の里、日本の歴史と神話の窓口ですね。

そして出島は、日本が中国、オランダに向けて国を開いていた場所ですね。インドネシアにでも行ってよかったと。だから、九州は神話の国ということで、古い時代にウエートを置いていた。一方でいえば、独自のいうプログラムが出来るのではないか、と思います。

――長崎は国際性で、一番びっくりしたのは、旗を持ってきちんと正面を向いて立って、時間でもきちんと休憩していました。

近藤　旗手の安藤さんの郷之原さん、そして、ハーモニーに富んだ八代の本部隊員。楽しそうでした。

海と山と川と

――皆さん、一番思い出に残るコースは？

近藤　私は、大分の宗太郎。強烈な印象がありますね。宿はキャンプ場で、駅に列車が五本しかません。ボタン鍋が美味しかった。

杉浦　各地で主婦の方が手作りのおまんじゅうなど、いろいろ手作りのご馳走を作ってくれて、みんなそれだけ感激しました。

――花より団子の方ですね。（笑い）。

杉浦　どこか分かりますか。大分の場合、何が出ると思うと、ブーゲンビリアやハイビスカスの花がずっと咲いているんです。私はずっとけなげに、高いやしの木々が茂り、天気もいい。

井上　私は、枕崎～指宿いう海沿いを歩いていると、海沿いうものをも同時に川というものをうっと重視したいですね。

――最後に杉浦さん、何か困ったことはありませんでしたか？

杉浦　皆さんの後にいつもついていくような安心感でした。東京を出るときに孫に携帯電話を持たされてきたのですが、出る前に切れてしまって（笑い）。後で夜、孫に宿舎で電話をかけました。元気でいればばかりません。元気がなくなれば、基本的には海岸だと思う。九州は東西南北それぞれバラエティーを持った海岸ありがとうございました。

――本日は、本当にありがとうございました。

新春座談会

歩いた!!
1492キロ 68日間 全完歩者9名 のべ参加者2439名

出席者（敬称略・50音順）
- 井上　如　　　九州一周浪漫ウオーク隊員
- 上野　邦彦　　大分県ウオーキング協会会長
- 荻野　米太郎　九州一周浪漫ウオーク隊長
- 近藤　藤浦　　全日空文化交流担当部長
- 後杉浦　定子　九州一周浪漫ウオーク隊員
- （司会）木谷　道宣　JWA協会専務理事

十月二日に小倉城を出立したみなさんが、今日、全員元気に小倉城へ戻ってこられました。九州一周一五〇〇*、完歩おめでとうございます。二十一世紀の歩く旅の新しい道筋を拓かれた皆様に心からなる敬意と感謝の意を表します。本当におつかれさまでした。ありがとうございました。
——岡野吉春JWA会長の開会の挨拶より——

12月8日、10月2日にスタートした小倉城にゴールした本部隊の勇者を迎えて到着式典。おめでとう!

筋書きのない…

近藤　まずは先ほど、閉会式で「筋書きのないドラマが終わって…」と挨拶された近藤隊長から。

近藤　まず、全行程に参加いただいた本部隊の隊員、本当にありがとうございました。また、隊務補佐の荻野さん、近藤隊長とは一期生の誇りを持って、本当に今回の隊長、ところがあって、今年本当にありがとうございました。また、隊務補佐の荻野さん、近藤隊長とは一期生の誇りを持って、本当に今回の隊長、ウオーク以来、近藤隊長と…。

荻野　私の仕事は宿泊や食事、荷物輸送など。今回は、JRの駅にできるだけ近い温泉浴場、洗濯機がある第三セクターの宿舎を主に使いました。

近藤米太郎さん

日新聞との伊能ウオークでは裏方として、読売新聞とのアメリカ大陸横断では、十三人の若者たちの昼食の弁当です。隊を離れて弁当を毎日、取りに行く段取り、食中毒にも気をつけて、なるべく食べる少し前に詰めておきたいという。

——近藤隊長には、朝食をうまく耕すことができたといえるのでは…

八人のメンバーが、皆さん素晴らしく、非常になごやかな雰囲気でした。九州を七年続けて一周する最初の年でしたが、挨拶で「筋書きのないドラマが…」と挨拶しました。

いちばん頭を悩したのは一日に二〇*を三日間歩きました。そして、その時に九州一周の募集パンフレットをもらつて…。恐らくそうですね。

井上　後藤さんがロマンのある夢を四国へ…。

荻野　そうです、そこで、杉浦さんのように一度九州を歩いてみたいという方は多いかも知れませんね。

井上　後藤さんがロマンのある夢を四国へ…。そこにおっしゃったけれど、まさに私たちがやったことは、九州一周ウオーク、それなんです、そこで、九州一周浪漫ウオークが私は非常に大事だと思います。

——四国の空海のみち、四国はひとつの課題、テーマを追いかけるウオーキングですね。

井上　四国のいいところは、イメージがある程度出来上がっていることです。先立と、杉浦さんのようなコースリーダーを前半と後半にそれぞれ分担とし、たとえば、一カ月前に足の骨を折ってしまった。しかし一方で、それが県協会の結束に繋がりました。なんとしてもこれはやらなければいけないと立てて、九州のウオーカーはみんな温かかったので、六十八日間、健康を維持することは出来ませんでした。

今こそ浪漫が

——今年が全日空の創立五十周年に当たるので、何としても今年やりたいとご提案いただいた近藤さん、全日空さんの夢は叶いましたか。

近藤　全日空さんの参加者もいるわけです、が、九州は何もかも…

女性が強かった

荻野　ありがとうございます。みなさんを受けられ、先導していただいた名県協会の方々、伊能ウオーク時のメンバーが半数設立されたばかりの協会によって九州にウオーキングが広がってきました。従って、今回は観協会の主導でどっしりと九州に根を下ろしたと思います。

——コースづくりから道中の接待までにすべてが全く白紙でした。コースリーダーを前半と後半にそれぞれ分担として、一カ月前に足の骨を折ってしまった。しかし一方で、それが県協会の結束に繋がりました。なんとしてもこれはやらなければいけないと立てて、九州のウオーカーはみんな温かかったので、六十八日間、健康を維持することは出来ませんでした。

荻野邦彦さん

協会が主体であり、こと後半にそれぞれ分担として、大分県の会長として、荻野さん、大分県協会は今年設立されたばかりの協会によって九州にウオーキングが広がってきました。従って、今回は各県協会の主導でどっしりと九州に根を下ろしたと思います。

荻野　いままで九州・沖縄マーチングリーグとしての取り組みは、観光協会の主導でどっしりと九州に根を下ろしたと思います。

杉浦　皆さん立派です。九州には三つ他にはないよさがあります。一つはやはりウオーカーの皆さん、おおらかです。二つめは自然。ウオークとは自然を満喫するもの、といいますが、照葉樹林の山、そして三番目、これはぜひ言いたいのですが、焼酎の島と言っていい、焼酎の美味しさとやはり九州にしかない。長崎県から熊本に着いた時、誰もいないだろうと思っていたのです。熊本市からバスを仕立てて、待っていて下さった、九州の自然を満喫するもの、といいますが、照葉樹林の山、そしてなにより三番目、これはぜひ言いたいのですが、焼酎の島と言っていい、日本酒を飲んでいたのがビールや焼酎にしかない。

人と自然と焼酎

——さて、井上さん、九州一周されて、とは?

井上　九州には三つ他にはないよさがあります。一つはやはりウオーカーの皆さん、おおらかです。

参加者一覧
（敬称略・順不同）

全ウオーク●本部隊
荻野米太郎、安藤正一（千葉）、井上如、神奈川清田幸子（大阪）、鈴木勲（埼玉）、清田幸子、節子（鹿児島・野田）、郷之原充郎（鹿児島）、太田大、大澤登、上村俊朗、福岡充利、弟子丸秀、中俣純雄、永崎誠、永崎幸秋、蒲川勢津子、上野如、個人参加（テント）ステージ、太田大、大澤登、上村俊朗、福岡充利、弟子丸秀、中俣純雄、永崎誠、永崎幸秋、蒲川勢津子、上野如

デーリー隊
末次寿子、蒲川勢津子、上野幸

長崎ステージ
田代甲子朗、実行委員長、松本薫、国岩俊視、リドワン、大野明生、上田伍津、運輸、岩古卓也

佐賀ステージ
副実行委員長、園田宮川契子、中俣純雄、事務局補佐、波多野あつし、太田大、次長、河野かつ子、大分ステージ、河野薫、吉川正文

福岡ステージ
忠洋子、荻野邦彦、日高敬、黒岩俊視、大分県ウオーキング協会、長崎県、佐賀県、大分県協会

鹿児島ステージ
鹿児島、中俣純雄、熊本、佐賀県、長崎県

熊本ステージ
秋永十二朗、大森協一、山口猛、口石行俊、山口隆造、小泉勇郎、安部義方、上田伍津、運輸、岩古卓也、和田晃、蒲川勢津子、上野耕三、日高敏、大野明生

特別協賛
全日空 JR九州 日本市民スポーツ連盟
月星化成 全日空スカイホリデー エアーニッポン 近畿日本ツーリスト

協力 カルビー
（以下・敬称略順不同）
日本ウオーキング協会 福岡・佐賀・熊本・大分・鹿児島・長崎のウオーキング協会 長崎歩こう会 佐川急便

全日空文化交流担当部長・副隊長 近藤米太郎

九州一周浪漫ウオーク

長丁場

井上 如（No.736）

　九州を一回りした。昨年10月2日に北九州小倉城を出て、西回りに歩いて、68日後の12月8日にまたその小倉城に帰ってきた。団体歩行（JWA主催）だからそれなりの仕立てになっている。九州には七つの県があって、各県ごとに、その県庁所在都市などで開かれる、当該県WA主催の地方大会がある。また、各県ごとに一日づつ平等に休養日があって、自由に過ごしていい。だから残りの54日間が、一回りするために費やした正味日数ということになる。

　といった表現は、実は筆者のような、主催者の呼び方でいうところの"本部隊員"8名の立場からのものであって、つまり小倉を出てまた小倉へ戻ってくる参加者の言い方であって、実際は県境から県境までのコースを歩き通すステージ隊、都合のつく日数／行程を参加者が任意に決めて歩き通すエリア隊、一日ごとの参加のデイリー隊、県大会だけをいくつでも歩く参加方法など、さまざまであり、延べ人数は厖大なものになる。

　また、このいずれにも当てはまらないが、この催し全体を支えるという点で、7県のWAの役員の方々が、コース・リーダーやアンカー始め、いろいろ力強い援助の手をさしのべて下さった。それは、塩の道歩きの場合に、沿道の50に余る県・市・町・村の協力／支援が不可欠であり、四国の空海の道歩きの場合に、地元の経験豊かな先達さんたちに杖を引いて貰うことが必須であることを思えば、容易に首肯できることである。

　九州一周は当然のことながら海岸線を主に歩く。54日間に歩いた距離は1,492キロだが、これにあまり厳密な意味はない。というか、言葉の本来の意味からすると短かすぎる。休養日といっても、見知らぬ土地の宿でじっとしている人はいないから、やはりそこら辺を歩いてくる。筆者も、伊万里での休養日の朝、急に思い立って、唐津まで30数キロ歩いた。翌日の行程は佐賀から長崎へ、そして有明海に出る、ということは玄界灘は今日が見納めか、と思ったら急に唐津へ行きたくなったからである。休養日以外にも、ふだんの日も、その日の行程では物足りないという人は、ゴールしてからまた"歩き足す"人もいる。本部隊員の安藤さんなどは、その"歩き足し"の部分が、帰着した小倉でのご本人の報告によれば、1,161キロになるという。だから安藤さんにとっては九州一周2,653キロということになる。公式の団体歩行は4.5～5キロ程度のスピードだが、安藤さんの"歩き足し"個人歩行は、競歩選手の歩き方、いわゆるスクラッチ・ウオークで、時速7.5～8キロで歩いている計算になる。ゴールした後の歩きが、である。このように個人差がはげしい上に、厳密に九州を一周したら、一体何キロ有るのだろうか。島嶼部を含めた海岸線が日本で一番長い県は長崎県で、3,738キロ、第2位の北海道が2,728キロ、第3位の鹿児島県が2,384キロという事実から、九州一周1,492キロは、運用上の都合からそうなっているのであって、厳密にはあまり意味のある数字でないことはおのずから知れよう。北海道、本州、四国を併せたくらいの海岸線総延長が九州にはあるのではないか。

　それでもなお54日間は長い。"たまには家に帰らないと表札が替わってるぞ"と脅かされて、ゴールした翌日、あわてて家に帰ったが表札は無事だった。長丁場を歩く誘惑のムシが、またも筆者の中で騒ぎ始めた今日この頃である。

掛川歩こう会編集発行「K.W.A.News」2003年2月1日号所載

第1回「九州一周浪漫ウオーク」に参加して
——歩きの原点ここにあり——

隊員　井上　如

　日本ウオーキング協会主催の第1回「九州一周浪漫ウオーク」に参加した。テニオハをつけると、"浪漫を感じながら、歩いて九州を一回りする催し"ということになろう。時期は平成14年10月2日から12月8日までの68日間、歩いた距離は1492キロ、のべ参加人数は2439名と報告されている。

　少しだけ中味を覗くと、まず68日間の中には、九州七県がそれぞれ開催する県大会と、同じく各県一日づつの休養日が含まれている。従って一周ウオーク本来の所要日数は54日間、一日平均28キロということになる。参加人数も、本部隊の他に、各県ごとに県境から県境まで歩き通すステージ隊、希望の行程を登録して歩くエリア隊、一日ごとに参加するデイリー隊、そして県大会と5種類の総計であり、2439名という数値は、当初の予定を大きく上回ったらしい。54日＋7日＋7日という変化と5種類の参加方法という多様性がこの催しに限りない拡がりを与えたことは間違いなく、本部隊員の一人としての筆者の感想は、54日間は長かったが、68日間はアッという間だった。

　参加者の中の異色は、西スマトラ島から参加したリドワン君で、10日間、インドネシアの国旗を掲げて終始先頭を歩いた。参加者の関心も、マスコミの取材もおのずからリドワン君に集中し、結果として、彼は大いに国威を発揚したと思う。健脚組の中の最たる人は安藤正一さんで、休養日はもちろん、毎日の歩き足りない分は、送迎バスに乗らずに、宿とゴール／出発地点間を時速7.5〜8キロで歩いた。一人で歩いた距離が1161キロとのことであった。鹿児島県の哲人郷之原充郎さんは、野宿をしながら68日間一緒に歩き通した。ゴールで分かれ、翌朝はまたヒョッコリ現れる。もちろん大荷物を引きずってである。他にもこうした達人／超人／傑人が多数参加していたことは間違いなく、それはすでに述べたように、今回の催しの豊かなプログラム内容の然らしめるところだと思う。

　しかし、このような変化に富んだ催しは、企画も実施も並大抵の苦労ではなかったはずで、もっぱらその恩恵を受けた者の一人として深く感謝したい。特に、近藤米太郎隊長、荻野邦彦隊長補佐兼道中奉行、岩古卓也荷物奉行という、この世界の最強トリオが、各県の歩こう会役員等の協力の下に、参加者の全幅の信頼を集めて「九州一周浪漫ウオーク」の第1回を成功に導いたことは疑いない。

　特筆大書しなければならぬことが三つある。一つは九州人の心の豊かさで、具体的な場面を想起するたびに、目頭が熱くなるのは筆者ばかりではないだろう。一つは、九州の照葉樹林で、カリフラワーのように盛り上がる山々の、力強い美しさが脳裏に焼き付いている。一つは九州の焼酎のうまさで、68日間飲み続け、日を追う毎に常備薬と化した。

　九州一周の浪漫が忘れられない筆者には、部屋に掲げてある九州全図が今や人に見える。ウオーカーのうしろ姿に見える。国東半島が右腕、佐賀県、長崎県は左腕、両足はもちろん薩摩半島と大隅半島。私に似てちょっと短足だけど。福岡県は頭で、熊本／宮崎／大分3県は胴体だが、このウオーカーは背中に九州山地という大きなザックを背負っている。阿蘇山はゼッケンかな。九州は何故こんな形をしているか。もちろん九州の歩く仲間たちが私たちを呼んでいる姿だ。来て、一緒に歩かないかと背中で誘っているからこんな形をしているのだ。いかがですか、みなさん、行きませんか。行って、歩いて、暖かい人の情け、南国の美しい自然、うまい焼酎……、九州の毒に浸りませんか。

日本ウオーキング協会編集発行「あるけあるけ」2003年5月号（第462号）所載

謝　辞 ―あとがきにかえて―

　70日間ものあいだ歩いていれば、地元の七つの県の歩こう会や、一緒に歩いて下さったおおぜいのウオーカーのお世話にならざるを得ない。家へ帰ってから、写真を並べ、手元に残ったメモを活字にして、礼状を添えてとりあえず県別にお送りした。このいわば手造りの紀行は、さいわい好意を持って迎えられたが、その後もご要望に応えていちいち手造りをしている間に、二回目の九州一周が近付いてきた。

　いっそのこと本にするかと思って、九州一周分をひとまとめにして友人に見せたところ、出版原稿としてのカタチをなしていないという。それはそうだ、凡例にも書いたように、もともと備忘のための私的な控えだから。しかしあきらめず、折しも自分に長丁場を歩く楽しさを教えてくれた大先輩、鈴木勲氏が急逝されたこともあって、これはぜひとも本にしなければと妙に力んで、旧知の日外アソシエーツの大高社長に事情を話して相談したところ、どういう訳か、オモシロイ、このままで本にしましょうと言ってくれた。

　二回目の九州が終わってみると、友人の言ったことの方が正しかったと改めて思い知らされたが、いまさら後へは引けない。といった経緯でカタチになったのが本書である。その間、日外アソシエーツの山下浩編集局長は、何もかも飲み込んだ上で、持ち前の凄腕を遺憾なく発揮して立派な書物にして下さった。大高社長、山下編集局長には、改めてこころからお礼を申し上げたい。

　もとを辿れば、日本ウオーキング協会をはじめ、地元のWAの役員の方々、そして特に、近藤米太郎隊長、荻野邦彦隊長補佐兼道中奉行、岩古卓也荷物奉行のゴールデントリオが、筆者の道中でのわがままを許し、支援して下さったことがそもそもの始まりである。記して謝意を表したい。

　団体歩行の最中の取材にはおのずから制約がある。立ち止まってはメモを取り、写真を撮り、地図と照合をしながら歩けば、どうしても隊列から遅れてしまう。この点で、日々アンカーを勤めた地元の方々のご辛抱とご協力無しにはこの記録作成は事実上不可能であった。改めてお礼とお詫びを申し上げる。特に、いわば筆者専属のアンカーを努めて下さった故鈴木勲氏のお力添えには、お礼の言葉が見つからない。この本ができたのも、二度目の九州一周が無事歩けたのも、すべて偉大な大先輩が心の支えとなってくれたからだ。

　本部隊員はもとよりだが、地元九州のウオーカーと一緒に歩くことはほんとうに楽しかった。そのことが本書の中味のいちばんの根っこにある。冒頭書いたように、その礼状替わりという事情は今も同じである。文中に、道中共有した楽しさを読みとっていただければ、筆者にとってこれに過ぎる喜びはない。

　last but not least、わが家のかみさんにお礼を言いたい。長時間しっかり留守を守ってくれただけでなく、帰宅後も筆者をして資料の整理や執筆に専念させ、本ができあがって行く過程をいつも一緒に見守ってくれた。

　本書は第1回の九州一周の記録、それも私的なスタイルのままである。第2回の一周が済んだ今見ると稚拙さと不整合が目立つが、あえて手を加えることはせず、また第2回の九州一周の経験にも、別の機会を期することとしていっさい言及しなかった。諒せられたい。読者の忌憚のないご意見、ご感想をお寄せいただければ幸いである。

平成16年2月11日

〈著者略歴〉

井上　如（いのうえ　ひとし）
1933年4月27日生まれ（70歳）

学　歴	1957年3月	慶應義塾大学文学部図書館学科卒業
	1962年3月	米国コロンビア大学図書館学大学院修士課程修了 (M.S.in L.S.)

略　歴	1964年12月	（財）機械振興協会
	1967年4月	（株）野村総合研究所情報管理室
	1977年12月	東京大学助教授　情報図書館学研究センター
	1986年4月	学術情報センター教授　学術情報研究系研究主幹
	1994年4月	学術情報センター教授　研究開発部長
	1996年4月	文部省学術情報センター　副所長
	1999年3月	退官

ウオーク歴
　退官の2年前から歩くこと（特に長丁場）に興味を覚え、あちこちの催しに参加、最近は塩の道（糸魚川←→相良間）にはまっている

現住所
　〒247-0054
　神奈川県鎌倉市高野25-10

九州一周浪漫ウオーク －歩く醍醐味－

2004年5月25日 第1刷発行

著　者／井上 如
発行者／大髙利夫
発　行／日外アソシエーツ株式会社
　　　　〒143-8550 東京都大田区大森北1-23-8 第3下川ビル
　　　　電話(03)3763-5241(代表)　FAX(03)3764-0845
　　　　URL　http://www.nichigai.co.jp/

印刷・製本／光写真印刷株式会社

©Hitoshi INOUE 2004
不許複製・禁無断転載
(落丁・乱丁本はお取り替えいたします)

ISBN4-8169-1831-0　　　　　　Printed in Japan,2004